〔法〕卢梭 著

JEAN JACQUES ROUSSEAU

张溟勋◎编译

大师思想集萃

卢梭 说

平等与民权

华中科技大学出版社

http://www.hustp.com

中国·武汉

图书在版编目(CIP)数据

卢梭说平等与民权 / 张淏勋编译. —武汉：华中科技大学
出版社，2017.9
（大师思想集萃. 第二辑）
ISBN 978-7-5680-3020-5

Ⅰ.①卢… Ⅱ.①张… Ⅲ.①卢梭（Rousseau，Jean Jacques
1712–1778）—哲学思想 Ⅳ.①B565.26

中国版本图书馆CIP数据核字（2017）第144839号

卢梭说平等与民权
Lusuo Shuo Pingdeng yu Minquan

[法]卢梭 著　张淏勋 编译

策划编辑：闫丽娜

责任编辑：康　艳

封面设计：金　刚

责任校对：祝　菲

责任监印：朱　玢

出版发行：华中科技大学出版社（中国·武汉）　　电话：（027）81321913
　　　　　武汉市东湖新技术开发区华工科技园　　邮编：430223

印　　刷：湖北新华印务有限公司

开　　本：880mm×1230mm　　1/32

印　　张：9.25

字　　数：210千字

版　　次：2017年9月第1版第1次印刷

定　　价：35.00元

出版者的话

　　"大师思想集萃"系列丛书已收入阿德勒、洛克、康德、弗洛伊德、罗素、尼采、荣格、培根、叔本华、马斯洛等思想大师的智慧结晶，力图向读者展示大师们的思想精华，引领读者深刻理解人的本质、感悟人生真谛、关注现实生活、丰富自己的人生。

　　本丛书已出版的主题作品，主要涉及思想大师们对人的本质和人生的深入思考和论述的内容，分为十卷，其中包括：

《阿德勒说自我超越》　　　《洛克说自由与人权》
《康德说道德与人性》　　　《弗洛伊德说梦境与意识》
《罗素说理想与历程》　　　《尼采说天才与灵魂》
《荣格说潜意识与生存》　　《培根说百味人生》
《叔本华说欲望与幸福》　　《马斯洛说完美人格》

　　"大师思想集萃"第一辑出版后，获得了读者的广泛认可与好评，为了适应读者的阅读要求，我们即将推出新的主题作品，主要涉及思想大师们对人的存在、人的情感、人与社会的关系等内容，分为十卷，其中包括：

《弗洛姆说爱与自由》　　《黑格尔说否定与自由》

《波普尔说真理与谬误》　　《福柯说权力与话语》

《海德格尔说存在与思》　　《卢梭说平等与民权》

《萨特说人的自由》　　《维特根斯坦说逻辑与语言》

《鲍姆嘉通说美学》　　《休谟说情感与认知》

　　我们在编译的过程中，本着深入浅出、风格恬淡、常识与经典兼顾、推理与想象并用的原则，在保留大师经典思想原貌的基础上，依照从理论到实践的总体逻辑关系，对各大师的思想体系进行了梳理，并添加了部分标题。

　　我们建议读者阅读时，不必对各位大师的理论观点句句视为经典，甚至全盘吸收，可以明辨各位大师思想中的唯物与唯心、形而上学与辩证法的差别。我们乐意看到读者对此丛书进行批判性阅读，比较性借鉴，深思后践行。

　　本丛书编辑及出版事宜由本社"大师思想集萃"编辑组负责。出版此套丛书并不意味着本社完全赞同这些大师的所有思想和理论的立场、观点和方法。本社各位编辑同仁在编辑出版过程中付出了很多努力，希望本丛书的出版能得到广大读者的赞赏。

　　感谢广大读者的惠购、赏读！

"大师思想集萃"编辑组

2017年7月

序言

    1805年冬，一个小个子在格朗大街40号前伫立良久，他习惯性地正了正头顶上的考克帽，沉吟道："如果我和卢梭没有出生过，那么这个世界一定更加平静。"这个小个子正是刚刚从奥斯特里茨大胜而归的法兰西皇帝拿破仑·波拿巴。一个开创了时代的强人，为什么会对一个文弱书生钦佩有加呢？卢梭又是何方神圣呢？

    让-雅克·卢梭（1712—1778年），1712年6月28日出生于日内瓦。卢梭的父亲伊萨克·卢梭是日内瓦的一位钟表匠师傅。母亲苏珊娜因为难产不幸离世，而这场不幸也造成了卢梭身患先天尿道畸形，这一病痛伴随了他的一生。卢梭的父亲虽然是个手艺人，却近乎一位博学多才的学者。他经常给年幼的卢梭讲解哥白尼的学说以及天体运行的原理。在日内瓦的格朗大街上，一位修表师傅一边劳动一边与儿子讨论塔西陀、莫里哀、奥维德，这也成为日内瓦的奇景。卢梭酷爱读书，7岁时就已经把家中的全部藏书读完，并能背诵其中的大部分经典篇目。如果照此发展下去，小卢梭或许会继承老卢梭的修表手艺，开一家钟表行或者摆个书摊聊以过活。然而，自古英雄多磨难，命运并不会让生活的安逸磨灭这位天才，3年后一场横祸降临在了他的身上。

    卢梭10岁时，他的父亲因为斗殴伤人被迫"跑路"，无父无母的卢梭彻底沦为孤儿。从小康之家坠入困顿的卢梭为了糊口，尝试学习了各种手艺，然而他的双手却不像他的头脑一样灵光。日内瓦城里的所有行会师傅对这个孩子给出了一致评价：这个孩子笨得像头蠢驴。经过几年的学徒生涯，所有的人都对卢梭失去了信心。于是，被逼无奈的他为了生存，只得去一家管饭的天主教"圣灵收容院"接受重新洗礼，而在洗礼期间教堂可以提供食宿。就这样，异教徒卢梭（加尔文教徒）为了混口饭吃，不得不把自己的"灵魂"出卖了。

但是，从"天国之门"走出来的卢梭却发现"人间"依旧令他失望，因为经过了三个月"灵魂涤荡"之后，他依旧没能找到工作，只能到法国的一个叫华伦夫人的贵妇人家里当助手。在那个宁静的法国乡村，16岁的卢梭遇到了28岁的华伦夫人，而此人成为他一生的挚爱。华伦夫人在他的一生中扮演着恋人、母亲、保护人的多重角色，二人超越年龄和阶级的爱情也被传为佳话。也是在那个不平静的法国乡村里，卢梭目睹了法国社会发展中城乡差距的不断拉大，亲历了穷人与富人生活的天差地别，并开始怀疑那些脱离劳动实践的欧洲知识分子的夸夸其谈。他开始思考人类的风俗为何堕落，开始探寻人类不平等的源头和基础，开始建构一个充分保障民众的契约社会，开始呼唤始终保持着美德与善良的新人的出现。

经过24年的沉淀，卢梭的思想已经日臻成熟，他就像是一座积蓄着巨大能量的火山，只是需要一个喷涌才华的机会。终于，1749年的夏天，第戎科学院的征文题目"论科学与艺术的复兴是否有助于使风俗日趋纯朴"，成了他命运的转折。当卢梭前往探监路上时，偶然看到《法兰西信使报》这个征文题目时，他仿佛被雷击到一样瞬间感到天旋地转，多年积累的学识和思考在那一刻爆发出来。他眼含热泪向铁窗内的好友狄德罗滔滔不绝地阐述自己关于这篇征文的构思，狄德罗激动地看着眼前这位老友，并断定一位必将载入人类史册的大哲已经再冉升起。

果不其然，当这篇《论科学与艺术的复兴是否有助于使风俗日趋纯朴》被公之于众时，整个欧洲思想界为之震动。卢梭认为科学与艺术的复兴并不能使风俗变得纯朴，而脱离了生产劳动与社会实践的科学与艺术是人类文明日益堕落的根源所在。科学与艺术创造了财富，金钱固然可以买到一切，却不能培养风尚和公民。当没有观察能力和实践能力的学者与统治者们依靠自己的主观臆断支配现实时，人类的文明就在虚幻的清辞中走向了没落。卢梭的文章犹如一曲雄壮的交响乐，唤醒了欧洲沉睡的灵魂。

随后，卢梭再次对着人类社会的不平等打出一记重拳。他在著作《论人类不平等的起源》中尖锐而深刻地指出，私有制的出现是人类不平等的起源。当"第一个人把一块土地圈起来，硬说'这块地是我的'并找到一些头脑十分简单的人相信他所说的话"时，人类的不平等就此拉开帷幕。紧接着，卢梭在《论人类不平等的起源》的基础上，进一步在著作《社会契约论》中提出了民权概念，并认为只有民权社会才能制止人类不平等的蔓延。当主权在民的思想如宣言般响彻云霄时，一个旧世界轰然倒塌，另一个以现代民主制度为基石的新世界正如婴儿般呱呱坠地。十多年后，当《独立宣言》和《人权宣言》伴着民众的炮火相继问世时，每一个共和国公民的灵魂中无不回荡着卢梭的洪钟大吕。

卢梭虽然是以笔做枪的战士，却也藏着柔情的一面，尤其在他的晚年更是如此。卢梭的晚年是在潦倒与悲苦中度过的。当他看着自己的爱人、朋友、敌人相继离他而去时，当他在冻馁中靠抄乐谱勉强过活时，当他看到他所倡导的契约社会中的种种弊端时，他开始忏悔自己的过失，并在《忏悔录》中愤怒地揭露社会的"弱肉强食""强权即公理"以及统治阶级的丑恶腐朽，对被侮辱、被损害的"卑贱者"倾注了深切的同情。他呼唤着新人的诞生，并倾注了自己全部的爱与真写出了《爱弥儿》。这是关于人类天性的哲学论文，致力于探讨关于个人与社会关系的政治和哲学问题，特别是个人如何在不可避免趋于堕落的社会中保持天性中的善良。《爱弥儿》让每一个读过它的人，都能感受到卢梭那赤子之心的温度和悲天悯人的情怀。

1778年7月2日，一代文化巨匠让-雅克·卢梭溘然长逝，享年66岁。就在卢梭去世11年后，法国大革命爆发。民众按照卢梭亲手设计的蓝图，建立起了欧洲历史上第一个共和国。10年后，一个来自科西嘉岛的小个子拿破仑·波拿巴登上历史舞台，他用了20年的时间横扫欧罗巴，将卢梭的思想在欧洲的每一个角落变为现实。当征服了大半个欧洲的拿破仑来到格朗大街40号，瞻仰他儿时的偶像卢梭时，他不禁感叹："世间有两种东西能征服世界，剑和笔，而剑又终将被笔所征服。卢梭的一支笔写出了一个时代，胜过我的万马千军。"

这就是卢梭，一个激情澎湃的思想家，一个英雄气概的先驱者。让我们和作者一起，一同前往卢梭的精神世界，一同穿越到那个英杰辈出的启蒙时代，一同感受人类经典的永恒魅力，开启通向平等与民权的大门，为我们的生活助力！

Contents

目　录

第一讲
穷通命理：论卢梭

一、英才初长成

1712年的日内瓦，夏天来得比往年要早一些。时间刚刚进入6月份，知了便已早早爬上枝头，不厌其烦地宣告着盛夏将至。在这让人躁动的蝉声当中，让-雅克·卢梭在格朗大街40号呱呱坠地。小卢梭与所有出生在日内瓦的加尔文教派一样，在降生时接受牧师的祝福。然而，小卢梭的父亲却无法为新生儿的降临而感到高兴，因为卢梭生下来之后不仅身体极为孱弱，而且患有先天尿道畸形，而这种病痛必将伴随他一生。

如同出生便要受难的小卢梭一样，18世纪的欧洲也处在黑暗和动荡当中。邦国之间战乱频仍，教会腐败无以复加，民众挣扎在生与死的边缘。不过，也正如这位新生儿一般，剧烈变革中的欧洲也正在孕育着新生。随着新航路的开辟，欧洲各国开始与中国、印度和土耳其进行小规模的通商贸易，并将蠢蠢欲动的殖民触角伸向了东南亚和大洋洲。

中国的文化和商品流入欧洲，使西方世界的上流社会吹起了"中国风"。欧洲的帝王们忙着按照中国园林的样式建造自己的宫殿，贵族们则忙着在下午茶时光品尝中国的茶叶，商人们惊叹中国瓷器和纺织品的精致，而学者们则拼命从中国的经典中吸取着营养。除了接受东方文化的洗礼之外，欧洲的有识之士们也开始从古希腊与古罗马的历史文化中寻找着重生的路径。霍布斯、洛克、伏尔泰、格劳修斯、狄德罗，这些欧洲最活跃的思想家们无时无刻不在思考着欧罗巴路在何方。

从16世纪持续到18世纪的宗教改革虽然为底层民众带来了希望的曙光，然而马丁·路德发动的宗教改革运动半途而废，路德教竟然堕落成为德意志诸侯手里的工具，统一国家的努力以失败告终。但茨温利和加尔文在这一历史关头挺身而出，在瑞士的苏黎世和日内瓦继续推进宗教改革。茨温利的宗教改革影响较小，主要限于瑞士一地。加尔文则不同，他的宗教改革在日内瓦取得胜利，建立了欧洲第一个新教掌权的资产阶级共和国，并对欧洲的革命运动产生了极大的影响。日内瓦作为宗教改革运动的中心地段，充满了自由的气息，并成为那些受教会压迫、封建领主们压迫的农奴、手工业者们向往的天堂。大量的底层民众跨过千山万水来到日内瓦，只为成为日内瓦共和国的公民重获新生。卢梭的先祖作为加尔文新教徒，为逃避天主教的宗教迫害，在16世纪移居日内瓦，并获得了日内瓦公民资格。而卢梭的父亲伊萨克和母亲苏珊娜则已经是第三代日内瓦公民了。

卢梭的父亲祖上只有一份田产，在十五个孩子平分之后，他所得的微乎其微。好在卢梭的母亲是牧师的女儿，家里比较富有。而老卢梭作为一位技艺超群的修表师傅，足以让一家人在日内瓦过上幸福的生活。但是，这一切都因为卢梭的降生而改变了，卢梭的母亲苏珊娜因孕育卢梭难产而死，而幼年丧母的卢梭只得与父亲相依为命。卢梭的父亲对卢梭又爱又恨，因为卢梭就像是恶魔的礼物一般，虽然让一个家庭延续了他们的火种，却害死了火种的载体。

卢梭自幼被父亲"放养"，相比于那些每天忙着教孩子如何守规矩的家长而言，卢梭的幼年是在绝对自由的环境中度过的。虽然卢梭的父亲只是一位钟表匠，但是他出众的才华和渊博的学识完全超过了一位学者。在他的头脑中，知晓钟表运行的规律只是他谋生的手段，而洞悉自然和人类社会的演变才是他的兴趣所在。于是，这位钟表匠经常给懵懂的卢梭讲解天体运行的奥秘和哥白尼、布鲁诺、伽利略等科学家的智慧。这些宇宙学的基本知识深深地印刻在了小卢梭的心里。天生聪慧的卢梭没费多大劲就在7岁时读完了母亲留下的小说，而外祖父伊萨穆尔·贝尔纳牧师收藏的那些深奥的书籍也被卢梭读了个滚瓜烂熟。当这些书籍已经无法满足卢梭的求知欲望的时候，他开始诵读莫里哀的作品，以及奥维德的《变形记》，纳尼的《威尼斯史》、丰特耐尔的《关于宇宙多元性的谈话》、博絮埃的《世界史讲义》都能被小卢梭如数家珍。塔西陀和格劳修斯的著作，以及勒絮尔的《教会和帝国史》滋养着这位先哲幼小的心灵。老卢梭和小卢梭一同守在钟表店读书的情景，成为卢梭这一生当中最为美好的时光。

如果卢梭的生活就这样平淡无奇地发展下去，那么日内瓦或许会多一个多才多艺的手艺人，而历史上则少了一位传奇的思想家。历史是如此不甘寂寞，这位钟表匠的儿子终将在那个风起云涌的时代登上历史的舞台。只是在此之前，卢梭那稚嫩的肩膀必须经受命运之火长期的淬炼。

二、苦难铸贤哲

那些从小康之家坠入贫困的人，他们往往能够更清晰地看到世人的真实面目，让-雅克·卢梭便是其中之一。那年卢梭刚刚10岁，正在沉浸在《希腊罗马名人传》中的他，被一阵急促的敲门声惊醒。开门之后，满身酒气、满脸是血的父亲急匆匆地闯进屋中收拾东西，这一突发事件让惊恐的卢梭不知所措。原来这位钟表匠老爹因为酒后失德，在酒馆中同一个陌生人打了起来，失去理智的他将对方打成重伤，并且生死未卜。而他回家的目的就是将家中所有值钱的东西带走，然后赶快远走高飞。面对突如其来的变故，小卢梭茫然失措，他看着父亲的背影消失在格朗大街的尽头。这时，小卢梭突然意识到，他从此变成了真正的孤儿。

小卢梭在空荡荡的房子里大哭了一场，然而哭解决不了任何问题，尤其是吃饭问题。怎么办？游荡在日内瓦街道上的卢梭为了填饱肚子，只好去学一门手艺养活自己。那个时候的日内瓦虽然只有1.8万人，但是这些人都有两个特点：其一，他们多数是为了逃避天主教和基督教迫害而移居日内瓦的新教徒；其二，他们基本上都是工匠劳动者，行会是他们的基本组织形态。因此，日内瓦共和国之所以能够成为一个国家，是因为有些德意志人不愿意做德意志人，有些法国人不愿意做法国人，特别是有些意大利人不愿意做意大利人，于是，这些人一起成了日内瓦人。日内瓦作为一个"手艺人的逃难之乡"，自然条件还算不错。在群山环抱之中，勤劳的日内瓦人用自己灵巧的双手和聪明的头脑创造着幸福的生活。小卢梭认为，他作为一名日内瓦共和国的公民，在这个工匠云集的地方找到一份学徒的差使，学会一门能够养活自己的手艺应该不成问题。然而，卢梭高估了自己。

卢梭虽然博览群书且天资聪慧，但是学习手艺并不是他的长项。就像一个能够背诵十三经熟读二十四史的孩子并不一定能够在应试教育中成为"好学生"一样，卢梭把日内瓦城里所有的手艺都尝试了一遍，但师傅们说这个孩子的手简直笨得像驴蹄子。其实卢梭的手一点儿也不笨，就像那些大器晚成的天才人物一样，卢梭有所成就只是比其他人晚了一些。后来，他向日内瓦城中的师傅们学习的那些手艺几乎都派上了用场，尤其是他最喜爱的抄乐谱。抄乐谱几乎成为卢梭毕生的营生，如果他没有成为一个伟大的思想家，那么他至少也会成为一个不错的音乐家。在卢梭成名之后，欧洲的不少达官显贵都跑来以找他抄乐谱的名义一睹这位大师的风采。而卢梭也秉承着日内瓦工匠们的职业道德，将每一页的乐谱都抄得保质保量，不少乐谱成为经典陈列在博物馆中。

不过，在卢梭十多岁的时候，日内瓦城中的所有人几乎都对这个孩子失去了信心。加之卢梭生性自由，无法忍受师傅们对他的打骂和虐待。一天，卢梭到郊外游玩忘了时间，当他返回时城门已经关闭，因为不愿意再回去受罪，他便离开日内瓦开始了流浪生涯。虽然卢梭获得了自由，但自由是以他要再次饿肚子为代价的。好在天无绝人之路，饥寒交迫中的卢梭听说一个地方可以免费吃住，而且还给予一定的生活补助。绝望中的卢梭听后立刻两眼放光，但当他走到那里之后踟蹰不前。原来，那个地方就是天主教的"圣灵收容院"。"圣灵收容院"做的是洗涤灵魂的买卖，那里住着很多受到天主教教会迫害的异教徒，这些人或出于恐惧，或出于妥协，或仅仅是为了混口饭吃，来到"圣灵收容院"把自己的灵魂"漂白"。卢梭就是这样一个异教徒，如果他愿意重新皈依天主教，那么他就可以进入这个"灵魂培训班"，去反思自己的罪过，然后得到足以过活的钱。就这样，年轻的卢梭出卖了自己的"灵魂"，换来了让他填饱肚子的饭菜。此后，卢梭对天主教就没有了一点好印象。

于是，流浪儿卢梭漂泊到了意大利，进入撒丁王国的都灵"圣灵收容院"进行灵魂洗涤，之后被迫皈依了天主教。卢梭在那里对自己的灵魂漂白了三个月，却发现出来时比进入收容院时更为绝望，因为从"天堂之门"走出来的他依然找不到工作。所以卢梭又不得不回到"人间"，去法国一个专门"救赎灵魂"的人那里做跟班。卢梭原本以为这个"灵魂救赎师"一定是位古板的老妪，但是当他见到这个人时惊讶地发现，这位名叫华伦夫人的人竟然是一位28岁的美丽少妇。而对于16岁的流浪儿卢梭来说，华伦夫人就成为他唯一的亲人，华伦夫人的家也就成了卢梭的家。

卢梭的青年时期基本上是同华伦夫人一起在法国的乡间度

过的，观察研究大自然成了卢梭的主要工作。他几乎走遍了法国的乡间，四处收集标本。在远离了欧洲知识分子的夸夸其谈和不符实际的辩论之后，身处乡间的他亲眼看到了社会发展过程中城乡之间的急剧分化，看到了贫富差距所造成的"朱门酒肉臭，路有冻死骨"的人间悲剧，看到了教士们打着宗教的幌子对贫苦百姓进行强取豪夺的卑劣，看到了私有制社会中的人们正在一步步走向毁灭。于是，卢梭开始怀疑艺术与科技能否真的纯化社会风俗，他开始思考到底是什么造成了"人类不平等的起源"。就这样，卢梭从青年步入了中年，他本以为自己会平庸地度过这一生，但是命运在不经意间敲开了他的房门。

三、名扬法兰西

　　1749年的夏天，40岁的卢梭还在法国乡间游荡，一位朋友的入狱改变了这位中年人平静的生活。狄德罗是卢梭少有的几个朋友之一，正在编写百科全书的他经熟人介绍认识了放荡不羁的卢梭。两人一见如故，狄德罗当即请卢梭编写百科全书的音乐部分。1749年，狄德罗因为触怒了教会被判有期徒刑，而卢梭在狄德罗服刑期间几乎天天都会去探监。卢梭因为贫困坐不起马车，所以每天只能徒步去监狱。就在卢梭一边走一边随手翻看《法兰西信报》时，来自第戎科学院的一则征文题目把卢梭深深吸引住了。他看到这个题目时，身体仿佛被雷电击中，自儿时起熟背的那些古希腊、古罗马经典如火山一般在他的头脑中喷薄而出。他一路上振振有词，一篇传世之作如泉水般呼之欲出。就这样，卢梭一边说一边流着泪见到了狄德罗，而身陷囹圄的狄德罗不仅惊讶于卢梭的超世之才，也被卢梭那赤子般的热忱感动得痛哭流涕。卢梭和狄德罗就这样隔着铁窗展开了热烈的讨论，狄德罗帮助卢梭完善了他文章的结构，并鼓励他向第戎科学院投稿。于是，一篇震惊欧罗巴的雄文就这样诞生了，它就是卢梭的成名作《论科学与艺术的复兴是否有助于使风俗日趋纯朴》。

在文章中，卢梭雄辩地阐述道，人类社会之所以走向堕落和分裂，其根本原因在于科学与艺术和生产劳动的二元化日益加深，当科学与艺术彻底脱离劳动和民众之时，人类社会便已经跌到了黑暗的深渊中。即使科学的发展使得人类的生活更加便捷，即使艺术的繁盛让人们的生活显得多样，但这些都不能掩盖社会风俗的堕落和人性的全面异化。因为，科学与艺术没有底层生活体现，缺乏观察和实践能力的专家、学者、富豪、统治者们，仅仅是依据"拍脑袋"来支配民众的现实生活，而人类文明就是在这样的臆想和刚愎自用中不断走向没落。

卢梭的这篇文章将他傲视一切腐朽传统的战斗精神融入了字里行间。他尖锐地指出，统治阶级的繁文缛节、华而不实的辞藻骈文，以及轻佻的文艺作品，无不彰显着他们精神的崩坏，无不散发着虚伪、冷酷、奸诈、贪婪的恶臭。这些脱离了民众、脱离了生产劳动的科学与艺术束缚着人们的精神和天性，葬送了人类文明的前景。自私有制产生之后，人们被牢牢地束缚在了枷锁之上，只有从那纯朴的庄稼汉的粗布衣服之下，才能发现健康的躯体和高贵的灵魂。

自这篇论文发表之后，卢梭从一个一文不名的江湖散人，变成了一位享誉法兰西的天才人物。不过，论文的获奖除了给卢梭带来了荣誉和光环之外，也将他推到了争议的风口浪尖。论文引发了一场持续一年多的大论战，明枪暗箭一时间一同射向卢梭。然而，这位桀骜不驯的天才并没有被滔滔舆论的恶浪吓倒，他从容不迫地撰文逐个进行反击。然而，两年过后卢梭对这场论战已经感到厌倦，他决定就此搁笔，不再发表任何关于这场论战的文章。正当卢梭准备偃旗息鼓时，夏尔·波尔德却于1753年再次发表了《再论科学与艺术带来的好处》一文，对卢梭展开猛烈攻击。这次，卢梭并没有立刻对其进行反击，而是变换了另外一种思路。他决定把自己的思想加以系统整理，并找机会将这些观点更加详细地阐述。

机会说来就来，1753年第戎科学院再次在《法兰西信报》上进行有奖征文，征文要求以"论人类不平等的起因"为题目进行论述，优胜者将获得金质奖章。卢梭被这个征文的题目深深地吸引了，他没有想到第戎科学院能够以如此宏大而深刻的主题进行征文，兴奋不已的他立刻着手进行写作。为了能够使自己静下心来写作，卢梭到法国的乡间小镇隐居了数周。他每天都要在丛林中散步，尝试回到人类最为远古的生存环境，寻找造成人类不平等的真正根源。卢梭奋笔疾书，对那些扭曲人类原始本性的谎言一一批驳，推演着人类社会的演变，使人们看到人之所以会遭受不平等所带来的痛苦的真正原因。

然而，第戎科学院并没有让卢梭的这篇《论人类不平等的起源和基础》获奖，而是将奖章颁发给了一位主张"世上的一切都是出自上帝的安排"的神甫。这位神甫认为人类的不平等源于上帝的意志，而那些因不平等而遭受痛苦的人，是上帝对人类的罪恶和恶欲的惩处。第戎科学院将卢梭没有获奖的原因归结为字数过多，即"宣读起来超过了规定的三刻钟"，然而明眼人一看便知，真正原因是卢梭提出的人类的不平等源于私有制的论断极具颠覆性，也正因此第戎科学院的院士们没有将赞成票投给卢梭。不过，那位获奖的神甫如今已无人知晓他的名字，而卢梭《论人类不平等的起源和基础》在人类的文明进程中留下了浓重的一笔。

　　《论人类不平等的起源和基础》发表之后，卢梭并没有停止对人类未来的思考。他深深知道，揭开人类不平等的起源的秘密之后，更需要做的是指出人类社会应当取向何方。于是，《社会契约论》一书在1762年横空出世。在《社会契约论》中，卢梭主张推翻封建制度，从而避免特权和奴役对民众的伤害，同时指出建立以契约为基础的共和国是人类发展的必经之路。卢梭在书中以极大的热情为底层民众宣传自由平等口号，并理性地指出自由和平等并非为所欲为，人们必须以促成共和国的团结统一为根本目的，在良性秩序下用"约定的自由"置换"天然的自由"，这种契约社会是比原始社会以及封建社会更为理想的社会。此外，卢梭颇具远见地认为，国家、政府与公民之间并非对立关系，人权与主权不能相互否定。虽然民众有权对不遵守契约的政府行使否决权，并有权将其推翻，但是政府同样有权力制裁不服从社会契约的公民，维护共和国的秩序和稳定，而政府与民众最终应当统一到对国家的热爱之上，因为对国家的热爱具有最高的普适价值。

　　《社会契约论》作为18世纪启蒙运动中最重要的著作之一，其核心精神被载入美国的《独立宣言》和法国的《人权宣言》，人们并以此为基础创立了两国的宪法。《社会契约论》之所以颇具实践性，原因在于它并非纯粹由卢梭的概念推演而产生，而是18世纪欧洲工匠阶级占据主导的日内瓦共和国的真实写照，卢梭作为一位日内瓦公民，对其有着深刻的了解。日内瓦是移民共同体，采取了一种管理国家的独特方式。以工匠阶级为主体的日内瓦公民每年召开一次大会，选举共和国的执政者。而这种公民代表大会制度本质上是工匠阶级代表大会制度，其前提在于有手艺的劳动者并无先天的社会背景，相同的起点保证了契约社会的形成和良性运转。契约社会作为民主社会的实体，其基础无疑必须是劳动者的平等。

《社会契约论》出版之后，卢梭感受到了前所未有的压力。他和他的著作早已被统治阶级憎恶，多个国家下令焚毁他的书籍，并且要将其逮捕。但卢梭顶住压力在1762年时再次发表力作《爱弥儿》，这本书表面上是谈论他对教育的看法，实质上是通过爱弥儿抒发自己反封建、反宗教的强烈情绪。而卢梭也终于引发了统治者们的集体愤怒，年近耳顺的他为了躲避迫害，再次开始了悲惨的流亡生活。

四、悲苦度残年

《爱弥儿》问世后，卢梭遭到了统治阶级的全面迫害和诬陷，在各大报纸上卢梭被诅咒为"神经病""野蛮人"，面对法国国王的追捕，他不得不逃亡老家日内瓦。但是，日内瓦人同样容不得这个敢于说两句真话的人存在，他们下令焚烧他的著作，因此卢梭又不得不逃到普鲁士。然而此时，教会宣布卢梭是上帝的敌人，他又被迫流亡到圣彼得岛。不过，圣彼得岛也并非卢梭的容身之所，在当局勒令他离开之后，卢梭只得投奔他在英国的朋友休谟。长期的迫害和流亡使得卢梭的精神出现了严重问题，他到英国之后不久就与休谟发生了激烈争吵，只好再次回到法国隐姓埋名，直至1770年才重新回到巴黎。

1778年，经历了长期流亡生活和被妖魔化的卢梭感到有必要为自己进行辩护，把真实的自己展现在世人面前。于是，卢梭开始书写自传《忏悔录》，怀着悲愤的心情铸就了这部绝世名作。在这部书中，卢梭向人们敞开心扉，讲述了原本善良的他在一个充满人情味的家庭环境中长大，他自小阅读先哲们的经典著作，这带给了他生活的力量和毕生追求自由与光明的信念。不过，社会的不公和人与人之间的倾轧也使他沾染了不良习气。卢梭在年轻时候为了生存也曾偷窃，并做过损人利己的事情。但是，他始终相信人性本善，使好人变坏的是污浊的社会环境，而不是人的本心。幼年时，卢梭在做学徒时受到师傅的虐待，青年后又寄人篱下时常遭人白眼。这些伤害都对卢梭造成了影响，都促使他反思这个"弱肉强食"的世界，鞭挞"强权即公理"的丑恶。

卢梭在《忏悔录》中除了回忆自己的生活经历之外，还对当时各个阶层的民众进行了广泛的描述和刻画。这使得《忏悔录》犹如一幅《清明上河图》，记录了那些在当时的统治者们视为蝼蚁的底层小物们的悲欢离合。卢梭描写了如监狱般黑暗的收容所，盘剥农民的贪官污吏，腐化堕落的贵族子弟，以及神甫们的虚伪贪婪。他毫不避讳欧洲社会的矛盾，将剑锋直指统治阶级。此外，卢梭还在《忏悔录》中抒发了他对大自然的痴迷和热爱。每当他身处困境，或对那个污浊的社会感到愤慨时，他便会投身到大自然中接受心灵的洗礼。他不止一次提到在法国乡村野餐的浪漫生活，同时劝说人们重新回到自然中去汲取力量。

《忏悔录》作为卢梭为数不多的文学作品，引领了欧洲文坛的潮流。它开欧洲自传体文学之滥觞，强烈表现了个性解放的战斗精神，把个体价值提升到了超越一切的位置。它一改同时代作品注重论理的文风，充沛的感情贯穿作品当中，使人读罢爱不释手，对大自然的热爱也是《忏悔录》的主基调。这部作品对19世纪的欧洲文学产生了不可估量的影响，凭借《忏悔录》，卢梭成了浪漫主义文学的先锋。

然而，卢梭的生活并不像《忏悔录》那么精彩，他的晚年是极为孤独和不幸的。卢梭在巴黎不仅受到当局严密的监视，而且吃穿用度经常由于贫困而难以为继。有些贵族为了让卢梭难堪，故意让马车从他身边飞驰而过溅卢梭一身淤泥。1778年7月，一代贤哲让-雅克·卢梭在悲愤中去世，他的遗体竟然被置于家中无人理会。但历史是公正的，卢梭终究还是被他毕生为之奋斗的民众铭记于心。法国大革命之后，人们为卢梭举行了隆重的葬礼，并把他安葬在巴黎先贤祠伏尔泰的墓旁。

历史是兴衰，也是命运。让-雅克·卢梭出生于欧洲大陆风云激荡的年代，他作为那个时代的旗手为平等与民权大声疾呼，并为一个新纪元的到来做了最为重要的思想准备。卢梭一生历尽坎坷，早年饥寒交迫，晚年更是在颠沛流离中度过的。他的一生树敌无数，却鲜因私恨结仇。他虽已埋葬于历史的长河当中，然而那不屈不挠的战斗精神，以及敢同恶鬼争高下的英雄气概却照耀着千秋万代的青年。让我们回到那个风起云涌的启蒙时代，随卢梭一起探究平等与民权，汲取先哲的智慧，推倒一世之智勇，开拓万古之心胸！

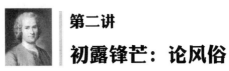

第二讲

初露锋芒：论风俗

一、失落的人性

人类文明的发展是一幅波澜壮阔的画卷，它记载着人类如何摆脱一无所有的困窘，以理性的光辉拨开了自然的迷雾，超越了自身的极限而驰骋于苍穹之下，犹如巨人般在无边的宇宙中遨游。但是，我们是谁？我们从何而来？我们将去向何方？则是对我们自身永恒的考问。人类的本质、担当和归宿成了人类难以解答的谜题。然而，自进入中世纪之后，人类对自身的探索停止了，人类改造世界的脚步放慢了，直至最近几个世纪才重新开始。

过去的几个世纪，欧罗巴倒退回了蛮荒时代。虽然现在的欧洲人逐渐被文艺复兴和东方文明开化，但是几个世纪前他们的蒙昧无知无以复加。在那个黑暗的时代，无数谬论被冠以知识的名号，而这也成为阻碍智慧传播的巨大障碍。为了使欧洲人恢复人类本应当具备的常识，就必须发动一场彻底的革命，而文艺复兴则发挥了这样的作用。人们终于再次睁开眼睛看世界，而文艺也再一次复苏。君士坦丁堡的陷落带出了古希腊文明的遗物，而这文明的曙光沿着亚平宁半岛一路北上，最终照亮了法兰西和整个欧洲大陆。此后，科学也随着文艺的脚步接踵而至，这种进程虽然难以言表，却也是自然的。人们开始感受到与科学和艺术打交道所得到的好处，并通过欣赏和赞美上古的经典找到共鸣，从而让人类社会更加趋同。

精神同身体一样，都有着特殊的需求。身体作为精神的基础需要饮食支撑，而精神作为身体的灵魂更加需要社会的装点。政府和法律规范社会秩序，并为民众的安全和福利提供保障。而科学与艺术就像点缀在人们枷锁上的花环，它们不仅夺取了人们的自由，束缚了人们的天性，而且让人们满足于被奴役的状态不能自拔，而那些统治者及其御用文人们却称为文明的馈赠。科学与艺术如今被抬高到了无以复加的地步，一个民族的才华源于此，一个社会的创造性源于此，一个人的灵性源于此。是科学与艺术造就了那精致而美妙的趣味，是科学与艺术塑造了温良恭俭的品德，是科学与艺术让人与人的交往如此便捷，是科学与艺术让那些原本没有道德的人能够装出一副圣人的外表。

学者们认为，古罗马与古希腊文明的辉煌正是源于科学的巧妙与艺术的精致，也正是由于这一精巧才使得欧洲创造出了杰出的文明。这一文明是毫不腐朽的格调，是自然动人的风尚，它没有意大利人的矫揉造作，更无条顿人的粗鄙卑劣，这便是那些学者们对文明的认识。然而，光怪陆离的表象并不能反映出心境，礼貌也不能与高尚的德行等同，没有人会傻到将格言作为处世的指南，那些被冠以学者、专家、哲人名号的人的言论也并不能成为真理。常识告诉我们，那些表面的精巧和浮华的背后往往是欺骗和伪善，而欺骗和伪善当中往往难觅德行的踪迹。外表的华丽或许可以展现权贵们的威严，服饰的优雅或许能够彰显暴发户们的富有，然而一个人的健壮与阳刚并不表现在他的化过浓妆的脸和昂贵的衣服上，因为一个奸佞小人的华服之下是无法发现力量和生气的。而那劳动者们虽然身着粗布衣裳，却无时无刻不在迸发着生命的伟力。浮华和精巧也与美德格格不入，因为只有美德才是灵魂的活力。良善之辈犹如赤膊上阵的勇士，一切浮华和精致的装饰都是他英雄气概的障碍。

在艺术还没有形成，没有用造作的辞藻扭曲我们的生活之前，粗粝简朴是我们的风尚。虽然这风尚并不精致，但它是浑然天成并充满生机的。那时候，人的本心并不一定比现在更好，但人们的交往是那样的朴实无华，人几乎是狡诈和贪婪的绝缘体，彼此之间是如此安全。然而，人的这种状态在艺术与科学蓬勃发展的今天，却已经极少见到了，这就使得人类的文明一步步堕入了罪恶的深渊。

我们今天对科学与艺术的研究更加精微和细腻，甚至已经形成了一套僵化的原则。这使得我们社会的风尚形成了一种虚假的一致性，人们的精神状态逐渐趋同，仿佛是从一个模子里刻出来的。人们愈发彬彬有礼，而繁文缛节逐渐变成了枷锁，我们只能受制于这些约定俗成的习惯，却无法遵循自己的本性，无法听从自己的心声。我们再也无法经真实的自我呈现在大众面前，也正是在这种令人窒息的束缚之下，人类社会将外界环境塑造得千篇一律，人们做着同样的事请，除非有强大的外力让其摆脱这束缚的枷锁。因此，我们虽然每天都在和人打交道，却永远无法看透对方是什么样的人，即使是我们最亲近的朋友也无法知晓他们的本性。

这是一种多么邪恶的力量让人们变得如此人心叵测啊！诚挚的友情和尊重已经荡然无存，生活的信心已被抛到了九霄云外。猜疑、忌妒、恐惧、贪婪、焦虑、抑郁、残忍、戒备、仇恨和背叛，被繁文缛节包装得光彩夺目，隐藏在我们引以为豪的文明当中。我们虽然不会在绝望时诅咒造物主，却每天都在以亵渎神明的名义破坏他，而自己却对此视若无睹。我们虽然不再将自己的优点视作高于一切，却经常将别人的长处贬损得一文不值。我们虽然不再用粗鲁的行为激怒我们的对手，却经常彬彬有礼地对他们进行诽谤。民族之间的冲突或将不再剑拔弩张，但是我们对祖国的热爱逐渐消散。有些恶行虽然已被禁止，却有另外的罪恶将其代替。然而，我们对这些坏现象如此麻木，甚至不对它们产生丝毫怀疑。有些人将这誉为当代贤人的清心寡欲，而我却将这矫揉造作的淡定看成精致化的恶欲，这丝毫不值得称颂。

这便是我们所处社会的真实风尚，而遵循这一风尚的人却被称为好人。我们的科学、艺术和文学无时无刻不在鼓吹着这种风尚对文明的贡献。然而，如果一个异邦人来到我们的国度，他或许会称赞我们发达的科技，欣赏我们精美的艺术，沉迷于我们视听的优雅，赞叹于我们先进的礼仪。异邦人会认为我们谦逊的谈吐是我们善意的表现，他们会将那些互献殷勤的嘈杂聚会当作我们团结一致的表现。不过，如果这位异邦人真的把这当作欧洲的风尚的话，那么他就大错特错了。

科学与艺术对欧洲社会风尚的腐蚀是显而易见的，我们的灵魂正在随着科学与艺术的日趋完善而愈发腐败。有人认为这是我们所处时代特有的不幸，不过我要说的是这恰巧是贯穿于人类历史的弊端。我们的虚荣所结出的恶果，如同这世间的山川一般古老。科学与艺术对社会风尚的统御，如同月球对潮汐的控制一般永恒。我们在每个时代都可以看到，当科学与艺术蒸蒸日上时，德行却在人类社会中不断消失。看看古老的埃及吧！威严的法老就是从那全世界最为先进的学园起步征服世界的。然而，当埃及成为世界科学与艺术的中心之后，恢宏的埃及王朝便被冈比斯征服。随后，希腊人、罗马人、阿拉伯人、土耳其人都攻破过底比斯的城池，成为埃及的主宰。看看希腊吧！在文艺尚不繁盛时，那里居住的英雄曾经两次击败蛮族。然而，当艺术不断进步，人们的心灵不断被腐蚀，希腊的社会风尚不断被瓦解，最终被野蛮的马其顿人击败。自此之后，希腊作为奴隶不断地更换着主人，它已被艺术蚕食了奋起反抗的力量，变成了一具腐朽的躯壳。

罗马是由牧羊人缔造的国度，这些纯朴的劳动者创造了罗马的辉煌。但是，罗马的荣耀在戴伦斯的时代开始暗淡。当轻佻文人们所书写的作品像瘟疫一般流行于整个罗马帝国时，罗马便已经堕落成为罪恶的深渊。这个伟大的帝国只能被野蛮人与异族轻视和玩弄，失却了罗马帝国往日的雄风。当匈奴王阿提拉的剑锋横扫整个西罗马帝国时，西罗马便已经名存实亡了。至于东罗马帝国，拜占庭处在最为重要的地理要冲，它本应当成为整个西方世界的首都。但是，当欧洲大陆都在禁止科学与艺术时，拜占庭成了二者唯一的藏身之所。不过科学与艺术并没有为东罗马带回昔日罗马帝国的光辉，反而将奢靡与腐败、黑暗与阴谋、陷害与邪恶注入了东罗马的社会风尚当中，一部东罗马帝国的历史几乎等同于一部黑暗的历史。而这便是我们如今引以为豪的文艺复兴之源头。

不过，我们确实不必向先人们探寻真理的证据，因为我们当下的社会现象不正是证明科学与艺术无助于净化社会风尚的铁证吗？与黑暗的欧洲不同的是，在那遥远的亚洲那个广袤无垠拥有数千年悠久历史的伟大国家中，生活在那片土地上的人们曾用超人的勇气和智慧塑造了引领世界潮流的超世文明。然而，我不免担忧的是，当这个伟大国度丢掉了原生文明的活力，转而像它的学生，那些用别人的脑袋染红自己的顶子，靠吞噬别人的鲜血积累不义之财的殖民者那样，妄图通过繁文缛节和案牍主义延续光辉的话，那么它就大错特错了。这个伟大的国家绝不应像欧洲一样，仅仅沉迷于科学与艺术的腐蚀，使自己变得愚昧、残暴、阴险、狡诈和虚伪，而应当保持最初的高贵灵魂和超人般的英雄气概，如此那持续了数千年的文明之火才会更加旺盛。相反，如果那英雄的民族放纵那些酸腐文人为非作歹，任凭最为智慧和高贵的劳动者堕入苦海的话，那么他们也最终会遭受灭顶之灾。

一个社会的风尚并非一开始就如此糟糕。当这些民族还没有沾染科学与艺术的浮华时，他们用自己的德行与伟力造就了文明的榜样。处于遥远亚洲的中国人便是如此，他们如此独特以至于修身养德就如我们制造杀人的武器一般专注。因此，他们轻而易举便征服了亚洲，并以最为合理、和谐的秩序造福于其他邦国。也只有他们才有那种光荣与梦想，而他们的政体和历史也成了一个传奇，被四处穷乡僻壤的欧洲争相效仿。当欧洲人还在丛林中觅食的时候，中国的辉煌和赞誉便已经传遍世界。曾有一位日耳曼历史学家，他厌倦了记述欧洲宫廷的虚伪、愚昧和落后，转而讴歌亚洲东方的纯洁与德行。即使这个国度处于最为蒙昧的状态，他们依然有理由自豪于他们足以挫败一切强敌的斗志，越过一切障碍的意志，以及化解一切难题的勇气，所有人对他们的忠诚坚信不疑。他们热爱有别于其他民族的精神活动，绝非出于他们不知道在别的国度里，有那么一小撮人仅仅通过哗众取宠和游手好闲便能身处高位，而是因为他们的品质让他们对这些令人作呕的行为有着天然的蔑视。他们的自信使他们不屑于听那些将恶行与浮夸包装成善良与美德的理论家们的谬论，更不会在意那些理论家们出于短视和无知将他们贴上野蛮人的标签。

　　我们不应当忘记，在远古的欧洲曾出现过一个如同那东方国度一样伟大的城邦——斯巴达。斯巴达人的崛起是因为他们始终保留着质朴的风尚，并创制了贤明的法律。这个近乎神明的共和国，用自己的伟力缔造了希腊半岛上最为强盛的城邦。斯巴达的品质明显不同于其他欧洲国家，斯巴达人注重实效，不慕虚名，总将实干摆在一切事物的前头，这是对那些空洞理论多么大的羞辱啊！当雅典的僭主和公民们沉迷于诗人们编造的诗篇时，斯巴达人已将城中的艺术家、科学家、学者等靠炮制空头理论混饭吃的游手好闲者统统赶了出去。历史也最终证明，那些成为哲学家和诡辩者们的乐园的雅典，那些华丽的房屋和优雅的辞藻，那些大师们雕刻在大理石上的精美画作，并没有抵挡住斯巴达人的铁甲和长矛。雅典人虽然成为斯巴达人的奴隶，而他们创造出的艺术和科学被颓靡的世人继承，荼毒着人类纯洁的心灵。斯巴达人的艺术品并不像雅典那样绚烂，然而斯巴达的公民是最为高尚的，社会风尚是最为清新刚健的。英勇善战的斯巴达人从不用大理石修筑他们的宫殿，也极少依靠城墙抵御外敌的入侵，他们只用男儿的胸膛捍卫他们的祖国。斯巴达人不靠艺术品让人们铭记，但他们的英雄史诗却让人们万代传颂。这难道不是最为雄壮的纪念碑吗？这难道不比雅典的大理石像更为可贵吗？

有些贤者也曾对科学与艺术的复兴潮流进行过抵制，他们洁身自好，不与世俗同流合污，但是被潮流冲昏头脑的人是大多数。在他们的眼中，诗人是唯一一个足以用才华驾驭自己和别人的群体，是这个世界上最具智慧的种群。不过事实却并非如此，古希腊先哲苏格拉底认为，这些诗人空洞的头脑完全与智慧沾不上一点边。如果苏格拉底活在今天，那么他一定会失望地看到，如今的诗人们同他那时候相比并无任何改善。这位先哲一定会对我们泛滥的书籍嗤之以鼻，对我们虚浮的科学报以最深刻的鄙视，他对他弟子的谆谆教导依旧鞭挞着被科学与艺术异化的灵魂。如同苏格拉底一样，老卡图在罗马对他的同胞们大声疾呼，试图将沉迷在科学与艺术的迷幻中的人们唤醒。然而，如同苏格拉底一样，他的努力以失败告终。希腊人用科学与艺术的技巧腐蚀着罗马人的英勇和意志，科学与艺术还是如同瘟疫一般在罗马帝国蔓延。诡辩家和哲学家们争相涌入罗马，然而他们带给罗马的除了虚伪与涣散之外，并无任何实质贡献。他们鄙视劳动，他们不懂纪律，他们自由散漫，他们结党营私，他们自私的内心只能容得下他们自己，却忘记了生养他们的祖国。当芝诺、伊壁鸠鲁等诡辩家们的名字代替了那些公心朗朗的贤者时，罗马便已经距离崩溃不远。当学者们出现在罗马的朝野当中，好人就已经在这里毫无立足之地。这些知识分子们与罗马的劳动者们最大的不同是，后者知行合一将良知与美德融入实践，而前者仅仅是靠卖弄他们所谓的知识和学问混口饭吃，良心早已被他们抛在脑后。

如果法布里修斯重回人间，当他望着极尽奢华的罗马城时，他一定会绝望地说："神啊！那代表着节制和美德的陋室何在？"罗马那最为宝贵的简朴品质已经被糜烂的繁华代替，那庸俗浅陋的流行语已经将警世恒言代替，那雕塑、绘画和建筑已经将罗马儿郎们骁勇善战的精神代替。悲哀的人们已经放弃了他们高贵的灵魂，当罗马的军队充斥着只为金钱打仗的雇佣兵，而非出于对国家的忠诚和民族的荣耀而流血的战士时，罗马人便已经成了他们所征服的奴隶的奴隶。看看那些修辞学家们干了什么吧！他们将罗马的英雄领袖们贬损得一文不值，却将毫无营养的陈词滥调注入人们的头脑。他们让罗马的公民们从心底厌恶本应对国家尽到的义务，却让好儿郎们沉醉于小情小感的温柔之乡。他们用软乎乎的幸福主义、极端卑劣的个人主义和利己主义麻醉着罗马的公民们，让他们再也没有勇气为他们的祖国拿起刀矛。罗马的好儿郎们啊！赶快拆掉这些露天剧场，将那大理石雕像砸得粉碎，把那浮世绘丢入垃圾堆，将那些诡辩家们关进正义的牢笼吧！让那些愚人去浮夸吧！让那些庸人去奢靡吧！让那些胆小鬼去阴沟里躲避英雄的气息吧！用你们坚实的臂膀撑起国家的责任，用你们宽阔的胸膛迎接一切挑战，用你们勇敢的心消灭一切敢于来犯的伪君子吧！这才是一个罗马人，一个真正的人！

再让我们越过历史的藩篱看看如今的欧洲吧！我们生活在一个如此以骄奢淫逸为自豪的地方，我们身处一个如此以享乐放纵为骄傲的时代。我是多么为这些人感到羞愧啊！他们变成了科学与艺术的奴隶，变成了毫无人类天性的空壳。不过我要问的是，正直难道就意味着愚昧无知吗？科学与美德就这样不相容吗？科学与艺术难道就是那些被巧立的名目吗？让我们一同去探究科学与艺术的本真吧，让我们去看一看历史事实是如何证明科学与艺术并不能纯化社会风尚的。

二、堕落的风俗

　　曾有一个广泛流传于希腊和埃及的神话，一个与人类永世为敌的恶神创造了科学。科学源于埃及，而埃及人又是如何看待科学的根源呢？他们认为天文学源于荒诞的迷信，修辞学源于仇视和诡计，几何学是贪心的产物，物理学则由人类的虚荣而产生，所有的科学归根结底来自人类的堕落。因此，科学是人性恶的产物，而非诞生于人类高尚的品德。如果没有奢侈作为艺术的土壤，那么艺术还有什么存在的必要呢？如果没有不公平存在于世间，法律又有什么存在的必要呢？如果没有昏聩的君主、频仍的战乱、卑劣的阴谋，那么史学家又有什么存在的必要呢？因此，如果人们将应尽的道义当作毕生的使命，将为国家、为弱者、为家庭、为友谊而奉献终生，那么我们的生命就不会浪费在那些本就毫无意义的思考上了。

　　那些哲学家们认为，我们不能像一个即将在沙漠中渴死，却拒绝眼前的甘泉的愚人那样，对摆在眼前的真理嗤之以鼻。不过，科学探索意味着歧途和危险，直通真理的道路上必然会受到无数错误的干扰，而这些错误的毁灭性远比真理要大上成千上万倍。出现错误的可能性远比得到真理的可能性大得多，因为错误出现的方式千变万化，而真理永远只有一个。此外，那些打着寻求真理旗号的人，又有多少是真心实意地投身于探究真理呢？纵然这些人没有任何阴谋和恶意，谁又能向世人证明他所认知的就是真理呢？在那些庞杂的观点当中，真理的标准何在？更为重要的是，即使有朝一日我们发现了真理，我们又当如何将其加以应用呢？

如果我们以虚幻为出发点对科学进行探究，那么得出的结果无疑是十分危险的。科学探索对社会的第一损害便是时间损失，因为闲暇是科学产生的土壤，而更多的科学当然需要更多的时间，所以科学对于时间的扼杀是毫无疑问的。从政治和伦理道德角度来看，如果游手好闲是一种罪过的话，那么一个无用的哲学家无疑是危害社会的潜在因素。请那些大名鼎鼎的哲学家们告诉我，当我从你们那里学到物体相互吸引的定律，行星运行的空间关系，曲线的焦点和中轴线，灵与肉如何彼此契合，哪个星球上可能有生命存在，昆虫到底以一种什么样的方式进行繁殖等一系列你们认为先进的知识时，我们的人口是否因此增长？我们国家的统治是否因此巩固？我们的道德是否因此变得高尚？如果你们的答案是否定的，那么请你们认真回答我一个问题，我们最高明的学者打着先进的旗号带给我们的那些知识并无用处的话，我们对这些不入流又好吃懒做、游手好闲的文人们应当报以何种看法呢？但愿上帝真的能够让哲学家们游手好闲，那样将最大限度地纯化我们的社会风尚，我们的世道也将变成一个太平世界。但是，这些语言上的巨人源源不断地冒出来，打着信仰的旗号，以诡辩为武器不断摧毁着我们道德的根基。祖国、宗教成为他们嘲讽的对象，他们的"才华"全部都用在解构世间一切神圣和高尚的事务中了。我愿意以最为善意的心灵认为，他们并非为了私恨而玷污人类的德行，而是因为他们对一切公益都加以最恶意的揣测和龌龊的攻击。

对时间的扼杀只是科学的罪过之一，由艺术产生的罪恶则有过之而无不及。由虚荣心而产生出来的奢侈和浪费便是文艺的最大罪过。奢侈和虚荣心作为文艺与科学的土壤，就像孪生兄弟一样如影随形。那些哲学家们为了一己之私往往不顾事实，将虚荣与奢华说成是繁荣的标志。不过，请他们摸着自己的良心想一想，只有纯朴和善良的风尚才是一个国家延续生机与活力的命脉，而虚荣和奢侈难道不是与此背道而驰的吗？虚荣与奢侈只是财富增长的标志，它不过是奴役人们为名利奔命的枷锁罢了。如果每个人都不顾一切地追逐名利和财富，把生命成功的唯一标准定义为升官发财的话，那么我们的道德将会变成什么样子？繁荣的大都会，富得流油的钱袋子，胖乎乎的小市民们，不过只是道德崩溃的表象罢了！如果我们的政治家们只在乎金钱和生意的话，那么人民在他眼里的价格恰好等于他们在阿尔及尔卖身的价钱，那样人便会被异化为牲口，国家的运数也就几近完结。

然而，贫穷并不能等同于弱小，就像先进的往往会被落后的征服一样。偌大的波斯帝国亡于仅有三万军队的亚历山大之手，而西罗马最终不是败在连鞋子都穿不起的匈奴之王阿提拉的刀下吗？如果两个帝国相互争雄，一个无比富有而另一个一无所有，那么前者必被后者征服。当罗马帝国鲸吞了整个欧洲的财富之后，它也就成了匈奴人的战利品。而法兰克人征服高卢，撒克逊人征服英格兰不也是这一兴衰规律的印证吗？那些用账房先生的思考方式制定国家战略的政治家们不会想到，金钱可以买到一切，却永远换不来健康纯朴的社会风尚，以及愿为国家肝脑涂地的忠诚公民！

对于一个国家而言，哪一种生存方式更为重要？是显赫而短暂，还是长久而有德？我认为，显赫一时的国家并不值得欣喜，因为炫耀与正直就像油和水一样难以相容，而被心机与算计腐蚀的灵魂则难以上升至伟大。每一个艺术家无疑都愿意生活在一个被人们不断赞颂的国家，这对于他们而言是其最为重视的一部分。如果艺术家们诞生在这样一个国度，那里的人们被轻佻浮躁的文人左右着文风，那里的人们被短视的学者左右着情趣，那里的男人和女人只对龌龊、怯懦的东西感兴趣，那里的人们将先哲们呕心沥血所创作的作品当作玩乐指摘，那里的艺术家们为了得到赞美将做出什么不堪的事情呢？他们无疑会将自己的才华降低到同那些畜群们一样的水平，他们宁愿只创造博得一时欢呼的拙作，却不愿意将生命投入到能使他流芳百世的经典当中。那些名垂青史的作家们不知壮美和雄浑，不得不去适应那庸众的矫揉造作，这就是虚荣和奢侈对艺术家自身的扼杀。

因此，社会风尚的解体是虚荣与奢侈的必然后果，而社会风尚的解体又会腐蚀着人们的趣味。在这样的社会风尚之中，如果只有一个人不甘于同流合污，只有一个人不肯用浅薄的作品趋炎附势，那么这个人无疑会在穷困潦倒中度过悲哀的一生。卡尔和比尔作为我们这个时代最杰出的两位画家，他们用画笔勾勒出最为恢宏的神殿，但是为了生存不得不为权贵富豪们画些不雅的图画。菲迪阿斯的凿子应当被用作打造神明的雕塑，而不愿媚俗的他如今毫无用武之地。当我们思考社会风尚时，纯朴的远古时代是我们的标杆。那个时代是如此自然而美好，以至于离开了它，我们对于美的理解便显得那样苍白无力。那时候的人们是如此纯洁而高尚，虽然只能住在简陋的茅屋当中，却能够那么相亲相爱。不过，当他们认为自己能够征服自然时，便开始毫无顾忌地对这个世界宣泄心中所有的罪恶。这时候，人的罪恶便登峰造极了，而社会风尚也就堕落到了极点。

当人们的生活方式愈发舒适，工艺水平日趋成熟，骄奢淫逸成为社会的流行病时，阳刚和勇气就会被削弱，而尚武精神也会变得荡然无存，这一切的根源便是科学与艺术的不断发展。当哥特人劫掠希腊时，他们唯独没有焚毁希腊的图书，因为他们要让对手沉迷于颓惰和安逸，无心对敌人奋起反抗。查理八世兵不血刃地将那不勒斯收入囊中，当他的将士们将胜利归结于查理八世的文韬武略时，他却说是意大利的王公贵族们沉迷于精巧和博学，而无力舍命作战。上述两个铁一般的历史事实不正向我们证明了，科学与艺术并没有鼓舞人们的勇气，增强人们的意志，反而软化了人们原本强大的心。

罗马人认为，他们尚武精神的衰弱恰好从他们掌握绘图、文学、雕刻和冶炼开始。而这个曾经缔造辉煌的国度的衰落史，也被后世的民族引以为戒。而美第奇家族的兴起和文艺复兴的到来，使得亚平宁半岛善战的传统再也难以恢复。古希腊禁止其公民从事一切文弱活动的制度是正确的，因为那些活动会败坏他们身体的机能，并让他们的精神失去活力。如果一个人连一点点物质上的贫瘠与匮乏都经受不起，如果一个人遇到小小的痛楚就难以自拔的话，那么当他遭遇饥饿、挫败、危险和死亡时，又有多少人会成为逃兵和懦夫。由不能吃苦的士兵所组成的军队没有力量保家卫国，当他们再由一个连骑马都要喘一喘的指挥官指挥战斗时，他们就不会有任何勇气与敌人对抗。看看如今欧洲的那些士兵吧，正由于他们接受了科学的训练，他们的勇气反而越来越小了。当这些战士得胜时，他们可以向别人夸耀他们的战绩，然而只要碰到一点点挫折，比如烈日风雪或物资匮乏，他们便可以向他们的敌人举手投降。请好儿郎们听我一言吧！你们的本心是勇敢无畏的，如同汉尼拔和恺撒那样剽悍。但是，这两位军神不屑于同如今的你们并肩作战，因为你们既难以忍受阿尔卑斯山的严寒，也禁不起卢比康河的酷暑，这样的军人怎么会有战斗力呢？

仅仅凭借穷兵黩武无法取得战争最终的胜利，将军们需要以身作则带动他们的战士们荣辱与共。如果一个指挥官在战场上一马当先，如果一个士兵的战斗意志坚不可摧，如果一支军队能够在严寒酷暑中巍然屹立，那么这样的军队才是有魂魄的军队，这样的战士才算得上真正的勇士。不仅对于军队是如此，对于国家而言更是这样。道德作为一个国家合法性的根基，直接决定着这个国家能否延续它的国运。然而，如果科学有损军队的战斗意志，那么它对于一个国家道德的损害就更是有过之而无不及。

从科学与艺术兴盛的那天开始，虚伪便愈发掩饰着我们的本心，我们越来越不分正邪善恶。我们的学校每天耗费巨大的精力往青年的头脑里灌输各种知识，却唯独没有向他们传授责任心的重要性。在这样的教育下，青年愈发不会说他们的母语，却热捧敌人的语言；他们写的诗歌让别人看不懂，而他们自己更加不懂；他们已经分不清真理和谬误了，却能够用诡辩和闪烁其词扰乱别人的判断；他们有那么多已经成为博士的人，却连高尚的品德、正直的人格、勤俭的作风、人道的悲悯、英雄的气概都不明白究竟是什么；他们的狭隘的心只能容下小富即安的骄奢淫逸，却永远也不会将最可爱的"国家"二字放在眼里。曾经有位先哲说过，相比于沉迷在科学与艺术当中，我宁愿我的学生打网球消磨时间，因为后者至少可以让他收获强健的体魄。青年处在风华正茂的年纪，他们必须要专注于一些东西，因为只有专注才能让他们克服懒惰。然而，让青年专注于学习什么，才是更为重要的问题。至少应当让青年将宝贵的精力放在应当关心的事情上，而不是在无谓的事情上浪费时间。

我们将雕像陈列在公园中，用油画装点我们的厅堂。我们将这些艺术品视作珍宝，不过有谁能够说出这些珍宝表现的是什么吗？是缔造伟大国家的英雄吗？还是德行高尚的贤者呢？都不是，这些艺术品只是从古代神话中精心遴选出来专供人们玩乐的形象，它只会扭曲人们的心智，腐化人们的灵魂。如果让那些还不识字的孩子们看到这些艺术品，那么在他们幼小的心灵中无疑会刻下最邪恶的典范。然而，这一切谬误产生的根源在哪呢？那无疑是我们标榜的学术研究的成果。那些半吊子专家们研究出来的成果，让人们不去在意一个人的人品是否正直善良，却只让人们注意他能否投机取巧；让人们不去问一本书是否有意义，却让人们只看它是否好玩。我们对投机钻营者大加赞赏，却对高尚的情操嘲讽讥笑。我们对出采的文章趋之若鹜，却对正直的行为忽略不计。就像那些能够获得最高奖项的论文，配不上设置这个奖项的善意初衷一样。

贤者们绝不会常常将金钱挂在嘴边，但是难以抗拒荣耀的诱惑。这就是为何人们只偏爱能够刺激口腹之欲的才华，却不愿接受经世致用的智慧的原因。而这种现象自从文艺复兴以来就更为严重了。当我们的学府里充斥着数学家、化学家、物理学家、天文学家、文学家、诗人、音乐家和画家时，合格的公民变得越来越罕见。然而，那些用辛勤的劳动为我们提供每日所需的面包和牛奶的劳动者，那些身处穷乡僻壤却有着高尚的情操的杰出公民们，遭遇的却是冷漠和蔑视。

三、美德的回归

当你听到我鞭挞那失落的人性和堕落的风俗之后，你若认为人类已经无药可救，并为此感到绝望的话，那么我将劝慰道，这大可不必。因为毒草旁必然生长着解药，而没有一把锁是不能用正确的钥匙打开的。那些被鄙夷和忽视的劳动者们正是天道的承载者，也是道德风尚的最后堡垒和复兴的源泉。劳动者作为纯朴社会风尚的继承者，至少可以成为无良文人的约束。他们若想赢得最广大民众的支持与赞颂，就必须能够洁身自好，并与庶民同呼吸共命运，他们的作品就必须经得起时间和道德的考验。而这样的作品反过来又可以激发公民对纯朴风尚的热爱，燃起他们内心对清平世道的渴望，让他们明白自己的生命能够与国家紧紧相连是多么的荣幸和欣慰。

那些对我的观点提出质疑的人，那些被经院哲学毒害的可怜虫们，他们的质疑恰好证明了我的观点的正确。那些四体不勤五谷不分的人，他们甚至从未感受过大自然的伟力，而那些人却像蛀虫一般藏身在各个科学院当中，这难道不是对科学最大的戕害吗？那些只为迎合愚氓投机媚俗的人，他们甚至从不知道何为美何为丑，而那些人却盘踞在艺术界的各个领域，这难道不是对艺术的玷污吗？但是，请看看那些纯朴的劳动者们，他们只是没有艺术家们华丽的袍子，却比任何艺术家都懂得美丑；他们只是没有科学家们的博士头衔，但这不能成为否定他们智慧的理由。我并不想妄言农民与哲学家的异同，但我却要问问那些哲学家们，你们口中那些哲学著作是什么内容？这些智慧的代言人的真诚又在何方？你们就像是一群江湖骗子，站在一个广场的各个角落向人们宣告唯有自己才是真理的代表。他们一个说一切物体都是不存在的，是意识构建了整个世界，另一个却说意识只是表象，这个世界上只有实体。他们一个宣言这个世界上完全没有道德这回事，是非善恶全部是荒诞的，另一个却说，人不过是豺狼，而这社会的形成源于一切人反对一切人的战争。哲学家们啊！你们为什么不只把你们的"智慧"留给你们的亲朋和子孙呢？这样我们便不会受到这荒谬理论的误导了。

如果科学和艺术的进步不仅败坏了我们的风尚，并且没有为我们的生活带来真正的福祉，如果科学与艺术降低了我们的品位，玷污了我们的道德，那么我们又会对其抱有何种看法呢？科学与艺术看似是我们通向智慧的捷径，实际上它们却是我们迎接智慧女神的绊脚石。能够纯化社会风尚的并非科学与艺术，而是我们的德行。它就是纯朴的灵魂和高尚的情操，是我们并不需要花费多大力气就能够找到源头的东西。唯有让美德回归，我们的社会风尚才能够纯化；唯有让美德回归，我们的头脑才不会被科学与艺术的谎言迷惑；唯有让美德回归，我们的心灵才能冲破自私的牢笼得到真正的解放。

然而，到底是什么让我们的美德消失得无影无踪呢？是人类的不平等；是劳动者与无良文人之间的不平等，使得科学与艺术代替了美德；是劳动者与权贵之间的不平等，使得残暴和虚伪代替了情操；是劳动者与富豪之间的不平等，使得贪婪和奢华代替了节俭。若要使社会风尚纯化，还世人一个清平世界，就必须让美德回归。若要让美德回归人间，就必须探究那毁掉了美德的不平等是如何起源和发展的。

第三讲
狂狷济世：论平等

一、不平等的起源

人类社会中存在着两种不平等，一类是生理上的不平等，另一类则是政治上的不平等。前一种不平等是由性别、年龄、体质以及智商决定的，而后一种不平等则源于人类的约定俗成。这种约定俗成的不平等表现为一小撮人必须通过损人利己获得各种优势和特权，并变得比他人拥有更多的财富或更高的权势，以及更强大的影响力，成为大多数人的主人，并把别人变为奴隶。生理不平等的根源不值得我们研究，因为我们一眼就可以看出来。而生理不平等与政治不平等之间的联系也并不值得探讨，因为这无疑是在问奴隶主是否比奴隶更为优秀，他们的财富与权势是否仅仅凭借他们体力与智力的优势得来的。这个问题对于一心想做奴才的人而言或许必须深究，但对于一个具有独立自主人格的人而言，这无疑是在哗众取宠。

探究人类不平等的起源就必须从权利何时代替了暴力，天性何时受制于法律入手。同时，还需阐明是什么促使强者伪装成甘心为弱者服务的样子，并骗取人们放弃自己的部分权利去交换不可能得到的幸福。有些哲学家认为，要弄清上述问题就必须将研究的假设条件回溯到人类的原始状态，然而至今还没有一个哲学家做到了这一点。有些人觉得处于原始状态的人类具有正义和邪恶的认知，却无法解释这一认知对于原始状态中的人类有何用途。另外一些学者提出，原始状态中的人类就已经有了所有权意识，但他们无法阐释原始人类所理解的所有权的要义。还有些人在没有弄清楚原始人类要经过多么漫长的历程才会产生"政府"与"权力"之前，就认定政府由强权产生，而弱者被强者统治是理所应当的。他们在自己的著作中大谈特谈人类的进步源于贪婪、原罪、欲望、傲慢，并把这些只有社会状态中才会出现的东西，强加在原始人类的头上。虽然这些学者口口声声地说自己在对原始人类进行描绘，却字字都有文明社会的影子。虽然我们都相信原始人类在地球上存在过，但是如果我们依据《圣经》做出判断的话，我们就会发现亚当作为第一个人类，是以社会人的状态出现，而非原始人。倘若我们如基督徒那样相信洪荒时代的话，那么就必然得出大洪水之前没有原始人类的结论，但这显然与我们所掌握的事实相违背。

原始人类的自然状态是我讨论人类不平等起源的前提，这就如物理学家在探究天体形成时所做出的假设一样。虽然天主教与基督教的教育告诉我们，是上帝使我们摆脱了原始人类的状态，并且一手缔造了人类的不平等，但是这未免显得强词夺理。况且，教义也并未禁止我们做出这样的猜想，即人类在毫无干扰的情况下自由发展，人类社会将最终变成什么模样。为了避免因为地域和民族色彩造成的误会，我所讨论的人都被设定为最广义的人类。就像身处柏拉图学院当中，向古代的圣哲们展示自己的功课一般，柏拉图、苏格拉底、亚里士多德就是我的听众和评审员。因此，不论我的读者属于哪个种族来自于何方，都应当知晓我所讲述故事的真实性。我们身处的时代已经距离我所论述的时代十分遥远，而如今的人心也较之那个时代有了天翻地覆的变化。我认为曾经有一个所有人都愿意停留在上古时代，而现在的人们对那个时代更加渴望。虽然现代人接受的教育与形成的习惯已经败坏了他们的天性，不过从他们对所处社会环境的不满就可以知道，为了享受那自然的状态，人们宁愿选择倒退。人们在赞扬祖先的同时，也意味着对同时代的人进行批判，并对自己的后代有所担忧。

　　探究人类的原始状态应当从人类还处于胚胎状态时开始，但是我并不采用这一方法进行研究。我也不会通过研究人类的肌体构造或者身体变化，或者像亚里士多德那样通过观察人类手指的弯曲程度来还原原始人类的样子，因为我并不认为这种研究方式对我们探究人类不平等的起源有何益处。我将原始人类假设为这样一种状态，即两足直立行走，能够用手捕捉猎物、制作工具，能够用眼睛看遍春秋交替，能够用身体感受四时变换。这种状态中的原始人类应当与后世的文明没有任何关联，他们完全是从大自然中脱生出来的样子。通过观察他们，我发现他们的身体构造远远优于其他生物，虽然他们并不像一些动物那样灵活，他们的速度也不如其他动物那样迅速。他们经常活动在一片松树林当中，渴了就在小溪中饮水，饿了就去丛林中觅食，吃饱喝足之后便睡在树下，并怡然自得。

　　由于大自然还没有任何人工开采的痕迹，因此他们可以在其中寻找到任何他们所需要的东西，自然便是他们饮食和休憩的乐园。原始人类通过对其他动物进行观察，可以学到它们的生存本领。虽然人并不像其他动物那样具有天生的本领，但是他们可以通过学习和模仿将其他动物的长处全都为己所用。那时的人类可以轻而易举地找到自己所需要的食物，因为大部分动物能吃的食物，人类几乎都可以食用。原始人类儿童的身体十分强健，风吹雨淋磨炼了他们坚强的意志，长时间的捕猎活动让他们吃苦耐劳，并不惧怕任何野兽的袭击。原始儿童精力旺盛，并从出生开始身体就很结实。就像斯巴达的公民从小接受的那些训练一样，大自然对原始儿童的训练使他们越来越强壮，而弱小者便被自然淘汰。现今社会对于儿童的做法恰好与自然规律相反，儿童从小就养尊处优成为家庭的累赘，而在温室里长大的他们被过早地泯灭了天性。

身体是原始人类能够利用的唯一工具，但是并不意味着原始人的生存能力比现代人差。虽然我们有着各种各样的工具和工艺水平，原始人类无法比拟，然而工具却使我们的身体退化，失去了灵巧和活力。当原始人有一把用于伐木的斧子时，他们的双手就无法掐断碗口粗细的树枝了。当原始人有一把用于爬树的梯子时，他们的身形便不会像以往那样灵活。当原始人有一匹马时，他们的双脚哪怕只走一公里就会感到酸痛。一个文明人在所有的工具都备齐的情况下，他当然可以轻而易举地战胜原始人。不过当文明人与原始人赤手空拳站在同一起跑线上时，二者孰优孰劣则高下立判。

英国哲学家霍布斯认为，凶猛好斗是原始人的本性。而孟德斯鸠的看法则正好与霍布斯相反，他认为原始人类怯懦胆小，一旦听到风吹草动就会立刻躲到洞穴当中。不过，这只是哲学家们对原始人的妄断，因为大自然在绝大多数情况之下处于平和状态。原始人类既不需要龇着獠牙同一切动物对抗，也不会因小小的惊吓而不知所措。长期处于自然状态中的原始人对其他动物的了解就像对自己的身体机能一般。当一头熊或者一只狼同一个手握石块的原始人厮打时，它们往往会发现谁都无法制服对方。因此，经过几次摩擦之后，它们便能够划清彼此的界限，从此互不侵扰。此外，原始人类的速度和力量或许不如其他动物，但是他们可以利用自然条件建造避难所，并在遭遇危险时选择是否需要利用这些地方躲避危险，这样他们便不会因为突发情况而大惊小怪。而动物们除非饥饿到了极点，否则它们也不会主动去招惹人类。总之，原始人既不凶猛好斗，又不软弱可欺，他们遵循着最和谐的状态在自然当中生活。

不过，疾病、衰老、弱小却是人类最为惧怕的敌人。所有的动物都会面临衰老和弱小，但疾病是人类社会所独有的。现代社会当中，孩子自生下来之后就由母亲一直照料，而动物世界的做法却与之相反。动物在出生之后并不会受到母兽无微不至的照顾，它们必须同母兽一起觅食、迁徙，这让它们付出了更多辛苦。如果幼崽失去了母兽，那么它们便很有可能无法生存。同样，孩子如果失去了母亲，那么他们也很难在世间存活下去。因此，原始人类会面临与动物相同的问题，不过也正因此原始儿童要比现代社会中的孩子坚韧得多。就衰老的问题而言，处于老年阶段的原始人无法进行更多的劳作，不过他们需要摄入的食物也在减少。而长期的运动也使得原始人避免了患上关节炎、痛风等一系列痛苦的疾病。所以，原始人相比于文明人而言，他们在老年阶段所遭受的痛苦更少，离开这个世界时也更为安详。

至于疾病，我不想引用医学界发表的那些谬论，我只想提一个问题：那些身处医疗条件不好的地区的人，他们的平均寿命是否就真的比重视医学的地区的人短？如今，我们所患的疾病比我们的医疗方法多得多，这种情况的出现完全是因为我们的生活方式出现了严重问题。有些人在生活中过于懒惰，这让他们无法消耗体内多余的热量，而另一些人则过于勤劳，他们的关节和骨骼因此受到反复的损伤。富人们的食物过于精致，以至于损害了他们的肠胃。穷人的食物过于匮乏，这使得他们不得不暴饮暴食，从而患上了消化不良。许多人通宵不眠、纵情声色，这让他们的身体机能紊乱，导致体质虚弱打不起精神。还有些人面对光怪陆离的世道终日抑郁焦虑，心灵无法得到安宁。上述这些疾病完全是由我们自己一手造成的，只有回归简朴、自然的生活状态，过顺应天时的规律生活，这些疾病才会真正消除。一个原始人除了衰老和受伤之外，就没有任何能够对他们的身体造成伤害的事情，而他们身体又比文明社会中的人强壮得多，这足以证明人类的疾病史就是人类文明的发展史。就像柏拉图所说的那样，引起新疾病的，正是新发明的药物本身。

原始人因为很少得病，所以也就不需要医生和药物，他们的身体同其他生活在大自然中的动物一样强壮。一个在山中狩猎的猎人可曾见过一只病病恹恹的动物吗？这些动物或许会受伤，但是伤口会迅速结疤，并且比原有的皮肤还要健康。这些动物或许会因为捕食而摔断腿，但是骨折的地方会迅速痊愈。它们既不需要大夫，又不需要药物，全部凭着自身的抵抗力挨过伤痛。而这些伤痛痊愈之后，反而使得它们的身体更为强壮。试想，如果它们骨折的地方被绑上石膏，它们恢复的时间是否反而会变慢呢？如果它们吞食了药物，那么它们健康的内脏是否会受到药物的伤害呢？答案无疑是肯定的。虽然医术的进步可以为我们解决一些健康问题，但显而易见的是原始人在没有医药的情况下更多求助于自然的帮助，他们不仅心理状态比文明人要好得多，体质也比文明人强健很多。

　　我们不要想当然地将原始人与现代人等同。因为人一旦成为社会人，那么就意味着他们变成了奴隶，他们变得虚弱而猥琐，既失去了精气神，又没有了强健的体魄。这就如同森林中的马、猫、狗等动物，当它们在自然中时，往往颇有活力。而这些动物一旦被驯养，它们的身体就必然会出现退化。此外，原始人与文明人之间的差别远远大于野生动物和家养宠物之间的差别。因为人给自己提供的环境显然会比提供给猫狗的环境舒适得多，所以人类的退化程度要远远大于被驯养的动物。虽然原始人没有衣服和房子，但这对于他们来说并不能算是坏事。他们之所以不像其他动物一样长出皮毛，是因为身处热带的原始人并不需要皮毛取暖，而寒带的原始人可以将猎取的兽皮用来取暖。他们之所以用两只脚移动，是因为他们可以腾出双手做更多事情。虽然原始人的小孩学会走路的时间较长，但是孩子的母亲可以带着他们去自己想去的地方而没有任何阻碍。很显然，第一个给自己制作衣服的原始人实在令人难以理解，因为他们可以在没有衣服的条件下生存得很好，衣服对于他们来说完全是累赘。

　　原始人的生活简单而闲散，他们很喜欢睡觉，但是为了应对可能产生的危险情况，他们不会经常进入深度睡眠。原始人唯一需要关心的事情，是如何在自然环境中保护自己的生命而不受伤害。进攻和防御是他们每天必须练习的技能，他们必须在能够捕获其他猎物的前提下不被猎物伤害。正是由于原始人每天都要生活在警觉状态当中，他们用于享乐的器官发展得十分缓慢。如果把原始人的视觉、听觉、嗅觉、触觉、味觉的敏感性进行比较的话，那么原始人的视觉、听觉和嗅觉十分灵敏，而味觉和触觉却显得迟钝。从这个角度来看，霍屯督人凭借肉眼可以辨别的东西，荷兰人则需要用望远镜就不足为奇了。而南美洲丛林中的土著人的嗅觉比猎犬还要灵敏，中国人能吃辣椒、喝烈酒也就理所应当了。

上述观点是我们从身体角度对原始人类进行的观察，下面我们将从道德视角来研究这些文明人的先祖们。自然界中的每个动物就像是一台配置精良的机器，大自然赋予这些动物感官和运动能力，使它们能够在不受侵害的情况下存活于世间。原始人也是如此，只是原始人与其他动物有着一个显著区别，即自然完全支配着动物的活动，而人类却并非如此。人类作为具有自由意志的生物个体，并不完全受自然的限制，而是可以利用自然、改造自然、征服自然。动物只能通过它们的本能对将要采取的行动做出选择，而人类则依靠智慧决定下一步行动的方向。动物完全受制于自然法则，而人类则可以做对自己有利，对大自然有害的事情，即使这些事情会对自己造成伤害。因此，一只鸽子宁愿饿死也不吃摆在面前的肉，而一只猫对面前的水果碰也不会碰。对于纵欲过度的人而言，他们对自然的需求虽然已经被满足，但是他们的欲望让他们不断透支他们的生命，即使这会给他们带来疾病和死亡。

　　动物如同人类一样有观念，只是动物的观念相较于人类的程度更弱。有些学者认为，人与人之间观念的差距，远远大于动物和动物观念之间的差距。因此，与其说人与动物存在智商上的差别，倒不如说人是一种能够自主支配自身行为的生物。而动物则没有完全的自主意识，它们只能受大自然的限制。面对大自然的支配，人可以选择接受或者不接受，也正因此人类才具有动物所没有的灵性。灵性的具体表现是精神活动，而这种精神活动是机械物理学所无法阐述的。此外，人与动物之间的区别还在于人类具有自我完善的能力。动物的幼年相比于人而言要短得多，成长的速度也比人快得多，但是在经过了几个月的成熟期之后，动物这一生都不会再有任何变化。而人类则不然，他们可以运用自己自我完善的能力发展自己，这种能力存在于每一个人身上。不过这种能力也是人类痛苦的根源，因为随着时间的推移，人类用这种能力摆脱了平静的原始状态，他们获得了海量的知识，也犯了难以计数的错误，培养出了高尚的品德，也败坏了自己的本性。最后，脱离了自然的人类，变成了凌驾于自然之上的暴徒。

　　原始人在最初只有动物性，并没有自我完善的能力，大自然只是为了弥补他们先天的不足才赋予了他们这一天赋。当我们获得这一天赋时，就有了希望和恐惧，想要与不想要，愿意与不愿意，这也成为人类产生欲望的根源。而人类想要满足自己的欲望，就必须发展他们的智力，也正因此人类的理性发展才得到了飞越。一个无欲无求的人是不会进行理性思辨的，我们之所以要探求知识，是因为要得到更多的享受。不过，随着我们掌握了越来越多的知识，我们的欲望也越来越大。原始人的欲望并不源于知识，而是来自自然的冲动，因此他们的欲望仅仅被限制在身体需求之内。原始人所需求的东西无非食物、饮水、休息和异性，而他们也只惧怕疾病和灾难。

在此，我要证明人类的精神进步与他们对大自然的需求同步，因而也是同让他们满足自身需求的欲望成正比。当尼罗河开始泛滥时，艺术在埃及诞生了。希腊的学科诞生于贫瘠的阿提卡沙漠，却难以出现在土地肥沃的地区。中国人所处的地区经常遭遇水灾，也正因此他们成为全世界最为先进的文明。因此，如果大自然让这个地区人们的精神更丰富，那么他们的生活环境就不会太安逸，而是会给他们更多的淬炼。原始人本无脱离原始状态的需求，他们可以很轻易地得到大自然的馈赠，也没有必须要钻研的高深知识，所以他们对外界的好奇程度几乎为零。长期生活在大自然当中，使他们对不论多么奇绝的自然奇观也会无动于衷。寒来暑往四时交替，对于原始人而言更没有什么新奇。因为他们还没有发现现代社会的实验思维，所以他们对新奇事物并不感兴趣，也很少受到外界的刺激。他们只顾着眼前的生存，心性很少被扰乱。原始人更是很少计划将来的生活，因为他们的视野有限，所以最多也只能预计当天晚上的行动。在南美洲生活的土著人直至现在也没有多少预见性，当冬天即将到来时，他们甚至还会将早上当掉的棉裤在晚上换回来，因为他们只预计到晚上会气温骤降。

我通过长期的思考发现，感觉与知识是完全不同的两回事。如果没有与同类的交流，以及受到外界刺激，人类不可能将自身的感性认知总结提炼成为知识。人类需要经过漫长的时间才会发现，除了天火之外，火种还能够由人制造。原始人类需要经过无数次偶然事件，才能掌握这种生火的方法。人类发明农业要比掌握用火更为艰难，因为农业需要各种技术因素相互协调，除非人类掌握了运筹和计划的本领，否则不可能将农业付诸实施。所以，如果让原始人类在是依靠大自然生活，还是从事农业活动之间选择的话，原始人类当然会选择前者。即使农产品能够满足他们的口腹之欲，用小麦和葡萄酿成的酒可以让他们精神焕发，农具相比于他们的石斧而言更为轻巧方便。由此可见，只要自然状态还没有被打破，只要无主的土地还没有被分配，那么原始人类是不会放弃四处游荡的自由生活，而将自己永久固定在一小块土地上辛苦耕种的。

假定一个原始人类具有像哲学家们一样的智商，他们可以用哲学家的思维进行思考。通过抽象和推理就可以发现宇宙运行的规律和造物主的意志，那么他们要这样的智慧有什么用呢？原始人类之间并不能够相互沟通，这些形而上学的思维也不能够填饱他们的肚子。原始人既没有固定的居所，又不需要交谈和彼此认知，所以那些哲学家们的智慧对于原始人来说并无益处。而原始人要获得智慧，语言的产生就是前提。随着语言的产生，原始人类的精神活动才能产生并得到锻炼，而原始人类发明语言则不知道经历了多少个日日夜夜。因而原始人类经过了上千个世纪才在持续发展中具有了精神活动的能力。

在此，我们必须知晓语言的产生为何如此艰难。如果语言产生于原始人类之间的交流，那么对于居无定所过着迁徙生活的原始人类而言，他们之间能够交流的机会并不多。如果认为语言起源于家庭的形成的话，那么这种观点无疑又犯了将原始人类看成文明人的错误。事实上，原始社会的家庭并不像文明社会的家庭一样联系紧密，他们并不会因为共同的利益而长久地居住在一起。相反，原始人因为没有住所和财产，所以他们经常走到哪里就住在哪里。而人类的繁衍也多出于偶然，男性和女性之间的交配往往是随机的，他们并不需要语言作为表达的工具，两者之间也没有紧密联系。原始人类的孩子与母亲之间同样不像现在的孩子与母亲那样密切，原始人类的母亲抚养孩子往往出于本能，而非出于义务或者利益。当孩子获得了生存能力时，他们便会立刻弃离母亲而去，几乎不会再见面。但是，这一切随着原始人类人口的不断增多发生了改变，当一片森林被数个原始人类占据时，语言成了他们必须具备的交流工具。因此，要克服原始人之间交流不多而造成的困难，原始人类人口数量的增加是必要条件。

　　语言作为表达人类思想的工具，其产生的前提是原始人必须具备自己的思想。哭声无疑是人类最初的最普遍的语言，但是哭声能够表达的意思过于复杂，以至于人类通过同伴的哭声很难准确地判断出对方想要表达什么意思。之后，人们的思想随着生活状态的发展而不断变得复杂，他们便因为需要而发明了更为复杂的语言。通过音调和音量的变化，原始人能够将单一的语言变得更为多样，这样原始人类就能够更为准确地表达其想要表达的意思。除了语言之外，手势也在原始人类的交流当中发挥了重要作用。不过，因为手势只能表达眼前的事务，局限性太大，所以在原始人类的交流过程当中变得越来越次要了。当原始人类的思想越来越活跃，他们的精神活动愈发频繁时，一个原始人如果想要在群体中生存下来的话，那么语言就成为他必须掌握的工具，而语言也由此传播开来。

　　原始人类的语言相比于文明人而言更为简单，但是当他们想表达自己的意思时往往需要将一个词用一个冗长的句子表达，因为他们尚没有学会分类的思维，所以词汇的概括性很弱。原始人类的语言经过一段时间的发展，逐渐能够将不同词性的词汇加以区分。不过，专有名词在原始人的语言当中还是会大量出现，例如一个原始人将一棵松树叫作甲，另一个人则将另外一棵松树叫作乙。虽然两棵松树都属于同一种类，但是原始人类无法将其归类。而归类的思维方式对于原始人类而言太过复杂，因为这需要了解事物的个性和共性，不仅要有广博的知识做基础，同时还要掌握形而上学的知识，所以原始人还需要经过长时间的努力才能掌握。除此之外，人类记住一个概念往往依靠词汇即可，但是理解一个概念则需要一个句子进行表达。然而，动物的头脑中就没有概念思维，当一只猴子扔下一根香蕉而去捡另一根的时候，它并不知道两根香蕉实际上是一类事物，它只是通过自己的本能判断香蕉能不能吃而已。

　　人与动物的不同在于，他们不仅能够理解抽象概念，同时也能够将抽象概念表达出来。例如，如果一个人想画出一栋房子，那么他的头脑中只有房子这个抽象概念是无法落笔的，他必须确定房子的高矮、大小、颜色等具体条件。也正是人类掌握了表达抽象概念就必须把抽象的概念具象化的方法，才可以用语言将抽象的概念表达出来。例如，当你接触到三角形这一概念之后，你的头脑中出现的一定是三角形的图形。当你想要将三角形表达出来时，你就需要借助语言对其进行描述，因为如果仅仅借助想象，那么图形就只能停留在头脑中。原始人类最初的概念只能用一些名词表示，而这些表示概念的名称大多是专有名词。

随着原始人类所掌握的概念不断增多，他们就必须对庞杂的专有名词进行归纳。起初这种归纳十分粗糙，因为那时的原始人类还没有能力完全观察出事物和事物之间的差别与共性。要将全部的概念进行准确的分类，就需要对事物进行长期的观察研究，同时对已经产生的概念进行整理归纳。不过，原始人类并不愿意去做类似的工作，而他们也没有这样做的条件。试想，现代人在对一类事物进行概括时，他们必然会遗漏掉一些信息。比如，物质、精神、风俗、形象等抽象概念如今尚不能被我们的哲学家们准确运用，处在远古时代的原始人类又怎么能够理解这些复杂概念呢？由此可见，大自然为人类形成社会性的准备非常少，它并不急于让原始人类掌握语言，拥有智慧，为了共同的生存目的彼此组织在一起，在人类形成社会的过程当中，大自然并没有为人类提供多少帮助。

从上述对原始人类自然状态的描述当中我们可以看出，原始人类向文明社会的过渡十分艰难。而在原始状态当中，人类对于群居的社会生活并不那么迫切，对于文明也并不那么渴望。然而，许多哲学家却认为，原始人类的生活如此艰辛，说明他们的命运非常悲惨。不过，所谓悲惨显然是指一个人遭遇到了某种匮乏，或者身体和心灵上受到了伤害。然而，原始人类身心自由，宁静安详地在大自然当中生活，这种生活并不能被认定为悲惨。反观我们的文明社会，几乎每天都有人抱怨生活悲惨，恨不得就此结束生命。但是，一个原始人可曾因为抑郁和绝望自寻短见过？如果把让人把眼花缭乱的知识塞进原始人的头脑，让原始人每天被欲望包围，那么原始人很难不走上陌路，而这才是真正的悲惨！

在原始社会中，人与人之间并无任何道义上的关系，更没有对他人负有任何义务，所以原始人并没有好坏善恶之分，美德与邪恶都不存在于他们的内心。如果偏要将正与邪的观念赋予他们的话，那么对于他们的生存有利的便是好的，而危害他们生存的便是坏的。文明人总是以自己有美德自居，然而我们却要问，在文明社会中美德是否多于邪恶？美德是否给我们带来了好处？文明人所掌握的知识是否有利于他们美德的养成？总体来看，相比全面受制于那些并不对他们负责的人的奴役而言，既不担心别人危害自己，又不指望别人会给予自己幸福，反而更为快乐。因此，我们不要被霍布斯的错误观点迷惑，即认为原始人类没有善的观念就一定是邪恶的。文明人如果因为自私而不想为同类服务，那么他们就没有服务于他人的义务；文明人如果有从外界获取好处的权利，那么他们就应当是世界的主宰。霍布斯所犯上述错误的根源，还是在于他一直在用文明社会的眼光看待原始人类。事实上，在自然状态当中，原始人类虽然关心他们自身的生命，但同样也能够对他们的同类进行关怀，这不但不矛盾，而且能够促使原始人类更为和谐。原始人的需求和文明社会中的欲望并不是一回事，因为原始人类的需要基于生存而产生，文明人的欲望则源自他们的贪婪，而如果文明人戒除了贪婪，那么法律也就没有存在的必要了。当霍布斯把需求与欲望的概念混淆之后，他自然会得出人性本恶的谬论。

此外，霍布斯还认为坏孩子一定是强壮的孩子，我对此不敢苟同，因为一切邪恶归根结底源于弱小。试想，一个弱小的人去依赖比他更为强壮的人是必然的选择，那么一个弱小的婴儿必然要依赖于他的母亲。如果母亲不再喂养婴儿，他为了生存就必会去打他的母亲；如果他的哥哥欺负他，他也必然会选择反击；如果有人打扰了他的宁静，或许他会去咬那个人的手。所以，如果原始人类十分强壮，那么他们怎么会去依赖别人呢？如果原始人类不对他人产生依赖，那么他们就不可能产生邪恶的意念。基于此我们不难发现，原始人之所以没有恶念，恰恰源于他们对善意的无知。也正是原始人类没有恶念和善意，才使他们的心性很少受到外界干扰。因此，相比于文明人从美德中的受益而言，原始人从平和安宁的心境中获得的益处显然更多。并且，原始人类天生便具有悲悯之心，他们在看到同类遭受苦难或者不幸时，会联想到自己的处境，从而对损人利己产生强烈的厌恶。即使对原始人类大加贬损的人也不得不承认，悲悯是原始人类的天性，也是他们最大的美德。我认为，对于文明人而言，悲悯应当是最为普遍和最为可贵的美德，尤其是在我们所处的社会当中。

悲悯之心先于人类的智慧产生，因为即使在动物身上也能够发现美德的影子。例如，当幼兽受到伤害时，母兽会拼命保护它们的幼崽。而一匹奔驰的马，也不会从一条奄奄一息的狗身上踏过。当动物们从它们同类的尸体旁走过时，往往会感到局促不安，甚至会用树枝将死去的同类草草掩埋。如果一头牲畜进入了血腥的屠宰场，那么它一定会发出哀号，因为它能够感受到死期将至。就像《蜜蜂寓言》中所提到的那样，动物具有悲悯和同情是毫无疑问的。这本书中写到，当一只狗崽看到一个拿着屠刀的人逼近母狗时，小狗会对着那人露出锋利的牙齿。这时，狗崽的心中一定是极度悲伤的，这难道不是证明动物同样具有同情心的最有力证据吗？悲悯心纯粹源自于天性，即使没有掌握理性思维和知识，也不会妨碍它流露出来，而悲悯的力量是最邪恶的力量也无法泯灭的。

曼德维尔在他的书中指出，虽然有些暴君对他的臣民极为残忍，不过当他在剧院中看到不幸者遭受苦难时，他依旧会不由自主地流泪。如果人类的理性没有大自然赋予他们的悲悯心作为支撑的话，那么人类纵然有无数美德，这些美德也终将被他们的欲望吞噬。不过，曼德维尔并不知道，正是悲悯心演化出了人类的种种美德。所谓仁慈、慷慨和人道，其本质上是对弱者的同情，而这也正是悲悯心的表现。即使将悲悯心定义成为站在受苦人的角度设身处地地为其着想，同样也能够证明悲悯心是一切美德的渊源。当动物对身边同类的痛苦感同身受时，它们的悲悯心愈发强烈，而这种心理显然比理性状态下更为强烈。

由此观之，理性使人产生私心，而加强私心的是头脑的思考。私心使人将自己摆在一切人和事物之前，这让他们难以对他人的苦难产生同情。自私产生了将自己标榜为理性主义者的人，而这些人觉得自己孤立于这个世界，使他们看到同类受难时竟然会说，只要我平安无事，那么你的生死与我无关。只有社会性的灾难才能够唤醒这些自私的理性主义者，让他们像被兜头浇了一盆冷水一样猛醒。若非这样，即使一个人在他们面前掐另一个人的脖子，他们也会对此无动于衷。即使他们对那个被伤害的人有一丝同情，他们的理性思考也会让他们将这片刻的正确想法抛到九霄云外。而因为原始人类并没有理性和知识，所以他们虽然没有智慧，但对同类充满了天然的情感。就像我们在文明社会中看到的那样，当国家陷入危难之时，那些肚子里并没有多少墨水的人往往冲在最前面，而权贵们猥琐地躲在小楼里骄奢淫逸。当街头出现打斗时，那些秘密警察总是会躲在人群后面，而市井小民和没有什么文化的妇女们会上前将打斗者分开。

怜悯作为人的天性可以最大程度缓解私心的作祟，这既有利于人与人之间的和谐相处，又能够让国家更为团结统一。同情心使得我们在看到别人受难时，毫不犹豫地伸出援助之手。在原始社会当中，同情心不仅存在于每一个原始人的心里，同时代替了法律、礼仪、道德。拥有同情心的原始人类从不欺负弱小，他们宁愿自己忍受饥饿，也不愿意抢夺身体柔弱的老人、孩子们的食物。原始人类在教导他们的后代时，并不会要他们"以彼之道，还施彼身"，而是告诉他们"己欲达而达人""己所不欲勿施于人"。总而言之，人类悲悯的天性胜过了一切知识和智慧，因为它让人基于本性不去作恶，而不被贪婪的欲望冲昏头脑。虽然苏格拉底、亚里士多德、柏拉图等先哲可以通过理性获得美德，但是如果让所有的人通过推理才变得高尚的话，那么人类或许早已灭绝。

原始人类虽然作风粗鲁，但是他们很少受到欲望的牵引，悲悯心又对他们的私心加以限制，这就使得原始人类心地善良而纯朴。他们并不会去伤害别人，而是更多地想要保全自己。因为原始人类的社会联系并不紧密，所以他们之间几乎不会发生摩擦。他们的心中没有虚伪和高傲，也不会瞧不起任何人。他们没有所有权的概念，就不会把食物分成"你的"和"我的"，从而不会感到公平或者不公平。他们并没有报复心，因为他们将偶尔遇到的暴行当作能够补偿的损失，也不会对别人施加惩罚或者羞辱。他们顶多会做出下意识的反应，就像狗会冲着向它扔石头的人狂吠一样。原始社会几乎不会发生流血事件，即使是原始人类为了争夺食物而爆发的冲突也很少。

不过，原始人类之间因为争抢异性而产生的争执却值得我们注意。对于异性的欲望是原始人类最为狂热的欲望，以至于这种欲望带给人的并非物种的延续，反而像是要将这一物种推向毁灭。这种疯狂的欲望会将人类俘虏，导致他们变得不知羞耻，甚至会为了自己所爱的人争得头破血流。当人的欲望变得愈发强烈时，法律就应当对这种欲望进行制约。不过，法律对克制爱欲的作用微乎其微，而这欲望又并非因法律产生，所以不用法律对其进行制约反而会产生更好的效果。

当我们对原始人类的爱欲展开探讨时，我们应当将欲望区分为生理上的爱和精神上的爱。每个人都有生理上的爱，这种爱只要性别相异就可以产生，但精神上的爱则不然。精神上的爱将欲望锁定在一个特殊对象上，对于这个对象的欲望显然比其他更为强烈。因此，精神上的爱并非人类天生所具有的，而是由于社会风俗产生的。女人为了加强自己的权威，挖空心思宣扬这种爱，让处于服从地位的她们占据支配地位。精神之爱建立在容貌和才学上，这是原始人类所没有的。而原始人类也不会将异性与异性进行比较，所以精神之爱并不会存在于原始人类心中。他们的头脑中并没有美和丑的概念，也就不会审美，这就使得他们不会产生爱慕之情，因为那需要建立美和丑的观念才会产生。原始人类服从于大自然的安排，而不是他们的审美能力，所以每一个异性在原始人类眼中都很不错。

原始人类只懂得生理之爱而不懂精神之爱，这就使得他们不会被偏爱的欲望左右，也不会因为强烈的爱欲失去平和的心态。因而他们争夺异性而发生的争执很少，而且没有那么残酷。在我们心中造成无数灾祸和抑郁的爱欲，在原始人心中并不存在。他们只是静静等待自然的冲动，以快乐、疯狂的心情去爱一个异性，当这种欲望得到满足时便又归于平静。因此，对异性的精神之爱是人类出现文明之后才有的感情，这又几乎毁灭了人类社会。有些人妄言原始人类会因为宣泄兽欲而发生厮打，这纯粹是错误的。生活在南美洲的土著人的生活状态十分接近于原始人类，但是他们很少因为爱欲发生争执。这些人并没有嫉妒心，在爱欲方面非常平和。

有些人举出雄性家禽为了争夺雌性家禽而头破血流的例子，不过这并不适合人类。经过我长期观察发现，雄性之间为争夺雌性而发生争斗无外乎两个原因：其一，雌性的数量明显少于雄性；其二，当雄性发情时，雌性恰好处于发情间歇期，而动物由于受到自然规律的支配，往往会同时进入发情期。上述原因只存在于动物世界当中，人不可能受到干扰。在人类社会当中，男性的数量往往少于女性，而从没有过一个女性在发情期拒绝男性的情况，人类也不像动物一样有发情周期。所以，我们不能认定在原始人类社会当中，会出现像动物世界一样的问题。而且，地球上至今也没有一个物种因为出现争夺异性而导致种族毁灭的情况，在原始人类社会中也同样不会出现这一问题。相反，在文明社会当中，为了争夺异性而产生的伤害要比原始社会严重得多。文明社会中，每天都会有情人、丈夫、妻子因为爱恨情仇而决斗。那些声称忠贞不渝的夫妻们，却在暗中私通，这种丑陋事件时有发生。而淫乱的歪风邪气和堕胎行为因为伦理和法律的制约而愈演愈烈。

于是，我们可以得出这样的结论：原始人类居无定所，每天在丛林当中游荡，他们不需要固定的工作，彼此之间的联系也颇少。他们没有语言，也没有智慧，更不会发动战争。他们遵从自然规律和自己的天性生活，从来都不会受到欲望的拖累。原始人类不需要其他同伴的帮助就能够独立生活，仅仅掌握能够维持这种生活的技能就已经足够。他们只会学习和自己的生存有关的东西，而对不需要的东西碰都不会碰。他们没有嫉妒心，也不需要知识，即使偶尔会发明一些东西，但是并不会将这些东西传给后代。因为他们的孩子在具备独立生存的能力之后就会离他们而去，所以原始人类连传授的对象都找不到。原始人类在大自然中没有教育，当然也没有生产力的进步，他们就这样一代代地繁衍，而每一代人都会按照他们先人的方式生活。就这样，人类在混混沌沌中度过了若干世纪，不过仍然处在"幼年"阶段。

我之所以要花如此之大的力气阐述原始人类的生活状态，是为了纠正人们已经形成的错误观念。我们必须上溯到人类最原始的自然状态，并在此状态下探讨人类不平等的起源。而即使在人类最为原始的状态当中的不平等，也没有我们如今那些学者所说的事实。显然，那些被看作人类天生就有的差别，实际上都是人类在社会中养成的习惯。所以，一个人的体格强壮与否，与先天身体条件的关系并不大。在艰苦环境中长大的人，往往比在娇生惯养的环境中长大的人更为强壮。同样，人与人之间的智力差距也由后天教育决定。如果一个人不停地接受教育，那么他的智力会远远高于那些没有受到过教育的人，而二者之间的差距还会随着教育程度的不断加深而越拉越大。这就如同一个巨人和一个矮子赛跑，巨人每走一步都会甩开与矮子的距离。况且，文明社会中的人与人之间的生活方式差距巨大，教育的种类又不断增多，这都在无形当中拉开了人与人之间的差别。相反，原始人类的生活方式趋同，他们的食物和所住的地方差别并不大，所以处于自然状态的原始人类之间的差距，要远远小于文明人之间的差距。正因此，教育程度将自然的不平等扩大了。

纵然如有些人说的那样，人与人之间天赋的不同产生了人与人之间的不平等。然而，天赋高的原始人能够从损害天赋低的原始人的过程中得到什么好处呢？美貌对于不分美丑的原始人类有何用呢？才学对于没有语言的原始人类而言有何用呢？阴谋诡计对于绝少与人打交道的原始人类而言有何用呢？常常有很多人认为原始社会当中同样存在强者压迫弱者的情况，但是，压迫就意味着某些人通过暴力统治，使得另外一些人甘愿被这些人奴役。而原始人类并不知道什么是"统治"和"奴役"。原始人或许会因为饥饿去抢别人的猎物或果子，因为寒冷而侵占别人的洞穴，不过这与压迫大相径庭。原始人有什么力量去压迫同类呢？在原始社会中，如果有人将我从一个洞穴里赶了出来，那么我就会去寻找另一个洞穴。如果一个地方的人对我不好，那么我就去另一个地方。并不存在这样一个坏人，他的力气比我大，粗暴又懒惰，每天驱使我为他狩猎，而他自己什么都不做。如果真有这样一个人的话，那么他需要每天用锁链将我系紧，以免我逃跑或者将他杀害。而他这样做所花费的力气，远远大于自己自由自在地生活。对此，我无须再赘述，明眼人都可以看出，奴役关系的形成必须以人们的相互依赖为前提，只有当人们联合在一起时，奴役关系才会真正形成。但是，这在原始社会中显然行不通，因为前者的法律对于原始人类而言就是一纸空文，而原始人类也没有谁有一条锁链将所有人都拴在一起。

通过上述论证，我们可以看出，原始社会中没有不平等现象存在，下面我将指出不平等现象出现的缘由，以及不平等是如何发展的。从上文对人类天性的论证中可知，人类除了具有自我完善的能力与悲悯心之外，其他的能力是不可能在没有外因的情况下出现并发展起来的。而理性为文明人与原始人类的最大区别，同样不可能自然生发。因此，在下文中我将论述到底是哪些因素使得人类出现了理性，并指出理性虽然完善了人类，却败坏了人类。理性在使人类变成社会性动物的同时，也使每一个人变得更加邪恶。理性经过不断发展，终于使人类与人类社会变成了现在的状态。

二、不平等的基础

谁第一个在一块土地上竖起一块牌子，并声称这块土地是自己的，还让那些愚昧的人相信他说的都是实话，那么谁就是人类文明的缔造者。然而，如果有这么一个英明而勇敢的人敢于拔掉他插在地上的牌子，并告诉大家："不要相信这个人的鬼话！这块土地和土地上所有的产出都是大家的，它们并不属于任何人，如果你们忘记了这一点，你们就距离完蛋不远了！"如果历史上真的有这么一位勇士，那么人类将少做多少罪恶，将减少多少战争，将消除多少杀戮，将少受多少苦难的折磨，将少流多少鲜血啊！显然，理性观念、财产观念、私有观念是不可能凭空在我们的脑海中产生的，它必然经历了演变的过程。它们必须用许多知识和技巧一步步完善，并且将此一代代传递下去，如此才能够结束自然状态，拉开文明社会的帷幕。基于此，我们必须上溯到最遥远的时代，探讨人类是如何发展到现在的状态的。

起初，原始人类最为热爱的是自己的生命，而他们最关心的问题无疑是生存。土地上生产出的产品都是原始人类所需要的，他们的生存欲望驱使着他们接受这些产品。饥饿与生存的欲望使他们换了一种又一种的生存方式，其中有一种生存方式的延续可以解决原始人类的生存问题。因为原始人类在当时并没有理性，所以他们做出这种选择纯粹是出于本能。当他们的生存需求得到满足时，便会散伙结束这种状态。原始人最初并没有想过如何运用自己的天赋，也不曾想向大自然索取什么。不过，当他们的生存遇到诸多挑战时，他们便必须学会克服这些问题。例如，他们无法摘到树枝上的果子，狩猎时被野兽袭击或者被夺走食物，有些更为强壮的野兽甚至想以他们为食。这些生存上的挑战都在迫使他们不断锻炼自己的体魄，使自己跑得更快，力量更大，跳得更高。为了抵御其他猛兽的袭击，他们很快学会了用树枝和石头做武器。同时，他们也学会了如何与其他动物打斗，寻找藏身之所，克服各种自然困难。

随着人类的不断繁衍，他们的数量不断增多，困难也随之而来。因为各个地区的气候、土壤和水源存在差别，所以他们必须随着自然环境的变化而改变生存方式。灾荒和酷暑严寒让他们必须发明掌握新技术。因此，靠海而生的人掌握了捕鱼技术，他们从此成了以鱼类为主要食物的渔夫。而生活在深山老林里的人为狩猎而发明了弓箭，他们成了出色的猎手和勇猛的战士。生活在寒冷天气下的人们掌握了剥皮技巧，并用兽皮做御寒的衣服。雷电与火山喷发使他们掌握了用火的技巧，他们用火取暖、烹饪，改变了吃生肉的习惯。随着人与人之间接触愈发频繁，人类必然会对对方产生某种看法，而大、小、强、弱、快、慢等词汇会自然而然地出现。这些看法的逐渐增多使得人类的思维变得越来越复杂，也使得他们变得更加谨慎小心，采取更多安全措施以保全自己。

人类在发展中获取的知识让他们在同其他动物的竞争中优势变得越来越明显，而他们也感受到了自身的优势。人类通过设置陷阱可以捕杀更多动物，在与动物打斗的过程中，虽然人的速度和力量都比不上动物，但是人类掌握了驯化动物的方法，成了动物的主人与所有猛兽的克星。因为这种变化，人类开始骄傲，他们产生了懵懂的等级观念，认为人类高于其他一切物种，而自己应该是人类当中最强大的一个。尽管那时的人类不如现在的我们一样交往频繁，但是他们对同类的观察从未停止。通过长时间的观察，他们发现了对方身上的异同。他们发现，在相同情况下，自己的行为方式与别人一致时，就会认为对方的思想也和自己相同。于是他们便得出了结论：如果要活得更好，就必须以最好的方式活着，这样才能够与别人融为一体。

追求幸福是原始人类发展的最大动力。原始人类很少为了共同的利益而帮助他人，不过更少因为相互竞争而坑害对方。有时候，原始人为了共同利益组成群落，但是这种群落存在的时间并不长，当共同利益消失时，这个群落就会瓦解。而且，原始人类的群落也应当与我们的社会区分开，因为其中并没有一小部分人压迫其他人的情形。如果出现了需要相互竞争的情形，那么人类的做法就会大不相同。他们会用尽各种手段获取自身的最大利益，既不惜用武力去抢夺，又不避讳使用阴谋诡计达到自己的目的。

经过长时间的发展，原始人类逐渐知道了约定的概念，并明白履行这种约定就能够获得相应的好处。他们所做的一切都是源于眼前利益的驱使，而并没有什么预见性。比如，一个原始部落的人们相约捕捉一头野鹿，他们此前虽然做好了分工，不过这时如果出现了一只野兔，那么他们就会去捕捉兔子，而对鹿置之不理。即使这次捕猎行动没有抓到兔子和鹿，他们也不会因为捕猎失败而相互埋怨。显然，在这种生活状态当中的原始人并不需要多么复杂而精深的语言，他们长时间以手势、吼叫传达信息。也许每个地区都有自己习惯使用的叫声，不过这些"语言"简单粗陋，很难表达复杂的意思。原始人类就在这种初级状态中度过了数个世纪。

原始人类在初级状态当中得到了最初步的积累，经历这一阶段之后，人类获得了智慧和知识并开始飞速发展。不久以后，人类就不在洞穴或者树洞中栖息，他们开始建造村落，并用树枝和锋利的石头做出各种工具。如此，人类迎来了有史以来的第一次大变革，家庭的建立使得人类有了私有财产，而为了保护和攫取更多的财富他们开始发生争斗。第一个家庭一定是由强者建立起来的，因为只有强者才有保护家庭的能力。至于弱者，他们只得在前者的住所附近搭建几个简陋的窝棚，而不是想方设法地把强者赶出他们的领地。已经拥有自己窝棚的人也不会想要抢占其他人的窝棚，因为那些窝棚都很简陋，并不值得为抢占而与别人发生争执。

当原始人类以家庭为单位将丈夫、妻子、孩子、父母都聚集在一起时，人类的感情随之产生。夫妻之间产生了夫妻之情，而父母与孩子之间则产生了父子之情和母子之情。每个人在家庭中的依赖和自由维系着家庭的存在，他们的感情越深厚，家庭的联系便越紧密，而每个家庭则组成了社会的基本单位。此时，男人和女人的生活方式也出现了差别，男人更多负责外出谋生，而女人则待在家里操持家务、抚养孩子。自从原始人类过上了比原先更为舒适的生活，他们的体魄和勇气就开始大大削弱。虽然每个个体的力量变小了，但是人类开始联合起来，因此集体的变强抑制了个体力量的发挥。

在新的状态下，原始人类的生活依旧不复杂，他们也很少与村落外面的人打交道。这时的原始人还没有多少多余的需求，他们现有的需求也可以通过他们发明的那些小工具得以满足。因此，原始人类有更多的闲暇时间来享受生活。但是，那些原始人类不知道，这些闲暇时间恰好是他们给自己戴上的第一道枷锁。安逸的生活逐渐腐蚀了他们勇敢的精神与原本强健的体魄，而得不到这样安逸的生活时，他们就会感到万分痛苦。因此，他们得到的远远比失去的更多。

此时，原始人类形成了语言，并且在家庭生活中不断完善。一些特殊的原始人使用的语言得到了前所未有的推广，当人们愈发需要语言时，语言传播的速度就会越快。洪水和地震使得地球被水分割成为若干区域，那些被分割在同一区域当中的原始人每天接触的概率越来越大，这就使得语言成了生活的必需品。由此可以推断出：那些被海水困在岛上的人类率先发明了语言，在他们掌握了航行技术之后，他们来到大陆将语言传播给大陆上的人类。

于是，原始社会开始改头换面，人类又向文明社会迈进了一步。人类已经停止在丛林中游荡，开始了定居生活。这让他们组成了大大小小的村落，并开始相互模仿学习，这些村落中的人开始有了共同的语言和习俗，慢慢形成了民族。但此时维系民族的并非典章制度，而是气候、地形以及共同的生活方式。家庭与家庭之间长时间毗邻而居，使得年轻人之间有了更多观察对方的机会。他们在不知不觉中产生了审美观念，并开始对特殊的异性产生了偏爱。因为他们每天都会见面，所以爱慕之情油然而生，只要他们一天看不到对方就会变得犹豫而愤怒。嫉妒心也由此产生，如果他们所爱慕的人爱上了别人，那么矛盾就会产生，甚至会发生流血事件。

各种观念的产生使人类的精神和智慧得到了大幅提升，由于彼此之间的关系越来越紧密，人的性格也愈发温和。一天的劳动结束之后，青年男女往往会围坐在大树之下唱歌跳舞，而这也是最受欢迎的活动。每一个人都关注着别人，同时也希望得到别人的关注，而万众瞩目则成为对人最好的褒奖。那些能歌善舞、风流倜傥、能言善辩的人成了备受尊重的对象，不过这也是人类迈向不平等的第一步，更是人类走向黑暗深渊的开始。这些最初的偏私使得人们产生了爱慕与羞耻，同时也在人的内心种下了虚荣和轻蔑的种子。由这些罪恶之源产生的灾难，最终破坏了人们宁静而幸福的生活，为人类造成了巨大创伤。

当尊重和品评的观念在人们的头脑当中形成之后，每个人就自然而然地开始认为自己应当成为那个备受尊重的人。因此，如果一个人对其有不尊重的行为，那么这个人就必然会遭到惩罚和报复，而文明礼仪也由此产生。一个人对另一个人的故意伤害会被当作一种欺凌，因为除了身体的痛苦之外，被害人的心灵也受到了创伤。而每个人也同样会在掂量对方伤害的程度之后，向对方实施同样程度的报复。这种报复行为使得人变得更为残忍。有些人认为，上述状态是原始人类所固有的，不过这显然是错误结论。因为这种状态的产生已经距离人类的原始状态十分遥远。那时的人类依然处于蒙昧状态，而怜悯心也制约着他们的报复行为。所以，原始人类很少出现以眼还眼以牙还牙的情况，正如英国哲学家洛克所说："在私有制还没有出现之前，这个世界上根本不会出现不公。"

从人类刚刚形成的社会状态，以及这一状态中人与人之间的关系来看，人类后天培养的品质比人类先天所具有的品质重要得多。由于道德观念已经深入人心，加之人类向别人的报复行动完全由自己裁决，使得人的善心已经不能够适应社会的需要。随着相互伤害以及血亲复仇的愈演愈烈，法律代替了报复，成为裁决人类行为的主要依据。虽然此时人类的怜悯心不断减弱，人与人之间的冲突不断加剧，不过人类尚能在这种状态下享受悠闲和自由的时光。如果不是后续一系列的偶然事件，人类或许会长时间处于这一时期。这是人类真正的青葱岁月，躁动并充满生命的活力。随后，人类又取得了长足进步，并不断进行自我完善，然而这实际上使人类进一步跌入深渊。

如果人类能够永远满足于他们简陋的树屋，用鱼骨针缝制的兽皮衣服，用羽毛和贝壳制作的装饰品，用木头和石器制作的乐器，能够杀死猎物却不精致的弓箭，那么他们就将永远处于无忧无虑的幸福当中，在安详中度过他们一生的时光。不过，人类并不满足于只从事一个人就能完成的工作，因为只有借助更多人的合力才能够攫取更多的生活资料。然而，当人类开始认为两个人在一起猎食，相比于一个人狩猎能够得到更多收获时，人类的平等就已经不复存在了。从此开始，私有财产的观念扎根于每个人内心，劳动成为每个人都必须套上的枷锁，广袤的丛林需要大量人类辛勤劳作的汗水才能够变为万顷良田。当人们开始收割田地里的麦子时，贫困和奴隶制也随之而来。

随着冶炼和农耕的出现，人类社会发生了广泛而深刻的变革。在诗人们看来，真金白银让人类走向了堕落。不过在哲学家们看来，是铁器和小麦将人类推向了深渊。生活在南美洲的土著人至今仍然不知道铁器和小麦的存在，因此他们还停留在原始状态。如果一个民族只知道两种东西之中的一种，那么他们也不会迈进文明社会。欧洲之所以不像中国那样开化得很早，也不像东方国度那样拥有先进的文明，主要原因是欧洲人在较晚的时候才知道小麦和铁器的存在。很难说当初人类是如何发现铁并使用铁的，毕竟采矿和冶炼是极为复杂的工艺。我们只能认为，人类因为看到火山融化金属物质的现象，所以想要模仿大自然制作出类似的东西。并且，我们还必须假设人类有足够的远见和意志，最终发明了冶炼工艺，而且能够预见到他们可以从中获得巨大的好处。原始人类因为智力还没有发育，所以他们不能从事这项工作。而只有那些精明强干的人，才能够掌握冶铁工艺。

就农耕而言，人类早已知道耕种的原理。因为他们在摘取植物的果子时，有些难免会落到地上，这些果子会生长为最初的农作物。人类通过观察和反复实践，能够很容易掌握这种种植方法。但是，人类在掌握这一原理之后，并没有立刻将它应用于农耕。因为通过捕鱼和狩猎，他们可以很容易地获得充足的食物，人类当时也不知道种植小麦的益处，缺乏耕种小麦的工具和保护庄稼的办法。后来，随着人类的智商不断提高，他们开始把树枝和尖头石头当作最初的犁，在自己村子的周围种植水果和蔬菜。过了一段时间之后，他们发明了大规模种植小麦所需要的工具，不过他们这时还不知道从事农耕要付出的代价。

人类要从事农耕，除了掌握小麦种植与农具制作技术之外，还需要掌握更多与生产相关的技术。当一部分人开始从事农业并能够养活那些不需要耕地的人时，那些不需要从事农业生产的人就分化出来从事冶铁和铁器制造工作，这些人形成了新的群体，即工人。当工人的数量越来越多时，消耗的农产品数量也越来越多，但是农民的数量减少了。由此，有些人发现了铁比小麦更贵的秘密，于是他们就用制成的铁去换取小麦。从这时候开始，一系列农耕方法和技术产生了，而冶铁和铁器制作也得到了推广。

人类开始进行土地耕种，就意味着土地一定会被分成若干块。而私有财产一旦得到了广泛认可，就意味着公平公正随之消失。因为，要保证财产的公平分配，就必须要做到每个人得到自己应当有的东西，不过这是以每个人能够拥有属于自己的东西为前提的。但是，在现实当中这基本不可能做到。起初，人类耕种的无主土地并非私有财产，但是经过年复一年的不断耕种，土地就失去了易主的可能，而这也就成为土地私有化的前提。因此，当土地被分割时，私有权作为一种新权利就开始登堂入室，而私有权本身与自然法存在着根本矛盾。

假设所有人自出生之后，其地位便是平等的，所有的粮食和土地被均分，并且一直保持这一状态，那么人类的不平等就不可能出现。然而，这种绝对均分的状态无法出现在真实世界当中。身体强壮的人的劳动时间必然比身体瘦弱的人的劳动时间长。而一个头脑灵活、心灵手巧的人也很容易提升自己的劳动效率。那些善于使用农具掌握新技术的人，他们每日能够耕种土地的面积一定比那些笨拙的人大得多。还有不从事农业生产的工匠们，他们生产出来的铁可以换取更多的小麦。尽管所有人看起来都付出了等量劳动，但是每个人所获得的收益必然存在着巨大差别。人类的不平等就以这样的差异为基础产生，随着时间的推移人与人之间的差距被越拉越大，而每个人也愈发不平等。这种不平等不仅左右每个人的命运，而且这种不平等的影响极其深远。

当人类的发展进入了这一阶段，随之而来的事情便不难预料了。人类发明了各种农业和工业技术，语言和修辞的不断完善，知识和才能的不断应用，不平等的日益加剧，财产权利分配的不公使得贫富差距越拉越大，而占有大量财富的人则往往会将这些财富滥用，这便是人类进入文明社会之后的情形。

在我们进入这一人类新秩序之后，各种感官都得到了充分发展。不论是人类的想象力还是记忆力都比从前大幅提升，而自尊心的树立和理性思维的完善，也使得人类的智慧达到了无以复加的程度。人类的地位由他们所掌握的财富与所处的社会地位所决定，而有些人凭借美貌、天赋、才智也能够在社会中占有一席之地。要具备上述才智就必须经过长时间的练习，而那些并没有真才实学的人也要装作有真本事。这种状态中的人很难说谁比谁更自由，有些人看似在奴役着别人，但实际上这些人自己也是奴隶。例如，富人虽然可以驱使奴婢，但是他们反而需要奴婢的伺候。而穷人为了获得更多财富，也必须委身于富人身边。有些人虽然既不贫穷也不富有，不过他们也很难独立于这个社会而存在。因此，那些所谓的主人必须让他的奴隶们感到，为自己效劳是很有好处的，而主人是唯一关心他们命运的人。这样就必然导致人类开始变得虚伪和冷漠，而另一些人则变得粗暴而残忍。并且，当他们开始觉得为一些人效命不能得到好处，或者一切被奴役的人不再听话时，他们便会开始施展残暴的手段或者卑鄙的伎俩。于是，人们开始从最初的为了生存而攫取财富，成了为控制更多的人而敛财，除了能够显示自己的强大和满足自己的虚荣心之外，欲望的驱使也使得人们愈发疯狂。如果一个人的野心不能够得到满足，那么他们就会戴上邪恶的面具做更多伤天害理的事情。总之，利益冲突使得每个人开始相互敌对，开始变得损人利己。上述种种弊端都是由私有制造成的，而这些只是私有制造成的第一个恶果，人类社会中的不平等现象也与此密不可分。

货币出现之前，土地和牲畜是计算财产的唯一方式，而牲畜与土地也是人们所拥有的唯一真正财富。当人类的土地扩大到彼此相邻时，他们便只有通过损人利己才能增加自己的利益。反观那些因为懒惰和笨拙而没有占得土地的人，他们看似并没有失去什么，但是随着他们周遭环境的不断变化，他们自身却保持原状，这就使得这些人变成了穷人，并且越来越穷。为了生存或者变得富有，他们就必须甘愿受富人的驱使或者偷窃、抢夺富人的东西。于是，富人也开始用残暴和狡诈的手段对穷人进行统治。当这些人从中得到好处之后，他们就不再通过劳动获取更多财富，而是让一部分奴隶去压迫另一部分奴隶，并想方设法地将所有人都变成他们的奴隶，而他们自己则坐享其成。这些人就如同专吃人肉的恶狼一样，那些狼一开始并非以人为食，但当它们尝到人肉的美味之后，它们便对其他动物不再感兴趣，而只吃人肉。

那些强者和贫困的人就是这样依据弱肉强食的丛林法则，将以满足自己的需求为目的，侵害别人利益的行为视作正当的。在这些人看来，这种弱肉强食的权利与所有权是同一种东西。当人与人之间的平等状态被打破之后，人类的不平等给人类造成了巨大灾难，富人疯狂地掠夺穷人的财富，而走投无路的穷人或是将屠刀砍向更弱者，或者是向富人报复开始他们的劫掠生涯。不论是强者还是弱者，穷人还是富人，他们的良知都已经被泯灭，而人也从具有怜悯心的人，变成了残忍狡诈的畜生。强者与先占者之间爆发冲突成为必然，而这种冲突多半会以流血或者战争告终。所谓的文明社会处于不断的战争中，可悲的是，人类既不想返回到祖先的和谐状态，又不想放弃自己的财富，他们只能在这条末路上狂奔，而这不仅使他们每天都活在羞愧当中，同时也将自己推向了毁灭的边缘。

面对这样一种糟糕的局面，人们不可能不进行反思。尤其是富人，这种旷日持久的战争对于他们来说最为不利。因为他们不仅会因为战争损失自己的财富，而且为战争所付出的费用将全部由他们来承担。虽然他们大多不必为了打仗流血，但是他们一定会为财产的损失心痛。除此之外，虽然他们经常为得来的不义之财辩解，但是这也不能证明他们财产的正当性。如果富人用武力夺取了别人的财富，那么它也有可能被别人以同样的方式夺回去。而且，当这些财富被夺走之后，这些富人还找不到申诉的地方。即使是那些依靠着自己的本领获得财富的人，他们也很难为财产的所有权找到合理的依据。这些人也许会指着一栋房子说这房子是他盖的，全部依靠自己的劳动。但是，很多人会就此反驳道：是谁给你的权力让你能够圈地盖房？你知道有多少人因为你盖的房子而忍饥挨饿吗？你既然没有得到大家的一致同意，那么你有什么权力盖这所房子？这本来是我们共同的生活资料，你凭什么一个人拿走？面对这些质疑，富人为自己做的辩护是苍白的。他们也无法保全自己，因为他们虽然有力量压制一个人的反抗，但是他们无法对一群来抢夺他们财产的人进行弹压。富人往往独自一个人面对大众，而富人之间也很难真正联合，他们之间往往因为猜忌和虚荣而你争我夺。所以，面对蜂拥而至的民众，他们往往会显得束手无策。面对这种对他们极其不利的情况，富人绞尽脑汁想出了一个办法：他们向穷人灌输一种违背自然法，但是对他们自己十分有利的观念，并将这些观念变成规章和契约让穷人同意，以这种方式让穷人从富人的反对者变成保护者。

于是，富人对穷人说：大家每天相互争斗，会使得富人和穷人都成为对方的负担。在这种情况下，不论富人还是穷人都会永远不得安宁。不如让我们彼此团结起来，让弱者不再受到欺辱，让强者的阴谋不再得逞，我们每个人都能得到自己应得的财富。为了达到这些目的，我们必须订立一个契约，让强者与弱者共同遵守，并承担相应的义务。总之，我们在这个契约之下不会再做出伤害我们自己的事情，而是建立起一个最高权威，制定法律保护每一个人，这样我们不仅能够共同抵抗外敌，同时还可以和谐相处。

其实，富人并不需要费那么多口舌就可以让穷人轻易上当，况且穷人之间还会发生许多争执，而这些争执都在等待着富人为他们做出裁决。因为大多数人的人性已经败坏，所以他们的贪婪和野心也怂恿着他们必须受到主人的约束。现在，人类开始争相将枷锁套在他们的脖子上，还以为自己从此受到了最充分的保护。虽然这些人能够感受到一种政治体制的益处，不过鲜有人能够预见到一种政治体制的危害，因为只有那些极富远见和历史感的人才有洞悉这些危害的智慧。除此之外，那些想利用危害博得好处的人，同样会对此明察秋毫。即使是那些聪明人也会稀里糊涂地相信，如果想要自由就必须将一部分自由牺牲，就像一个人为了保住性命，就必须截掉一只胳膊一样。

社会和法律由此诞生，富人获得了新权利，而穷人的镣铐又紧了一圈。人类天然的自由被永远摧毁，保护私有财产成了永恒不变的制度被固定下来。私有制的确立使得巧取豪夺变成了合法行为，而大多数穷苦人则为了满足少数野心家的贪婪欲望不停地劳作，他们作为奴隶的悲惨境地随着私有制的确立而不可更改。显然，当一种社会形成之后，其他形态的社会也随之建立，为了对抗联合起来的奴隶，奴隶主们也必须结成共济会。现在，全世界已经没有一块不被奴役的土地了，每个人的头上都有一把达摩克利斯之剑，没有人能够躲过它的威胁。民法成为所有人都必须遵守的规则，自然法被改为万民法，只有在国家之间才有微小的作用。万民法也并非自然法本身，因为怜悯心应当是自然法的核心内容，但是当欧洲各个小邦相互征伐时，它们的心中可曾有过一点点怜悯心呢？自然法如今只存在于心怀世界的人心中了，他们想要效仿造物主，将仁爱传播到世界的每一个角落。然而，这种做法在私有制社会中不仅不切实际，而且徒劳无功。

自然状态对于大型政治团体的危害要比小政治团体大得多，因此人们争相摆脱自然状态进入文明社会。于是，泯灭人性的政治斗争和国家战争开始无休止地出现，阴谋和杀戮渗透到了每一个人的血液当中。而生灵涂炭也被粉饰成了光荣与梦想，是非善恶早已经没有了明确的界限。甚至那些善良而正直的人也将残害别人视作一种不得不做的事情，这让无辜者命丧于并不想作恶的人手中，而后者还浑浑噩噩。人类进入文明社会之后，在一次战役中丧生的人数，远远多于原始社会中丧生人数的总和。人类在进入文明时代并建立政治社会之后的恶果大体如此，下面我们来看看社会是如何被建立起来的。

对于政治社会的起源，众多学者提出了不同见解。有些人认为政治社会起源于弱者结成同盟，而另外一些人则认为政治社会源于强者对弱者的征服。但是，我认为如果说政治社会起源于强者对弱者拥有的征服权利，那么这显然是极其错误的。因为征服权利本就不应当成为一种权利，而征服作为一种不正当行为，也不能够演化出其他正当权利来。况且，被征服的弱者除非自愿选择被强者统治，或者被征服者重新获得了独立和自由，否则征服者与被征服者之间会永久处于战争状态，这种状态并没有形成稳定的政治社会的条件。即使征服者与被征服者签订了什么不平等条约，但是这种条约本来就是无效的，因为条约在根本上违反了自然法。那些认为政治社会起源于强者对弱者的征服的人，不是喜欢妖言惑众，就是长期沉迷于天方夜谭。在这种根本无法形成政体、法律的状态中，政治社会是无法形成的。那些认为政治社会源于弱者的结盟的人，他们故意模糊了强者和弱者的概念。实际上，在私有制确立而政府还没有形成期间，强者与弱者的本质在于谁拥有更多的财产。一个人若真想控制其他人，那么最好的办法就是把对方的财产划归己有。穷人经过富人长时间的压榨之后，他们除了自由之外便已经没有任何多余的财产，如果他们要自愿放弃自由，那只有精神不正常的人才能够干得出来。因此，政治社会作为剥夺穷人自由的社会，不可能源于穷人的设计，只可能源于能够从这个社会制度当中受益的人，由此政治社会只可能源于富人的设计。

政治社会作为一种新生的社会制度，并没有在一开始就形成固定模式。因为统治者缺乏治理经验，所以他们很难预见这一制度将要出现的危害。当问题出现时，他们只能头疼医头，脚疼医脚，无法祛除制度中存在的弊端。虽然英明的领袖推出一系列改革完善这一制度，但是这种出现于偶然的制度并没有达到完善状态。除非像格莱古士在斯巴达那样，彻底将原有制度推翻，才能够建立一个完美的制度。最初的政治社会只是用几条简单的公约对人民进行规约，公约对每一个同意公约的人进行保护，而每一个人都必须遵守公约。不过在实践当中，这些粗略的公约逐渐显现出了弊端。基于几条公约组成的社会组织过于脆弱，而且总有人费尽心机去钻空子。即使人们能够看到这些违法者所做出的恶行，但是人们往往对他们束手无策。由于公约被长期践踏，这使得它们变得形同虚设。于是，人们终于想出来一条妙计：将公共权力交给几个人掌握，并由一些人专门负责这几个人的决定。由此观之，有些人认为领袖是在联盟形成之前选定的，以及法律是在共识未达成之前出现的，这显然是本末倒置。

有人说人民争先恐后地奔向奴隶制，他们选出了一个残暴的人对自己进行统治，并认为这样能够最大限度地保护公共安全，而且对于自己选择了这样一位独裁者，以及奴隶制度并不后悔，这种说法根本不符合正常人的认知，因此显然是错误的。人类之所以要选择一个人出任首领的职位，归根结底是为了保护自身的生存权利、财产权利，以及人身自由，并反抗外族人的压迫。既然一个人抛弃自己的自由投靠于一个领袖，是为了通过领袖的帮助保存自己的话，那么人类一开始就想要放弃自己的自由受别人的奴役的说法显然是不对的。相比于自由而言，首领又有什么能够拿出来作为交换呢？如果这些首领公开叫嚣奴役人民，那么人民无疑会认为主人比敌人对他们更为凶残，他们又怎么会这么轻易就放弃自己最为宝贵的东西呢？毫无疑问的是，人们需要一个领袖，并不是需要一个主人一样去奴役他们，而是需要一个卫士去保护他们。

哲学家们对于自由的见解也与他们对于原始社会的观点如出一辙，这些人并没有看到问题的本质。当他们看到人们在煎熬中忍受奴役时，他们就认为人类天生就有奴隶性，而没有看到，崇尚自由和美德是人类最根本的要求，自由和美德只有失去过它们的人才最明白它们的价值。曾经有一位波斯总督对斯巴达和波斯的生活做了对比，他认为他已经享受了斯巴达的乐趣，而斯巴达人并没有体会过波斯的美好，而他作为波斯人则因此更为怀念自己的家乡。同理，一匹未被驯服的野马看到马夫时，就会鬃毛竖起后蹄蹬地准备反抗。而一匹家马却甘心戴上辔头，忍受主人的鞭打。一个原始人类不会心甘情愿地戴上枷锁，他宁可在饥寒交迫中感受自由，也不愿在暖阁中被奴隶主奴役。所以，我们不应当以甘愿被奴役的人的状态得出人类天生具有奴性的结论，而应当通过那些为了实现独立和自由而浴血奋战的人的表现做出评判，人们到底赞成还是反对奴役。那些甘愿被奴役的人，他们错把枷锁之下的苟延残喘当作自由和安宁。而那些为了独立和自由奋战到底的人，则可以牺牲掉享乐、财产、权利乃至生命，追求那被别人嗤之以鼻的自由。我通过长期的观察发现，那些生性热爱自由的动物，它们宁可用头撞牢笼，弄得头破血流，也不愿意在失去自由的环境下多待一秒钟。另外，我还发现许多土著对欧洲人的奢侈品并不感兴趣，他们宁愿忍受饥寒交迫也不愿意受战争和牢狱之苦，为了自由和独立，他们宁可粉身碎骨也在所不惜。基于长期的观察我发现，与那些奴隶们讨论自由，无异于向盲人描绘阳光的灿烂，向耳聋的人解释音乐的美妙。

有些人认为，专制统治源于父权在家庭中的作用，然而我并不赞同这一观点。事实上，将残暴的专制主义与温柔的父权相提并论是荒谬的，因为行使父权的人所得到的好处，远比服从父权的人所得到的好处少得多。从自然法的角度来看，父权只会在孩子需要帮助时行使，除此之外父亲和孩子则处在一种平等状态当中。父亲与孩子之间当然存在着义务关系，不过这种义务是孩子尊重父亲的义务，而不是孩子服从父亲的义务。虽然孩子对父亲的养育之恩有报答义务，但是父亲并没有权力将这种报答义务变成索取的权利。相反，我认为专制社会并不源于父权，而是父权来自于专制社会。父亲只有将子女留在身边时，父亲的身份才会得到承认。父亲是家庭的纽带，他作为自己财产的支配人，可以选择将自己的财产留给最尊重他的子女。这种情况对于君主而言根本不可能发生，虽然君主的财产来自于人民并且不属于他自己，但是有哪位看到君主将财产留给了一个尊重他的平头百姓呢？君主依靠人民养活，人民却认为君主剥夺他们的财产是在行使正当权利。而君主让他们能有口饭吃，他们会感恩戴德。

有些人认为，专制制度建立在自愿基础之上，但这种说法缺乏有力的支持。如果双方签订一项契约，其中一方承担所有的义务，而另一方则享有所有的权利，那么这项契约是根本没有订立基础的，这种绝对的专制制度即使在今天也很少被采用。以法国为例，1667年路易十四颁布了一道诏书，他说："切不可说国王不受他的国家的法律的约束，因为与此相反的论断乃是万国公法中的一个真理；尽管这个真理有时候遭到阿谀奉承之徒的攻击，但贤明的君王总是像国家的守护神一样极力维护这一真理。如果我们都像哲人柏拉图这样说那就好了。一个国王的福祉在于臣民服从他的国王，国王服从法律，法律是公正的，而且总以公众的利益为皈依。"由此观之，自由作为人类最为宝贵的财富，不会为了取悦于一个残暴的君主而随意献出去，如果这个世界上真的有这样的人的话，那么他无疑已经和禽兽处于同一水平。

有些哲学家认为，如果一个人可以通过订立契约将财产转移给他人，那么他的自由也同样可以像这样被买卖。但是，我认为这种看法简直是大错特错。因为我们的财产在转移之前属于我们，但是在财产转移之后，这些财产就与我们毫无关系。

假设我们真的将自由通过订立契约的方式转移，那么我们自己的自由依然与我们自己有关。当我们的自由由别人支配时，我们就变成了别人的工具，并很有可能被派去从事邪恶的勾当。此外，财产权基于制度和契约产生，但是自由和生命是上天赠予我们的礼物，那是我们不能随便处置的。虽然每个人生来享有生命和自由，但是一个人一旦放弃了两者，那么不但意味着他们放弃了自己的人格，同时自己将自己消灭于这个世界。这种做法无论代价多么小，都是反理性、反人类的。同样，如果一个孩子的自由可以被转让，那么他们的下场将更为可怖。父亲通过转让自己的财产让孩子获得了生存空间，从上述论断可知，建立在人的生命与自由可以随意买卖之上的奴隶制度，是违反了人类天性的制度，因此奴隶制最终被消灭。而那些声称奴隶的孩子出生之后就只能是奴隶的法学家们，他们无疑是在说人出生之后根本不是人。

政治社会建立之初，政府并非以专制政权的状态出现，专制政权是腐败的产物。腐败使得政府再次变成了强者的附庸，然而建立政府的初衷却是限制强者的权力。除此之外，即使政府在一开始就是专制政权，这也不能成为人类不平等现象的基础，因为专制政权本身就没有合法性。政府应当是民众与领袖所制订契约的产物，政府用法律手段将这一契约固定下来，民众和领袖作为契约的签署者都应该遵守法律，而法律作为纽带将民众和领袖连接在了一起。从社会关系角度来看，既然国家是全体公民意志联合的体现，那么法律就应当作为唯一的意志被所有人遵守。而负责执行法律的人，将被法律中规定官员遴选与权力监督的条款限制。相应地，负责执行法律的人也得到了一些特权，作为他们艰辛劳动的回报。从官员角度来看，他们也并没有将个人意志完全凌驾于民众之上，在大多数时间内，他们都是按照民众委托他们的意志行事。

当人们还没有意识到上述契约社会的根本弊端之前，只要执政者对民众事事上心，那么其无疑是一种完美体制。因为官员的选任和权力的行使以宪法为根据，所以当宪法被摧毁时，官员也就失去了执政基础，而民众就再也不必服从官员们的命令。从国家机构角度来看，组成国家机构的基本因素并非官员而是法律，是它将民众凝聚在一起，并且给了每个人最充分的独立和自由。假设我们从上述角度进行思考，就能够发现，契约是双方合意的产物并可以废除。如果没有更高级别的裁判者判定双方能否解除契约的话，那么缔约双方就是契约的仲裁人。缔约双方的其中一方如果违约，那么另一方面就有权将契约终止，弃权的权力也就因此产生。所以，如果执政官员能够依据契约放弃自己的职务的话，那么民众就更加有权力罢免掉侵害他们利益的首领。不过，这种情况如果经常出现的话，那么必将会生出无穷的纷争与混乱。这就需要民众具有理性和公心，不会因为一己之私扰乱整个社会的秩序。

人与人之间存在的差别，使得人类组成的政府必然会存在多种多样的形式。如果一个人的品行、能力十分出众，并且受到民众的支持和爱戴，那么这个人被选作领袖之后，这个国家就有可能成为君主制国家。如果，几个人的品德和能力都差不多，由这几个人组成领导团体，那么这个国家就可能形成贵族制国家。如果一个国家较为贫困，民众并没有多余的财富，而且国土狭小人口较少，那么这个国家就可能由民众共同治理，因此这个国家就形成了民主制国家，而长时间的实践会让民众知道哪种政体更为适合他们。民众当中也会出现分流，有一些人自始至终守法奉公，而另一些人则选择为他们的主子卖命。有些人想要追求独立和自由，然而另外一些人却对此看不惯，因为他们不能允许别人享受他们自己享受不到的东西，所以他们以邻为壑，将自己的快乐建立在别人的痛苦之上。总之，一些人毕生追求幸福和高尚的品德，而另一些人则痴迷于权力与财富。

人们组成政府之初，每一个官员都是通过民选任命的。首先，候选人的财富并不是他们当选的主要条件，才能是官员们能否被任职的主要参考依据。其次，年龄和经验也是评定官员能否被选上的另外一个重要因素。最后，参选者能否沉着冷静地处理事务是他们胜出的关键。希伯来人的拉比，罗马共和国元老院的长老，斯巴达的长者，都向人们表明老人在那个时候非常受重视。然而，随着时间的推移，这种弊端也逐渐凸显出来，老人由于年龄过大任职时间必然不会太长，这样选举的次数就会变得非常频繁。这就使得阴谋诡计充斥着议会的每一个角落，党派斗争时常恶化为战争，而民众就要为这所谓的国家行为流血牺牲，社会动荡不安又回到了无政府状态。而那些工于心计的首领就会让他自己家族的人长期占据政府职位，这时的民众已经习惯了由奴役带来的安逸与平静，他们就再也不愿意打碎身上的枷锁了。哪怕统治者加大对这些人的奴役，让他们挣扎在生与死的边缘，他们也心甘情愿。如此一来，国家首领的世袭制便应运而生。在世袭制之下，国家成为一个家族的财产，而官职则成为这个家族的特权，而民众则成为像牛马一样用来计算财产数额的奴隶。

如果我们按照人类不平等现象的产生与发展的脉络进行探索，我们不难发现：第一个阶段，私有制和维护私有制的法律被确立；第二个阶段，行政官员制度被建立起来；第三个阶段，依据私有制法律被确立起来的财产权力转化为世袭的专制权力。所以，首领与民众的关系在第一阶段是富人与穷人的关系，在第二阶段是强者与弱者的关系，而第三阶段则彻底变成了奴隶主和奴隶的关系。如今的社会便处于第三阶段，而第三阶段也是人类不平等程度的顶峰，前两个阶段的弊端在第三个阶段当中都能够找到。除了革命或者政府完全瓦解之外，只有让政府的制度趋于合理，才能够解决这些问题。在欧洲，只有斯巴达的法律接近于让民众的不平等达到最低。斯巴达的法律从儿童一出生便开始对其进行监督，一些不要法律调整的风尚也随着法律的建立而逐渐形成。不过，仅仅通过法律无法消除人类之间的不平等，因为法律只能规约人的行为，却无法改变人的内心。而一个一如既往地贯彻最初目标，并从未腐败变质的政府，是根本没有必要成立的。在一个没有滥用职权的国家，法律并没有制定的必要。

政治地位上的差别直接导致了社会地位的差别，统治者与民众之间的不平等，也在民众当中不断蔓延开来，并且因每个人自身条件的差异呈现出了不同的样态。当一个官员窃取了一种权力时，他就必然会将更多的利益分给他的利益集团。民众的目光则不往下看，而只往上看，他们被盲目的奢望误导，认为只有这样才能获得更好的生活，于是心甘情愿被压迫。民众认为统治者比他们更为高贵，于是欢天喜地戴上了统治者们为其量身定做的枷锁，并转过身将枷锁套在别人身上。但是，要使那些不想骑在别人头上作威作福的人，乖乖服从统治者们的奴役却并非易事。不过，对于那些贪婪、懒惰的人而言，不平等并没有什么大不了。这些人甘愿听从统治者们的摆布，至于是伺候奴隶主还是做奴隶主的工具去压迫别人，都要视他们能从中获得多少利益而定。所以，民众的眼睛便被蒙蔽，只要统治者向他们说一声，"从此你们将有享不尽的荣华富贵"，那么他们中的一些人便会自觉非凡，并在别人面前摆出一副高贵的模样。而他们的后代也会因此沾染恶习，这些后人平时游手好闲、无所事事，但他们以此为莫大的光荣。

人类由原始状态变为社会状态之后，威望和权利的不平等就难以避免，因为社会的形成使得人们有机会进行差别比较，并形成不平等。人与人之间的差异虽然多种多样，但是无外乎财富、权势、地位、才能几种，人们在衡量自己的社会地位时，往往离不开这几个评定标准。如果一个国家能将这几个因素协调好，那么这个国家就能长治久安。反之，如果它们出现了不可调和的矛盾，那么国家也就将陷入动荡当中。将这四种造成人类不平等的因素对比来看，地位的不平等是造成财富、权势、才能的不平等的根源，而所有的不平等最后又都体现为财富的不平等。财富的不平等与人的生活质量息息相关，人们可以用财富购买他们想要的一切东西，前提是他们有充足的财力。从不平等的因素中我们也可以看出，人类已经离开原始状态这么久，虽然他们创造了巨大财富，却也迈向了通向终极腐败的绝路。贪婪的欲望驱使着我们拼命攫取更多的财富和更高的地位。我们从和谐共处变成相互竞争，仇恨和忌妒在每一个人心中滋生，最终每一个人都成了仇人。人们像野兽一样在斗兽场中厮杀，有些人胜出了，有些人被踩在脚下，有些人身败名裂，有些人灰飞烟灭。正是由于人们的虚荣，使得每个人无时无刻不在尽力博取别人的赞扬，这种强烈的欲望让每个人几乎终日处在疯狂状态，人世间最高尚和最卑劣的事情便由此产生：美德与罪恶，真理和谬误，阴谋者与哲学家都是基于人们的虚荣而产生。或许美德、真理、哲学家都是人类文明的宝贵财富，但是与它们同行的是大量的恶。此外，人们还将意识到一个根本问题，一小撮权贵和富豪之所以能够从不劳动而享尽这人世间的荣华富贵，是因为他们以那些贫苦人为食，正是权贵和富豪的剥削使得民众越来越贫苦，处境也越来越悲惨。但是，只要人民不再受到那一小撮人的剥削，那么他们的处境不但会立即改善，而且权贵和富豪们也没有人会趾高气扬自觉高人一等了。

仅仅就上述问题进行论述，就可以写出多本著作。这些著作一定会以自然法赋予人的权利作为标杆，对政体与政府的优点和缺点做出系统衡量，揭示人类社会不平等的种种现象，并预见到这些不平等现象在政体和政府的演变中将呈现出何种形态。我们将在这些著作中看到，民众原本为了防御外敌而采取的措施，全部原封不动地加在了他们自己身上。民众所受的压迫会随着时间的推移而不断加深，没有人知道压迫的尽头在何方，更没有合法的手段能够阻止这些伤害。国家的独立和民众的权利会被一点点蚕食，所有正义的反抗会被认定为造谣蛊惑。当人们为了保护国家而浴血奋战时，政客们却仅仅将荣誉授予一小撮行政官员。也正是这些原因，苛捐杂税成为一种常态，无数农民被逼得抛家舍业、背井离乡，最终拿起刀枪殊死反抗。荒谬的法律被一条接一条地颁布出来，而爱国者们也从国家的捍卫者变成了国家的敌人，并将枪口对准自己的同胞。

正是因为有了悬殊的贫富差距、社会地位的极端不平等、人们难填的欲壑、无用的艺术，以及肤浅的哲学，使得无数偏见出现，而这些偏见没有一个是与美德和理性吻合的。一个国家的统治者将不断制造事端，使国民们离心离德。半吊子文人们将用文学、诗歌、戏剧粉饰太平，掩饰国家共同体的瓦解和国力的衰微。当社会各阶层矛盾丛生，人与人之间再也没有了信任时，才不至于有人将矛头对准统治者，而统治者的权力也由此加强。统治者此时抬起了他罪恶的头颅，在仇恨与混乱中扭曲一切美好的东西，国体被毁灭，法律被践踏，人民被蹂躏，共和国最终成为一片废墟，而在这血流漂杵的大地上，统治者建立起了他的王朝。在这暴君的王朝建立之前，必是天灾人祸民不聊生。当暴君把人民的领袖、公正的法律全部吞噬掉的时候，民众已然无法看到光明，他们的头上无时无刻不被暴君笼罩。自此以后，良知与美德已经不复存在，因为暴君只能容得下一个主人，而绝不会让其他东西代替这个主人的位置，这个主人便是他自己。只要暴君发布的命令就一定是正确的，奴隶们依照命令执行被视为最高美德。

这个状态便是不平等的极限，但也是我们的出发点。在这种极端不平等的状态中，民众反而变得平静而温和了，因为他们既无地位又无权力，已经像空气一样形同虚设。民众已经成了彻彻底底的奴才，他们除了像狗一样服从主人的命令之外不需要任何法律，而统治者也不需要任何法律的约束，他们的欲望便是一切行为的法则。善良和公正的准则在这个国度当中并不适用，强者的意志是最高宪法。于是，人们又再次回到了原始状态，只是这个原始状态并非之前所描述的人类的原始状态，而是动物的原始状态，是强权即真理，是弱肉强食，是赤裸裸的丛林法则。这种暴君的统治不仅违反自然法，而且践踏了人类的本性，由暴君建立起来的政权并无半点合法性。因此，民众一旦起来革命，并将暴君废除，那么暴君应当无怨无悔。而民众像暴君当初拿走本应属于他们的东西一样，将自己的那一份财产收归己有，同样是合法行为。暴君用暴力维持他的统治，那么民众同样应当用暴力推翻暴君的统治。人类的不平等进程是自然发展出来的，那么人类消除不平等的奋斗同样是自然发展的一部分，这符合自然法。因此，谁也不要抱怨革命，因为它是正当的，在革命中遭遇不幸的人还是责怪命运的不幸吧！

受长时间的奴役，人们已经忘记了从奴隶世界通往文明状态的道路。但是，人类并没有失去构建未来的能力。如果人类的不平等状态源于对原始社会的背离，那么我们可以缔造出一个汲取了原始社会优点的共和国，将人类的不平等程度降到最低，并开创出一个崭新的人类文明时代。

三、理想的共和国

理想中的共和国恰好与霍布斯的主张相反，霍布斯将人与人的关系认定为"狼与狼之间的关系"。他的错误并不在于他在独立的但已变成了社会人的人们中间确立了战争状态，反而在于他对人类假设了那种自然状态，并且把本来是罪恶的结果当成了罪恶的原因。然而，尽管人与人之间根本就不存在什么自然的和普遍的社会，尽管他们成为社会人的时候变得十分不幸而又作恶多端，尽管正义和平等的法则对于那些既生活于自然状态的自由之中而同时又屈服于社会状态的需要之下的人们来说，全都是空话。理想中的共和国能够让我们努力哪怕是从坏事之中，也要汲取能够医治人类的补救办法。

理想的共和国以新的结合来纠正普遍结合的缺点，使我们每一个激烈的提问人能够以成就来评判他自己。理想的共和国让我们以新的知识来开导人的理性，以新的情操来炙暖民众的心灵。在理想的共和国中，人与人在分享自己的生存和福祉时，幸福本身也能成倍地增长。假如我的热诚在这件事情上并没有使我盲目的话，那么就丝毫不必怀疑，有了强劲的灵魂和正直感，那位人类之敌就终于会放弃他的仇恨与错误，引他误入歧途的那个理性是会重新把他带回到人道上来的。在理想的共和国中，民众能学会喜爱自己，已经很好地理解利益更有甚于自己的表面利益。在共和国良好的社会风尚当中，民众会变得善良、有德、明智；并且归根到底会变成一支他们想成为的彪悍队伍，会变成一个秩序良好的社会的最坚固的支柱。

缔造一个理想的共和国是解决人类不平等的根本途径。这个共和国以最接近自然法，并以最有利于社会和民众的方式存在。这个国家既可以维护社会的秩序，又可以保障民众生活的福祉。这个共和国的国土面积并不大，但是国家可以对每一寸国土进行治理。国家中的每个公民凭借自己的才能和力量就可以完成自己应当做的工作，而且不需要任何人的帮助，不会将自己的义务推到任何一个人身上。由于国家的国土面积不大、公民人数不多，使得每个公民都相互认识，他们可以相互监督，所有的阴谋和虚伪最终都会暴露在阳光之下。而哪怕微小的善行，也会被人们铭记。因为民众彼此十分了解，并且形成了良好的社会风尚，所以人们把对土地的热爱、对公民的热爱，上升为对国家的热爱。

在这个理想的共和国当中，执政者与民众的利益相一致，而国家机关的所有活动都以增进民众的福祉为目的。在这个具有良性秩序的共和国之下，执政者和公民融为一体并相互支持、体谅。共和国的民众从出生之日开始就是独立而自由的，离开人间时他们同样是自由的。这神圣的自由来源于对法律的忠实，人们将遵纪守法视为最光荣的行为，因为只有受到法律规制的自由才是不侵害别人权利的自由，才是可以持久的自由，才是真正的自由。因此，这种法律的约束是良性的，哪怕是最为桀骜不驯的人也会对法律俯首帖耳，因为他们要不受罪恶的约束，就必须成为忠诚于法律的公民。

每个共和国的公民自他成为公民的那一刻起，就不能够凌驾于法律之上。而且任何一个外国势力都不能轻视这个国家法律的权威，因为如果一个人、一股势力不受本国法律的约束，不尊重本国法律的合法性，那么其就必然会受到国外势力的操纵，从而成为破坏共和国的邪恶力量，哪怕这些人是法学家、法学团体本身。如果有一个本国政府的首脑，同时又暗中为其他国家卖命，那么不论他如何行使国家权力，国家也不会得到良性治理。同时，民众也不必服从这个人的任何命令，因为作为国家主权的践踏者，他已经失去了合法性，民众有权将其罢免或处决。

理想的共和国并不一定是一个新建立的国家，因为新国家没有经过时间和历史的检验，并不一定适应时代的需要，公民和政府之间也不一定能够和谐相处。所以，这种新生国家在建立之初便有覆灭的危险。自由就像食物，虽然被每个人所需，但是它的效用因人而异。例如，身体强壮的人能够享用高蛋白的肉、蛋、奶，但是那对于肠胃不好的人来说无异于毒药。如果民众在奴役的状态下待得太久，那么他们已经忘记了如何在自由的状态下生活，他们越是努力挣脱枷锁的束缚，枷锁就会越紧，而他们也就距离自由越远。长期生活在奴役之下的人，常常会把为所欲为当作自由，但是基于这种自由进行革命，那么国家无疑将会彻底毁灭。罗马人在摆脱塔尔干王朝的奴役之后，并没有马上获得他们想要的自由生活，而是让整个国家陷入了持续的动乱当中。这些罗马人在奴隶制度下待的时间太长，因此他们的头脑已经变得异常愚昧，并不知道如何在自由的环境下生活。他们需要经过长期的治理和开化，才能摆脱野蛮人的状态，享受自由的空气。因此，理想的共和国应当形成于一个具有上千年文明史的国家，悠悠岁月给了人们看透沧桑的眼睛，他们经过长期的文明训练已经具备了成为共和国公民的全部素质，智慧、理性、独立、美德都成为他们迈入自由社会的基石。就像在那个古老的东方国度里，人们不仅本身就是自由的，同时也配得到自由的眷顾。

作为理想中的共和国，它不应当是好战的，而是以向外传递和平为己任。不过，这个国家虽然没有侵略别国的野心，但是有能力和勇气消灭一切来犯之敌，坚决捍卫自己的国家。这个国家的邻国存在于其周围，会感到安全而宁静，并且会帮助共和国阻挡一切想要侵犯它们的敌人。总之，这个共和国并不会引起邻国的嫉妒，反而会得到邻国最大限度的帮助。共和国公民平时会积极参加军事训练，但这只是为了保护共和国的领土，并保持公民的尚武精神。这种英雄气概是保护共和国、保护每一个公民自由和幸福的必备素质。

立法权在理想的共和国中并不属于别人，而是属于共和国的全体公民。因为，没有一个人比生活在共和国当中的公民更清楚他们自身的情况。但是，罗马人的长老院制度并不是最好的制度，因为长老作为议会的代表多半并没有治理和保卫国家的经验，他们只是凭借坐拥财富和巧舌如簧登上大雅之堂。因此，议会制度只是个空壳，选票也就成了废纸。相反，为了防止共和国走上向雅典那样以权谋私、法律漏洞百出的制度，我认为任何人都不得仅仅凭借自己的影响力或者头脑发热篡改共和国的法律。只有民众和执政者才具有修改法律的权力，而执政者应当谨慎行使修法权，公民也应当对执政者颁布的每一条法律考虑再三之后才能投出赞成票，法律则应当在庄严而周密的程序下制定。随着时间的推移，人们将认识到宪法之所以不会动摇，是因为宪法具有稳定性，历史的沙汰使得宪法能够受到每一个公民的尊重，从而具有了神圣性。如果宪法朝令夕改，那么不仅国体和政体会受到震动，公民们也不会从心底对宪法产生敬畏。如果人们经常因为微小的利益而进行大范围改革，那么古老的风尚不仅会被破坏，更大的弊端反而会出现在社会当中。

如果一个国家的公民架空了所有的行政官员，并且将行政官员的权力规定得十分模糊，那么这些应当由行政官员在法律规制下行使的权力，很有可能被别有用心者越俎代庖。希腊共和国就是因此灭亡的。理想中的共和国公民应当自愿受到法律的规制，并对公共事务进行集体决议。所以，他们能够建立起来的机关能够慎重使用他们所拥有的权力，并且在民众心中具有权威受到尊敬。共和国公民每年都要进行行政官员选举，从民众中选取最受人尊敬、品德最为高尚、最具有才干的人作为他们的执政者。由于执政者通过公民亲自选举产生，因此执政者与公民相互尊重，而执政者的善政也能够充分反映民众的英明。即使执政者与公民之间偶尔会爆发冲突，但是因为有法律和良好的社会风尚的约束，矛盾能够很快被化解，重新回到有礼有节、团结一致的氛围当中。

理想中的共和国并非凭空产生，它不是一棵已经长成的大树，而是一株不断成长的树苗，它需要合适的土壤才能够生长。缔造理想中的共和国的人一定不会是一群精致的利己主义者，因为这些人的内心狭隘得只能容得下他们自己的蝇头小利，让他们为了公共利益稍稍做出一点点牺牲，就如同将他们押赴刑场一样痛苦。这种人或许依然可以安然地生活在理想的共和国当中，但是精致的利己主义者们不能成为理想共和国的主流。理想的共和国一定是由一群锐意进取的理想主义者们组成，这些人并不把物质享受当成他们的最高追求，而是将公平与正义当作他们毕生的奋斗目标。这些理想主义者们必须具有高尚的情怀，以及大无畏的牺牲精神，他们可以为了实现他们的理想，捍卫他们理想中的共和国，付出他们的全部。这些理想主义者们的理想与精致的利己主义者们的理想有着本质的区别，他们的理想通过他们得以实现，纵然是付出了牺牲的代价。在理想的共和国中，这些高尚的理想主义者们占据了社会的主流，也正是这些人的存在，共和国才能够长治久安，强盛的国运才能够代代延续。

不过，理想中的共和国并非是一朝一夕之间建立起来的，它每时每刻都在经受着历史与人性的考验。人作为万物之灵长，是最为复杂的生物，人性中既有动物性又有社会性。人类的动物性要人们自私，像动物一样为了一己之私无所不为。个人利益不是和普遍的福利结合在一起，反而在事物的自然秩序之中它们是彼此互相排斥的。每个人都想把规则强加于别人，却不肯加之于自己。被智慧所蒙蔽的人会说："我觉得自己在人类中间担惊受苦，只好是要么我自己不幸，要么我就使别人不幸。而最爱我的人，莫过于我自己了。要想调和我自己的利益和别人的利益那是枉然。你对我说的有关社会法则的好处的所有的话，都可能是好话。假如我对别人严格遵守时，我确有把握他们也会对我遵守。然而在这一点上，你能给我什么确切保证呢？并且看到自己暴露在最强者所可能加之于我的各种祸害之下，而我又不敢取偿于弱者。难道我的处境还能有比这更糟的了吗？要么就给我保证，绝不会发生任何不公正的事情，要么就别指望在我这方面有什么克制。尽管你很可能向我说：放弃了自然法则所加之于我的义务，我也就同时被剥夺了它的权利，并且我的暴行也就批准了别人所可能对我施加的一切暴行。但我却更愿意承认，我根本看不出我的节制怎么就能够对我做出保证。何况和强者一道瓜分弱者，使强者有利于我，那也是我的事。那要比正义更加有利于我的利益和我的安全。"这些人的观点才是赤裸裸的现实。

然而，人类的社会性又要求人们须有公心，能够为了社会的共同进步牺牲小我。正是由于人性中存在的矛盾和缺陷，共和国的理想状态也必然时时刻刻处于动态平衡当中，而不会是理想状态的静止。我不认为人类是精神的动物。人类的动物性使得人类中的最大多数是追求物质的、为欲望所驱使的低等动物，与普通动物没有什么两样。文质彬彬的外表与华丽的文化只是一种美学的包装而已。利益和恐惧这两种力量驱动人类前进。猿人时代就是如此，今天也还是基本如此。正因此，缔造与捍卫理想中的共和国就不能够单单靠那些华丽的语言，因为那都是一些虚伪文人惯说的谎言。智者不应当相信，也不要被这种华而不实的空话所诱惑和欺骗。理想的共和国建立在公平正义的基础之上，这基础自从它存在的那天起，就被人性中恶的那一面蚕食着。所以，理想共和国的存在状态必是时时刻刻都存在着公与私的较量，善与恶的斗争。

那么如何才能够让理想中的共和国能够在斗争的动态平衡中不断前行呢？这就需要每一个向往公平与正义，向往光明未来的理想主义者们毕生的奋斗。人生需要奋斗，就是要和人的私欲与肮脏的现实搏斗。如果人类总是在什么精神追求，什么精神价值里生活，历史就消亡了，理想的共和国也不可能拔地而起。睁眼看看周边，小到一个村镇大到整个世界，都无时无刻不在上演着正与邪的较量，这是真实的现实而不是美丽的幻想。每个人都是性格有缺陷的人，完美的人在现实中并不存在。所以有缺陷是常态，有缺陷的人也不必自卑。正是因为每个人都有缺陷，才需要不断奋斗向完美迈进，设法战胜自己，成就自己的生命，进而为理想的共和国添砖加瓦。在改善内在的性格或者心理缺陷或障碍方面，除了自己克服自己，没有他人能帮得到了你。所以，一旦理想共和国中的理想主义者们下定了决心，就应当用意志、定力、坚持将目标实现。理想的共和国的大树需要每一个人用汗水和血水浇灌，唯有如此这棵大树才能够枝繁叶茂，永世长存。

上述就是我构建的理想共和国的全部优点与实现途径。除此之外，如果这个国家能够处于得天独厚的地理位置和气候条件，那么这个共和国就会趋于完美。我希望我能够在这个共和国当中与我们同胞们一起共享宁静与自由，并且以他们为榜样，以仁义之心平等相待，将高尚的品德融入日常生活的言行当中。在我离开这个世界之后，我将留下诚实、善良的爱国者的美名。但是，理想的共和国仅仅依靠理想无法实现，我们必须探索出正确的路径才能够达到理想共和国的彼岸。在我看来，人类的不平等直接变为现在他们财产权的不平等，然而财产权的不平等则由社会地位的不平等造成。如果，人与人在出生开始，其社会地位就已经被不合理地分配，那么一切为平等而奋斗的后天努力就将化为乌有。因此，我们必须从源头遏止人类不平等的产生，用合理的方式避免共和国再次陷入黑暗的深渊。

共和国的存在意义在于消灭人类不平等的现象，而要消灭人类不平等的现象，就要基于遭受不平等的人最大的保护。权贵与富豪们的权利达到没有边际，他们虽然也是共和国的公民，但是他们用自己的权利侵害他们同胞的权利，用自己的自由践踏别人的自由。对于这些人，共和国应当保留他们作为合格公民的权利，而将他们由私有制赋予的特权剥夺得干干净净，并且充分防止这些特权再度滋生。共和国更加应该保护的是构成共和国基石的民众，这些人用汗水和血水浇灌了共和国，并且让它强盛繁荣，但是这些人得到的最少。共和国的存在就是为了保护这些弱者，即这些沉默的大多数人的权利，避免他们的权利受到强者的侵害，避免他们的人格受到强者的践踏，而这也正是共和国合法性的基础所在。此外，共和国对于所有公民权利的保护都应当建立在公民忠诚于共和国的基础之上。如果公民出于目光短浅，或者因为一己之私出卖共和国，那么他们将被永远钉在历史的耻辱柱上。总之，唯有充分保护共和国公民的权利，人类的不平等才能够彻底消除。

第四讲

谏为苍生：论民权

一、民权与社会

　　人生而自由，却无不在枷锁之中。那些自以为是万物主宰的人，反而比奴隶更像奴隶。我在上一篇当中论述了人类不平等的起源是如何形成的，下面我将对如何用契约社会的形式保护民众的权利并遏制人类的不平等展开论述。从强权的角度来看，民众在没有办法的情况下被迫对暴君俯首帖耳是合理的。那么，觉悟了的民众奋起反抗，将身上的枷锁打破同样是合理的，因为民众正是用当初暴君为他们套上枷锁的方式将身上的枷锁打碎，用被剥夺自由的方式重新获得自由。如果这种获得自由的方式没有合法性，那么当初剥夺民众自由的理由就更加不能成立。社会秩序作为一切神圣权利的基础，为民众的所有权利提供了保障。但是，秩序并非人类天生就有的，而是建立在契约之上。人类社会以契约为基础是显而易见的，不过更为重要的是知晓这些契约的内容是什么。而要弄清这一问题，我们就必须从人类社会的起源入手，弄清社会形成的脉络。

　　家庭是一切社会中最为古老又最为基本的单位。不过，孩子也只有在弱小的时候才会对父母产生依赖，当孩子已经成长起来并有独立谋生的能力之后，这种依附关系就会自然瓦解。

当孩子独立之后，他们也就不再需要对父母俯首帖耳，而父母对孩子也就没有了抚养义务，双方又重新回到了自然的独立状态当中。如果孩子在获得独立生存的能力之后，依然与父母生活在一起，那么这就并非出于人类的本能，而是源于父母与孩子的契约关系。在这种契约关系当中，孩子与父母之间是依据权利义务关系连接在一起，双方都要对对方负有相应的义务，并因此获得相应的权利。

人在脱离家庭之后所享有的自由是人类天性的产物。保障自己的生存是人性的基本需求，人类所应当享有的关怀也应当是对其基本需要的满足。当一个人的智力达到成熟，并且他的理性已经足以对这个世界上的善恶是非加以判断时，这个人便具有了获得独立和自由的基本能力，那么他就已经有了成为一个真正的人的条件。换言之，这时候的人已经不再依附于别人，而是成为自己的主人。所以，家庭实际上是社会的原始雏形，父亲扮演了统治者的角色，而孩子则处于人民的地位。如果每一个人天生便拥有自由的权利，并且不会因社会条件的影响而不平等，那么他便都是为了最大限度地满足自己的基本需要，而从自身的自由中让渡出一部分交给别人。但是，家庭与国家存在着本质上的差别，这种差别在于父子之间的爱与关怀就足以抵得上父亲对子女的帮衬。而国家则不然，统治者对于民众的关心，往往是以民众对统治者命令的服从为代价换取的。

格劳修斯认为，对统治者有利应当成为人类一切权利得以建立的理由。以奴隶制为例，奴隶制的形成在于私有制的出现，人类社会中出现了产生奴隶制的土壤，否则还将长时间处于原始状态。因此，奴隶制度的形成是基于事实，而不是处于某些学者的主观臆断。格劳修斯的这种不能够自圆其说的说法，仅仅是对暴君有利。而且，他所提出的一小撮统治者属于全人类，还是全人类属于一小撮统治者的疑问，并不能成为一个真正的问题。如果将民众视作属于一小撮统治者的话，那么这无疑是说民众是一群群牛羊，每群牛羊都有一个首领，而这些牛羊存在的目的就是被这些首领吃掉，这显然是一种不把人当人看的做法。我们依据格劳修斯的逻辑继续推演下去就会得出这样的结论，即统治者作为羊群的牧羊人，他们的品质和才能自然高于群羊，那么羊就应当受到牧羊人的随意宰割。统治者压迫民众的权力，源于他们天生就是高贵的，而这种高贵则源于神的庇佑。这种观点无疑是在说民众生来就是畜生而已。格劳修斯的说法并非是他原创，霍布斯在这一问题上与格劳修斯保持一致。上溯到古希腊时期，亚里士多德也提出过与格劳修斯和霍布斯相同的论断，即人与人生来本就不平等，有些人天生就是奴隶主，而另外一些人则生来就是当奴隶的料。

在人类是否生而平等的问题上，亚里士多德做出了正确的判断。但是，他犯了用结果解释原因的错误。在奴隶制之下，那些出生在奴隶家庭的人生来就没有做人的权力，他们作为奴隶的命运在他们出生之时就已经注定。并且，由于奴隶们在自己的奴隶状态当中待了太长时间，以至于他们已经不再想摆脱自己奴隶的枷锁。他们对自己的奴隶状态有一种畸形的热爱，这种热爱就像动物们热爱自己的畜生状态一样。所以，如果真的有天生的奴隶的话，那么也只是因为奴隶制度先于奴隶而存在。统治者用强权设立了奴隶制度，并将奴隶的枷锁套在了每一个人的脖子上。而那些被套上枷锁的人，他们起初因为怯懦不敢打碎身上的锁链，而最后因为习惯，便将锁链视为了生命的珍宝。

不过，即使是最强大的统治者也不会永远坐在主人的位子上，除非这些人将自己的强力转化为权利，而将民众的枷锁变成他们的义务。因此，统治者们世代不变的权力就由此被推演了出来，这种权力表面看上去十分荒谬，不过在现实生活当中却已经被确立为了一种永世不变的原则。但是，强力作为一个概念，解释其内涵并不难。强力实际上是一种物理上的力量，道德并不会随着强力的产生而产生。人们只是被迫向强力屈服，这并非出于他们的主观意志，是因为他们只能这样做。退一步而言，这种向强力低头的做法，也只不过是一种缓兵之计而已。那么，既然人们被迫处于这样一种状态，这从什么角度来看也不能够算作是一种义务。

我们姑且假设强力是一种权力，那么我得到的结论也只能是一种不能自洽的谬论。因为只要权力形成于强力，其就会进入悖论。试想，如果一种强力是权力，那么只要出现了一种能够凌驾于这种强力之上的强力，前一种由强力产生出来的权力就会自然消失。如此，只要人们不想再服从于强力的支配，那么他们就可以想当然地不服从。因为，以强力就是权力的逻辑进行判断，我们不难得出强者所做出的一切都是有道理的结论。这样，人们所要想的就是如何变成最强者，而不是如何成为一个真正的人。但是，这种随着强力的消失而荡然无存的权力，实际上并不能算作是一种权力。如果强力已经能够使所有人俯首帖耳，那么人民就不必再去服从他们应当服从的义务了。所以，服从的义务也就没有必要存在，因为只有人民被迫服从于强权才能被算作义务。由此可见，权力对于强力来说并没有任何实质意义，因为强力已经取代了权力，并且权力也没有给强力添加任何新东西。

如果对人们说，你应当对权力俯首帖耳，那么无疑是在说所有人都应当屈从于强力的淫威之下。这种教条无疑是多余的，虽然它能够加强权力的威力。不过，权力的逻辑却很难被人们打破。如果说一切权力都源于上帝的赋予的话，那么所有的痛苦和绝症也无疑是上帝一手造成的。但是，难道因为上帝制造了一切疾病，我们就应当阻止身患重病的人看医生吗？假设我们深夜在小巷里被强盗劫持，那么我们就应当毫不迟疑地将钱包交给强盗，并且以隐藏钱包为羞愧。因为，拿着枪的强盗也是强力的一种。由此可见，说强力是权力，而所有人必须服从权力的说法无疑是极其荒谬的。总之，强力并不是权力，人们只需要对合法的权利负有相应的义务。弄明白了这个问题，我们就能够回归到人类社会形成的源头上了。

正如我们前面所论述的那样，没有一个人在出生时起就对他人有不可挑战的权威，而强力也不能够成为权力的基础。那么，真正能够构成人类社会基础的，也就只有契约这一种合法途径。格劳修斯曾经提出过这样的观点，如果一个人可以通过转让自由的方式，由一个独立的人成为别人的奴仆，那么民众同样可以通过转让自由的方式成为一个国王的臣民。要弄清这种说法是否正确，就必须弄明白"转让"一词到底是什么意思。所谓转让无疑是赠予或者买卖的另外一种说法。但一个人向别人转让自己的自由，这不可能是赠予关系，而一定是出于生存的需要将自由卖给了别人。但是，民众并没有出卖自己的任何理由，并不是国王养活了民众，而是民众养活了国王。因为国王自身的财力是远远无法供养数以万计的民众的，并且国王财产的来源也是来自民众的税收。如果国王没有民众，那么他也一定是活不成的。假设臣民依附于国王是一种买卖的话，那么有哪个臣民通过卖出自己的人身自由而换取了国王一分一毫的财产呢？由此可见，臣民将自己的自由转让给了国王这一说法根本不能成立。

有些人认为，是统治者的存在才让民众过上了太平生活。我们姑且认为这种说法是正确的。但是，我要问一问，由统治者的贪婪所引起的战火，由统治者的残暴所引起的横征暴敛，由贪官污吏的卑劣所产生的对民众的侵害，是由谁造成的呢？这无疑是统治者本身造成这些卑劣行径的。而相比于民众内部存在的纠纷而言，由统治者给民众造成的苦难，一定比来自民众自身的苦难更为酷烈。如果对于民众而言，这种所谓的太平生活本身就是一种苦难，那么民众到底从这太平生活当中得到了什么好处呢？这个世界上最太平的地方肯定是监狱，但是我们能说监狱里的生活就是幸福的吗？被囚禁在死牢中的犯人们的生活是最为太平的，但那也只是死亡之前的宁静罢了。

那些鼓吹民众无偿地向暴君奉献自己的人，他们的智力甚至一定十分不健全。因为这样一种逼迫别人无偿奉献的行为，无疑是无效的、不合法的、不合理的，而真的这样做的人也丧失了理智。如果认为全国所有人都会这样做，那么这也就是说全国民众都是疯子，而疯狂不能作为权利的基础。即使每个人可以将其自身的全部自由转让给别人，那么他们也无权将孩子的自由进行转让。孩子作为自然人，他们生来便是自由的。孩子是自己自由的拥有者，除了他们自己之外，没有任何人能够随意处置他们的自由。当孩子的理智还没有发育成熟时，父母可以为了孩子的利益与别人订立有利于孩子的生存和发展的契约。但是，没有一个父母有权利将孩子送给别人，或者为了获取经济利益将孩子卖掉，这种做法违反了人性，并且已经超出了一位父亲对孩子所拥有的权利。基于此，如果一个独裁政府想要获得合法性，那么它就必须让所有人基于自己的独立意志判断是承认这个政府还是反对这个政府。不过，如果一个政府真的这么做的话，那么这个政府也就不能算作是一个独裁政府了。

一个人对自己自由的放弃，就是对自己做人的资格的放弃，就是对自己所拥有的人类基本权利的放弃，从某种程度上来说也是对自己应尽义务的放弃。一个人如果放弃了他的一切权利，那么不论这个人拥有多少财富，也无法弥补这样的损失。这种放弃一切权利的做法与人性相违背，而且当自己的意志自由被取消之后，自己的一切行为也就失去了道德基础。因此，如果一个契约规定缔约中的一方对另一方有无限服从的义务，而另一方则拥有无限支配的权利，那么这个契约根本没有缔约基础。如果有这样一个人，我们可以向他索取一切，那么我们就不需要向这个人承担任何义务。这种不平等且没有任何价值的契约，自其订立之日起便已经失去了效用。既然一个奴隶的所有权利都是属于奴隶主的，奴隶所拥有的权利就是奴隶主的权利，那么奴隶能够用任何手段和任何权利来反对奴隶主，也就是说奴隶主在用自己的权利反对自己，试问这种契约有任何意义吗？

格劳修斯的著作中还阐述了一种为奴役辩护的说法，他认为双方在交战时会俘获对方的奴隶，如果这个奴隶不想死于敌人的屠刀之下，那么他可以用自由换取性命，通过成为对方奴隶的方式保障自己生存的权利。格劳修斯认为这种交换自由的契约是合理的，并且奴隶和奴隶主都能够从这个契约当中获利。但是，所谓战胜者拥有杀死战败者的权力本身是基于战胜的结果产生的，而格劳修斯所说的战胜者可以制裁一切战败者的权力在现实情况中并不存在。在原始社会当中，原始人与原始人之间并没有任何稳定的社会关系，因此也就不会有战争状态与和平状态的区别。基于此，原始人与原始人之间就没有成为仇人的可能性。只有私有制社会才会有战争，而引发战争的并非是人和人之间的关系，而是所有权和所有权之间的关系，换言之是物和物之间的关系。因此，纯粹的人和人之间的关系既然不能通过战争的方式产生，那么私人战争或者个人战争就不可能出现在原始社会当中。格劳修斯所谓的原始社会中，战胜者可以处分战败者的性命，而战败者通过出卖自由换取生命成为奴隶，而战胜者成为奴隶主的说法并不能成立。

此外，每一个社会当中都会存在着人与人之间的械斗，但是这不可能成为一种社会常态。至于被路易九世认可的决斗，我认为那也只是欧洲权贵们滥用国家权利的表现。如果这种械斗被合法化，真的符合人性的话，那么这种权利无疑在违背自然法，而这违反自然法的权利也只能证明着这个体制的荒谬。所以，战争只能存在于国与国之间的关系当中，而绝对不可能存在于人与人之间的关系当中。在战争状态之下，人并非是以个人的名义参加这项活动，甚至也不是以公民的权利参加战争，他们只是基于自己战士的身份才在战场上成为敌人。他们参加战争绝对不是作为国家的炮灰，而是为了捍卫国家的利益和领土完整。最终，只要我们的理智还能够厘清不同事物之间的关系的话，那么国家的敌人就只能是国家，而个人则不可能相互成为敌人。

我所总结出的上述原则，适用于一切时代，并且已经被人们的反复实践验证。如果两个国家开战，那么它们之间就必须相互宣战。不宣而战的行为不能够被认为是合法的战争行为，而是打着战争的幌子对别国进行掠夺，这种卑鄙的行径实际上是一种强盗行为。哪怕是在已经宣战的战争当中，交战双方可以侵占和毁坏的也应当是对方的公共财富，对于民众的个人财富应当秋毫无犯。如果战争的目的是为了将敌国打败，那么只要民众的手中有武器，他们就可以通过消灭对方保护自己的家园。然而，当民众放下武器不再抵抗时，他们就不再是国家的战争工具，而是独立的个人，那么敌国就不能够再对其进行杀戮。在有些情况下，即使不伤害对方的任何一个人，同样可以将这个国家消灭。任何权利只要不是为战争所需，那么这种权利就不应当因为战争而存在。这些原则也许并不被格劳修斯所接受，但是它们实实在在地源于人类的长期实践，而且是在理性状态下产生的，而不是基于哲学家们的浪漫情怀。

至于所谓的征服权，它除了弱肉强食的丛林法则之外，就没有了任何合法性的基础。如果战争并没有赋予参战双方屠杀对方平民的权力，那么他们就不能够以这种根本不存在的权力作为奴役对方国民的理由。所以，将敌人转化为奴隶的权利根本就不存在合法基础，而且也不能成为奴隶主奴役奴隶的理由。逼迫人们以自由为代价换取对方并不掌握的生命权就是一场荒谬的交易。根据生杀大权来确定奴役权，并根据奴役权来确定生杀权，这本身就陷入了没有终结的循环论证。如果这个世界上真的存在一群人可以杀死所有人的权利，那么那些被征服的国家或者民族除了被迫屈于胜利者的统治之外，也不需要向胜利者履行任何其他义务。既然胜利者已经获得了他们的生命，并且对他们没有任何恩德，那么征服者只是在用能够获利的杀戮取代了一无所得的杀戮而已。由此观之，那些征服者除了强力之外并没有获得任何其他的合法性权威，如此战争状态就根本不曾结束过。征服者与被征服者之间一直就是战争关系，而战争权的行使则是以不存在和平条约为基础的，征服者们如果对被征服者没有和平条约作为执政的基础，那么征服者对被征服者所行使的一切权利便都是非法的。

从上述论断不难看出，奴役权并不具有合法性，它不仅仅是反人类的，而且不能够存在于我们的社会当中。除了奴役权的违法之外，它本身也没有任何意义，替奴役权张目的人无疑是在哗众取宠。奴隶制与权利这两个词语，从根本上来看是无法相容的。如果一个人或者一群人对民众说："我们来订立一个契约，在这个契约当中，你必须负担全部的义务，而我享受所有的权利。我是否守约全凭我自己的心情决定，而你必须要遵守这个约定。"凡是用上述说辞蛊惑民众的人，他们必将被送进历史的垃圾桶。

我们退一步来看，假设我接受了以上我反对的全部观点，那么专制主义的拥护者们也终将被历史淘汰，因为治理好一个社会与对民众进行镇压本来就完全不是一回事。即使分散在世界各地的人被一小撮人逐个奴役，我也没有看到什么人民和领袖，只是一个奴隶主和一群奴隶而已。奴隶主与奴隶的关系只是暂时聚集的关系，这种关系当中并没有什么公共利益以及由民众共同享有的幸福。而不存在公益的团体，那就不能算作是国家共同体。一个奴役了整个世界的奴隶主，充其量也就是个更有钱或者更有权势的奴隶主，他只能是个独夫，只能是个人。奴隶主的利益已经与民众的利益相互背离，虽然他对别人的奴役权叫作公益，不过明眼人一眼就能看出，那不过是他的一己私利而已。如果这个奴隶主有一天暴毙了，那么他的帝国也会同这个人一起轰然倒塌，就像一具死尸被火烧尽瞬间灰飞烟灭一样。

格劳修斯认为，民众可以将自己像祭品一样奉献给国王。但是，以格劳修斯的逻辑进行推演，我们不难看出人民成为人民，是在他们将自己献给国王之前发生的。这种奉献的行为是基于公益存在的，如果失去了这个前提，那么这种行为就不能够算作是一种政治行为。所以，在探究民众如何选出一位君王之前，我们必须弄清楚人民是通过怎么样的方式成为人民的。因为人民成为人民本身才是整个社会的基础，而君主只是人民成为人民之后的产物。实际上，少数服从多数的原则必须基于事先约定才能够产生，否则选举必须经过每一个民众的同意。而一次选举经过每一个人完全同意才能够举行的话，那么选举就不会产生了，因为在实际情况中不可能有这种理想状态存在。也正是基于民众在选举之前有个共同认可的约定，某一部分人选举出来的领袖，可以代表另外一部分不同意者的意见。因此，少数服从多数的原则本身就是一种公共契约，而且至少有一次是因全体民众同意而形成的。

　　假设人类曾经处在这种状态之下，当自然界为人类生存造成的阻碍，已经不是每个个人依靠个体力量就能够战胜了，那么这种状态之下的人类要么联合起来，要么就会遭遇物种的灭亡。而且，因为生存条件的限制，人类在短时间之内不可能繁衍出更多力量，用以对抗这突如其来的自然灾难。基于这种境地，人类只能进行最大限度的联合，生存需要作为他们的唯一动力，让他们从自由散漫的个体状态变为协同合作的共同体状态。要产生足以对抗自然灾害的力量，人们就必须从四面八方汇集到一起。不过，既然每个人依靠自由和个人力量生存，那么他又要采取何种方式进行生存，才能让自己享有群体公共力量所给予的关怀，而不至于被人侵害自己的自由和权利呢？换言之，这种疑问如果放在我们的主体之下，可以用以下方式进行表述：人类必须探索出这样一种社会形态，每一个人的自由和权利能够被公共力量充分保护，而每一个人又不会感到公共力量的过度限制甚至侵害，而是像没有一个公共力量在约束一般，自由自在地在社会共同体中发展。而这就是契约社会的要义所在，也是契约社会将要解决的根本问题。

　　这一契约就是依据上述条件订立的，以至于对契约稍有修改，社会制度就可能出现南辕北辙。尽管在人类的历史长河中并没有一个人用白纸黑字规定这一契约，但是这个契约无疑在人类的发展中长期实践。如果这个契约遭到破坏，那么人们也就在契约被破坏的那一瞬间失去了契约所给予的约定自由，而重新获得了自然法所赋予的天然自由。换言之，契约实际上可以被简洁地定义为：每个选择成为这个社会共同体一部分的人，都必须将自己的全部权利转让给他所在的共同体。

首先，在这个社会共同体中，所有人都把自己的权利让渡出来，这就使得每个人所具备的条件都处在同一位置，并不会出现任何不平等的问题。而正因为所有人的条件都是等同的，每一个人也就不会成为对方的负担。其次，每个人既然毫无保留地把自己的权利让渡给了其所在的集体，那么也就意味着每个进入共同体的人不会再有其他要求，而共同体要力争做到尽善尽美。假设每个进入了共同体的人都因为自私而保留了自己一部分的权利的话，那么每个人就又将成为自己那一部分权利的裁判者，而没有任何一个共同上级能对每一个人进行裁决。这种状况只要开了先河，那么它就会在民众当中蔓延开来，其结果无疑是社会共同体的彻底瓦解，而国家又将恢复到无政府状态，或者被其他组织性更强的国家所奴役。最后，每个人既然都把自己的全部权利奉献给集体，那么他们也就没有将自己的权利向某个人奉献。同理，每一个加入共同体的人也可以从同样加入共同体的人那里获得同等的权利。这样，人们就得到了同自己所让渡出的权利一样的等价物，并且最大限度地保障了自己的权利不会受到共同体中的其他人的侵害。

因此，从契约社会的本质来看，契约社会可以用如下词句进行定义：契约社会中的每一个人，从同意成为契约社会中的一分子开始，就已经同意将自己置于契约社会的公意之下，而且契约社会中的每一个人都成了共同体中不可或缺的一部分，并且享有别人让渡给我们的所有权利，就像别人享有我们让渡给他们的所有权利一样。于是，就在这一刹那，这一以让渡权利为基础的行为，使原本独立的个体相互结合了起来，组成了一个具有道德感和集体感的社会共同体，而每一个同意缔约的人也就被社会共同体代替了。议会中的选票数量与全体缔约者的人数相等，每一个缔约者同意缔约的行为也就使得社会共同体获得了合法性、统一性、大我、生命以及国家意志。这种共同体由每一个公民结合而成，也因此形成了公共人格。这种公共人格在古代被称为城邦，而现在则被命名为共和国。当共和国处于被动状态时，它被叫作国家。当共和国处于主动状态时，它就变成了主权者，而国家与主权结合之后，它就演变成为政权。对于那些组成契约社会的个体而言，他们在契约社会中被称为人民。而那些作为个体参与到主权权威中来的人，就被称作公民。当这些个体服从国家法律时，他们就被称为臣民。但是，由于在契约社会的运行中，我们很难将上述状态进行仔细区分，因此，人民、公民、臣民、国家、政权等词汇基本上是通用的。我们能够用它们准确指代我们想要表达的意思即可。

从上述论断中我们可以看出，个人结合为契约社会的行为当中，包含着个人与公众之间相互规定的行为。每个加入契约社会的人都是在和自己缔约，同时也受到公意的限制。仅就个人而言，他是主权者中的一分子，而对于国家而言，他就是国家中的一员。但是，在契约社会的问题上，我们不应当将其与民法中的规定相混淆，即每个人与自己制订条约是有效的，因为自己和自己制订契约，区别于自己与自己所构成的共同体当中一部分进行缔约。在此处，我们还必须明白，因为每个加入了契约社会的公民都受到公意以及自身义务的制约，所以民众可以通过表决形成公意，并用公意来限制所有的民众。但是，主权者不能够用同样的理由对他自己进行约束。因此，如果主权者用他自己都不能够违反的规则对自身进行约束，那么主权者便是在进行违反共同体本性的行为。既然每个人在契约社会中只能从公意角度考虑自己与社会的关系，那么每个人无疑是在同自己缔约。因此，个体也就不能有任何一种法律对社会共同体进行限制，即使是契约社会也不能对社会共同体进行约束。但是，这并不意味着这个社会共同体即使以不损害契约社会为前提，也不能够与其他社会共同体进行缔约。因为就社会共同体与其他社会共同体的关系来看，对于另外的社会共同体而言，社会共同体本身也是个体。

不过，既然社会共同体基于契约的神圣性而存在，那么没有任何个体能够损害缔约的初衷，即使是外界的社会共同体也不行。例如，社会共同体绝对不能够转让自己的某一部分权利给另外的社会共同体，或者让自己隶属于另外一个社会共同体。这种做法破坏了契约社会存在的根基，也就是消灭了契约社会自身，而已经被消灭的东西本身无法产生出新东西。民众一旦结成了社会共同体，那么对这个社会共同体的任何攻击都是对社会共同体中每一个人的攻击。而社会共同体受到任何来自外部的侵害，就会让这个共同体中的每一个人同仇敌忾。基于上述原因，每一个在契约社会中的缔约者就能够基于契约社会的权利义务关系彼此协助，并最终达成团结统一。并且，主权既然只能由契约社会中的个体构成，那么主权者也就同每个契约社会中的个体没有了矛盾，同时也不可能做出任何侵害个体的事情。正因为共同体不可能伤害到任何公民，所以主权者也就没有必要对公民再提出任何保证。主权者也不会随着时间的推移而变质，永远都是最初的模样。

不过，民众对于主权者的关系并非像主权者对于民众的关系那么简单。尽管民众和主权者有着共同的利益，但是如果主权者无法让民众保证他们对国家的忠诚，那么主权者也就无法让民众履行其他约定。实际上，人作为拥有独立意志的个体，他的个别意志总会在有些时候与主权者的意志相左。个体基于他的个人利益做出了损害社会共同体利益的事情，那么这个个体就完全违背了公共利益。而那些怀着极端个人主义加入到社会共同体中的人，他们只享受公共权利所带给他们的好处，而将他们所要履行的义务弃之如敝屣。而这些只享受国家所给予他们的权利，而不履行国家所带给他们的义务的人，他们就成了共和国的蛀虫。长此以往，社会共同体就会被这些人瓦解掉。

因此，为了让社会契约不至于被那些极端自私且别有用心的人架空，那么它就必须承认这一原则，并且不断加强这一原则的力量，即任何拒绝服从公意的人，所有人都有权利让其履行公意，而行使这种权利可以直到这个人服从公意为止。换言之，所有人都有义务让那些不想自由的人实现自由，同时阻止那些为了一己之私破坏别人自由的人的恶劣行径。国家属于每一个公民，由每一个公民组成，个人想要享受自己应有的权利，就必须履行他们所必须要履行的义务。无私是最大的自私，也只有这样才能够防止契约给予每一个人的权利被滥用，避免共和国因为个别人的私利而瓦解。

当人类由自然状态进入社会状态之后，人类社会便发生了翻天覆地的变化。社会状态中的人的行为被赋予道德性，而他们具有道德评判性质的行为则取代了本能。只有当人类学会了用义务代替冲动，用权利代替贪婪，用公心代替私心时，他们才能够不被一己私利蒙蔽，在每进行一个行为之前，都要向自己的理智问一问这个行为所产生的后果。在这种社会状态当中，人类一些来源于自然的权利被剥夺，但是他们能够得到更多有利于他们发展的权利。他们的智慧得到了提升，他们的才能得到了认可，他们的品德变得更加高尚，他们的灵魂得到了升华。如果人类不是在这种新环境下不断堕落的话，那么他们一定比他们的原始状态更加出色。从此以后，人类彻底摆脱了原始状态，他们变成了智慧生物，而那演变的一刻他们一定会感到无比幸福。

现在，让我们把人类从原始状态到社会状态的利弊得失进行对比：人类进入了契约社会之后，他们失去了自然法所赋予他们的自由，以及得到一切他们想要得到的东西的可能性。不过，他们所获得的东西显然更加丰厚，他们获得了契约社会的自由，以及他们获得财产的所有权，这所有权是受到整个社会的认可和保护的。人类除了上述收益之外，在道德与自由方面也收获颇丰。有道德的自由是人之所以成为人的基本要素，是因为只受自己的欲望支配，那显然是与野兽无异的状态，而服从于自己所制定的法律，才会享有真正的自由。

社会共同体中的每个成员在共同体形成的那一瞬间，就已经把自己的全部权力移交给了社会共同体。这并非享有权改变了性质变成了所有权，而是因为社会共同体的公共权力的力量远远大于每个个体的力量。虽然这种力量对于外国人而言影响并不大，不过对于处于社会共同体当中的本国公民而言，它无疑是具有合法性的强有力的力量。因为，对于公民而言，国家权力的基础在于社会契约。而对于其他国家而言，本国是基于先占而取得的财产的所有权。先占权虽然比强权更为真切，但那也是在私有制下的财产权利确立之后形成的。每个人取得自己所需要的一切都是天生的权利。然而，对某个特定财富的所有权就已经排除了他获得其他财富的可能性。因为他所拥有的那一份财富的界限已经确定了，那么就应当以这些财富为界限，不能再对公共利益有更多的觊觎。这也就是在原始状态之下，凭借先占而确立的所有权关系，可以在私有制下获得最大限度的认同的根本原因。人们在契约社会之下尊重别人的财产权，实际上因为别人也会以同等程度重视他的财产权。

从普遍意义上看，一个人对一块土地的先占权要得到承认就要满足以下几个条件：其一，这块土地必须是无主地；其二，这个人对于这块无主地的占有程度必须以他的基本需求为限度；其三，在缺乏法律依据的条件下，人们必须在这块无主地上持续不断地劳作才能获得这块土地的所有权，而不能够凭借空泛的仪式取得这块土地的所有权。实际上，根据劳动者的劳动权所得到的财产权就已经将这种所有权扩大到最大限度。这时，劳动者便不能不加限制地对土地进行开采。如果个人的开采程度已经侵犯了公共土地，那么他就已经违反了自然法，从而也违反了共和国的法律，那么这个人就不能够成为土地的所有权人。即使这块土地的暂时占有者将土地的所有人用武力赶走，那么他也不能因此获得土地的所有权，因为将土地取回的权利具有合法性。一个人或者一个民族用暴力将土地的所有权篡夺，这种行为夺走了人类共同的居住地，因此应当受到法律的制裁。当西班牙殖民者在南美洲的土地上插上一块牌子，就宣布整个南美洲已经成为西班牙的领土时，南美洲土著人对自己土地的所有权并不能因此而被剥夺。不过，西班牙人的闹剧正在世界各地不停地上演。以天主教的教皇为例，这个人并不需要在任何土地上播下种子或者进行长时间的耕种，他只需要在自己的暖阁当中举着鹅毛笔在地图上画一画，那么土地的所有权就已经发生了变化，那原本属于民众的土地就已经成了他自己的领地。

我们可以想一想，每家每户相邻的土地是怎样变为公共土地的，国家的主权权利又是怎样从公民自己权利扩大到财产权利，甚至扩大到人身权利的。这种权利演变的过程使得土地的所有者对主权者的依附性越来越强，并且最终将自己的财产权利转变成了对主权者的效忠。在古代，这种权利的转变并没有被当时的统治者感受到，他们依然以自己是民众的首领自居。不过，近代的君主显然要比那些古代的君王们精明得多。当这些近代的君主称自己为荷兰王、法兰西王、英格兰王的时候，他们既占有了领土上的民众，同时也占有了领土本身。

上述转变具有一个共同的特点，那就是当个人的财产权被国家接受时，国家并没有对个人的财产权进行剥夺，而是对个人的财产权进行承认，保证在这个国家之内个人的财产权能够合理合法地享有并行使权利。使这种权利变成一种真正的权利，不仅仅可以享用，而且是一种真正的所有权。财产的所有权人便因为自己是公共财富的保管者，而享有了既对个人有利，又对集体有利的权利，这种权利受到国家当中的每一个公民的尊重，并且受到国家最大限度的保护，保证没有任何外邦势力能够侵害公民的财产。因此，公民付出了他应尽的义务，同时也收获了他应得的权利。只要将主权者对土地所有权以及公民的土地所有权进行区分，那么主权与公民财产的所有权并不难解释。不过，现实当中也可能出现这种情况：人类在土地所有权出现之前，就已经形成了社会。土地所有权只是对先占土地的再次确认而已。不管人们用什么方式占有土地，每个人对土地的所有权都应当以对集体的从属为基础。如果没有个人对于集体的从属关系，那么社会也就不能形成，而主权者也就没有了统治力量。

本章对民权与社会的关系进行了论述，并指出社会的真正基础在于：契约社会并没有将自然法赋予人类的自由和平等摧毁，而是通过缔约的方式形成了法律，最终以法律和道德上的平等代替了人在自然上的不平等。虽然由于人们生理上的差距导致了力量和才干的不平等，但是根据契约所产生的权利，使得每个人最终又回到了平等状态。

二、民权与主权

民权确立的先决条件在于国家依据公意创制，并以实现公共幸福为目的指导所有国家事务。如果民众个体利益的对立使得创制国家为必须的话，那么民众个体利益的一致性使得国家具备了存在的基础条件。社会联系之所以能够形成，最根本的原因是民众的利益具有共同点。如果民众的利益相互矛盾，并且只有纠纷而没有共同点的话，那么社会就不会有组成的可能性。所以，社会应当根据这种共同的利益进行治理。

主权的本质是公意的运用，因为公意不能根据某个人转让，所以主权本身不能转让给其他人。此外，主权者作为一种集体生命的存在，必须由自己代表他自己。权利虽然可以进行转让，但是国家意志绝对不能转让。实际上，公意虽然在某些时候与个人意志相互重合，但这种公意与个人意志持久的统一是难以存在于现实当中的。因为自私作为人的天性使人不由自主地将利益偏私于自己，而公意与之相反，它总是倾向于公平。民众想要将私心和公意进行平衡基本上是不可能发生的事情，公与私达到一致的状态只能发生在偶然状态之下，而不能够成为常态。国家的执政者可以对民众宣布，国家的意志就是某人的意志，或者至少名义上是某人的意志。但是，执政者不能说某个人的意志，在明天将成为我们全体民众的意志。因为一个人将自己的意志凌驾于民众的意志之上不具有合法性，同时用现在的事实去束缚人们未来的意志也是荒谬的。所以，如果民众只是单纯地俯首帖耳，那么只要一个奴隶主出现了，主权者就会随之消失。共和国的体制也会最终完结，再次被奴隶制取代。不过，禁止主权者发号施令的做法更为不可取。主权者作为国家的执政者需要处理日常事务，这就使得他们必须对自己的下属以及民众发布命令。每一条命令也并不必都经过民众的集体同意，因为民众的集体的缄默就已经表达了对这个命令的认同。

因为国家的主权不能够转让给任何人，这就使得主权也不能够被任何人分割。转让主权与分割主权一样，都是对国家的犯罪行为。意志只能是公意或者私人意志，它要么是全体民众的意志，要么是少数人的意志。如果这种意志是全体民众的意志，那么这种意志一旦被落在纸面上，并向全体民众宣布，这种意志也就成了法律。相反，一小撮人的意志只能是执政者的行政意志，或者充其量是命令的一种。不过，我们的政论家们却从未对区分主权这件事死心过，当他们不能从原则上对主权进行区分时，他们便开始从对象上分割主权。他们认为，主权应当被分为两类，即强力和意志。强力代表着立法权力，而意志则体现为行政权力。行政权分为内政权力与外交权力，具体而言包括税收权、司法权与战争权。争论家们只根据自己的需要，而不是依据事实将这些权力进行拆分和组合。经过胡乱拼凑的主权就变成了一个怪物，这个怪物长着两个鼻子、三张嘴、一条胳膊、一条腿。这些争论家们的把戏就像是魔术师向观众表演人体切割那样，将我们的社会加以肢解，然后又牵强地把原本不配套的部分强行安装在一起。

那些政论家会出现这样滑稽的错误，问题在于它们没有将主权权威的概念进行正确定义，他们将由主权权威派生出来的东西当成了主权权威本身。比如，人们常常将对外开战与缔结和平条约的行为认为是国家主权，但事实上这些行为只是应用法律的体现，而不是法律本身，它只是法律运行中出现的一种情况而已。只要我们将法律这一概念加以明晰，就能够很容易将主权的概念进行定义。同理，当我们研究分类时，我们可以发现人们只是自认为他们看出了主权的分立，但是他们并不知道这是个错误观念。因为主权是总体概念，那些被划分出来的权利都只是从属于主权而已。此外，主权由至高无上的意志产生，那些被划分出来的权利也只是对至高无上的意志的执行而已。

当政治评论家们根据他们自己的臆想判断统治者和人们的权利时，就必然会因为没有确定性结论而造成含混不清，每个公民都可以看出来，在格劳修斯的著作当中，他是怎么迷失在自己的诡辩当中的。这些政论家害怕触犯利益集团的利益，把所有的概念说得模糊不清。格劳修斯之所以用诡辩的方式将主权说得那么模糊，是因为他讨厌自己的祖国而出逃至法国，为了讨好当时的法国国王路易十三，于是他将所有民众的权利说成是属于国王的，而主权也被他同国王混在一起。另一个政论家巴贝拉克也是如此，他为了在英国国王处得一点荣华富贵，就将国家和民众的权利全部划给国王了。假设这两个作家能够抛开一己私利，不向任何权贵屈服，而将自己的主张一以贯之的话，那么他们著作中那些含混不清的问题就会迎刃而解。那些政论家本来应该站在人民一边将真理说出来，不过在他们心中，人民与真理毕竟不如高官厚禄更有吸引力。

从上面的论述可知，公意相比于私心而言更加与正义吻合，而且永远是公共利益的表现。但是，公意不能够简单地界定为人民的意志，因为并非每个公民都知道自己的根本利益在哪里，也并非每一个公民都知道哪个前进的方向是正确的方向，所以人民的意志不能简单地等同于公意，更不能简单地认为人民的意志就一定是正确的。每个人总是为自己的利益考虑，他们常常将自己的幸福置于所有人的幸福之上。人民在总体上不会腐败，但是这并不意味着个体不会被腐蚀。而且人民在很多时候都会被眼前的短期利益蒙蔽，这就使得他们非常容易被欺骗，从而表现得想要那些与他们根本利益相互冲突的东西。

公意也不能和众意相等同。公意的内涵是公共利益的意志表现，而众意则是大众的意志表现，是众人意志的综合，前者包含着公心的意思，而后者则更多地夹杂了私意。不过，当个人的私心从众意中被剔除掉之后，公意便是剩下的东西。如果，公民之间没有任何利益勾结，并且能在公共场合对公共事务进行充分探讨的话，那么公民探讨出来的结果大多数都是好的，而且总是能够形成公意。不过，当公民当中形成了大大小小的派别，并且为了这些小集团的利益牺牲公共利益的时候，对公共事务进行投票时的票数就已经不是公民的数量，而是那些利益集团的数量了。最终，当一个利益集团由小变大，并且力量足以压倒任何一个小利益集团时，那么利益集团之间的小分歧，以及公民之间的小纠纷就会消失，取而代之的是唯一的一个巨大的分歧。这时，那个最强大的利益集团的意见就会取代所有人的意见，而公意也就会因此消失。

为了让公意得到更好的表达，国家就要尽最大努力防止派系在国家当中产生，以此保证每个公民都能够充分表达自己对事情的看法。如果派系在国家当中长期存在的话，那么就必须增加派系的数量，将大的派系分割成为小派系，使它们的力量趋于均衡，从而防止派系之间出现不平等。这种防范派系产生不平等的方法只要得到充分贯彻，那么民众的不平等将会被降到最低，而民众犯错误的机会也会被降到最小。

如果将国家看作是一个有道德人格的人的话，那么国家这个人属于组成国家的全体民众，而且国家的首要目的是保证他自身的生存的话，那么就必须有股强有力的力量，保证国家的每个部分都按照最为正确的方式运转。这就像自然法赋予了每个人支配自己身体的权利那样，契约社会也赋予了政体支配每个组成契约社会公民的权力。当这种权力受到公意支配时，主权便应运而生。但是，国家不仅仅具有公共人格，同时还要考虑到公民的个人利益，他们的人格虽然组成了国家的公共人格，但是他们的自由被自然法赋予并独立于国家的公共人格之外。所以，要同时保障国家的公共人格和公民的自由，就要将主权者的权利与公民的权利加以区分，而且将公民需要对国家负有的义务，以及他们所享有的权利进行区分。

每一个加入了契约社会的人都必须将自己的全部权利让渡给国家，例如自己的权力、财富、自由等，但是这些被让渡出去的权利也仅仅是于公共利益有关的那部分，而且唯有国家主权才能够对这些被公民让渡出去的权利进行最终裁决。只要经过国家主权的要求，那么公民能够为国家做出的任何贡献，都应当立刻去做。但是，国家主权也绝对不能够给公民任何公共利益之外的限制。国家主权者的心中甚至都不能够产生这样的想法，因为在理性的支配下，任何人做任何事情都不能毫无来由，这也是自然法赋予每个人的权利。社会契约之所以能够成为我们的义务，根本原因在于我们每一个人都被契约约束，并且要对对方尽到相应的义务，享受对等的权利。因此，人们在履行约定时，就不仅仅是为了别人而履行自己的义务，也是在享有别人为自己效劳的权利。如果公意不能够体现每一个公民的根本利益，那么公意也就不能够算是公正，同时也无法为每个人带去他所追求的幸福。

这就证明，权利的平等源于每个人对自己的爱，这是人的天性，而只有当人类对自己的爱升华到每个人对所有人的爱时，每个人对自己的爱才能够真正得到实现。因此，公意想要真正成为公意，而不仅仅是躺在国家公文中冷冰冰的文字，那么就应当时刻保持公意的目的以及公意的初衷。此外，我们还应当杜绝公意向某个人或者某个利益集团偏私，因为真的出现了那样的情形的话，公意也就不再是公意，也就失去了任何公平和正义的价值。

事实上，如果公约对一项事物规定不明确的话，那么这项事物就很有可能产生矛盾。在这样一种矛盾当中，个人与公众会各执一词，因为我们没有健全的法律得以遵守，所以法官也难以对纠纷做出公正的判决。如果将这一纠纷让公意去判决，那么就会出现更为严重的不公平。因为公意当中并没有考虑到类似纠纷的出现，所以对这种事件以公意的名义进行事后处罚，无疑会对公民的利益造成损害。就如同个别公民的意志不能够等同于公意一样，公意也不能够带有个别意志对某个人的事件进行裁决，那样公意也就掺杂了私心，而公意也就变质了。比如，在雅典城邦当中，不论对财产的判决还是对生命权的裁决，或者是授予某些人以荣誉，这些裁决都依据大量个别案例进行裁决，而且特别情况层出不穷，这种情况之下，公意就已经被消耗殆尽。

民众的意志能够转变为公意，与其说是投票的结果，还不如说是人们因为共同利益结合到了一起。这样，每个人都必须对别人的条件也加以服从。当公众的利益与公意相重合时，公正也就因此出现了，而公共利益也就有了正当性。相反，如果没有一种意见能够将民众的意见与主权者的意见相互统一起来，那么公意的公正性也就会因此消失。

不论从什么角度来看，我们都会得出这样的结论：社会契约将平等纳入到民众生活之中，使得他们只要遵守公共义务就可以享受到相同的权利。于是，公民的一切行为就都受到了公意的制约。主权者也因此不会对每个公民进行区别对待，而只承认国家这一个共同体。换言之，主权并非是政府的上级与下级之间的约定，而是契约社会中的每一个公民相互之间的约定。这种约定具有合法性，而合法性的基础便是社会契约。又因为这一社会契约对一切人都给予同样的待遇，所以它又是公平的。这种契约也是对所有人都有益的，因为契约订立的目的是实现全体民众的幸福。民众对这种约定的遵守，也是对自己所制订的约定的遵守，他们便是在遵循自己的意志而不是受到他人驱使。由此可见，国家主权虽然具有绝对性和神圣性，但是也不应当超出公共利益的界限。而且，在公共利益之外，每个公民都可以自由对自己的财产权和人身权进行处置。因此，主权必须将每一个公民平等相待，如果主权将公民与公民进行区别对待，那么主权也就失去了存在的基础。

假设我们将公民进行了区别对待，那么契约社会也就不再公平了。因为契约社会的形成，公民从中得到了诸多利益，他们并非是将全部权利无偿转让给了共同体，而是用自己的权利与共同体做了一笔划算的交易。公民们从这笔交易中获得了更为幸福的生活与更加安定的生存环境。虽然在契约社会中生活的人们放弃了自然法赋予他们的独立，以及伤害别人的权利，但是在契约社会中获得的安全与自由，不被强力所征服的外部环境，让每一个公民甘愿为保护他们所在的国家奉献出他们的一切。当公民们舍生忘死地保家卫国时，他们就已经向养育他们的国家进行了报偿。当人们去保卫自己的国家时，每个人都在为国家而战斗，同时也是在为自己而战。人民为了保障自身的安全而甘愿铤而走险，也正是这种凝聚力才使得国家能够存在于世。

有些学者曾问道：如果一个人并没有权处置他自己的生命，那么这个人怎么有权将生命交给国家呢？这个问题之所以没有答案，是因为他所提的问题就是个伪命题。每个人都有权以自己的生命为代价去保全自己的性命。难道一个人为了躲避地震而跳楼犯了杀人罪吗？难道有人会责怪一个在海难中淹死的人，说他在上船之前就犯了杀人罪吗？社会契约订立的目的在于保护缔约人。但是，要实现一个目的就必须具备相应的手段，而手段也是伴随着冒险和牺牲产生的。如果一个人要保存自己的性命就必须依靠其他人的牺牲，那么他为了保护其他人的性命而付出自己的生命也理所应当。公民在冒险时，也应当以法律为依据，而不是以自己的感觉做出判断。如果主权者说为了国家利益你应当献出自己的生命，那么这个人就应当献身。正是由于他享受着国家提供给他的安全条件，他才能够活到现在，为国家付出生命同样也是对国家的馈赠。

对于那些因为犯罪而被处死的人来说，上述逻辑同样行得通。正是为了不成为杀人犯的犯罪对象，公民才同意当自己成为杀人犯时，自己应当付出生命的代价。在契约社会中，公民所享有的最基本权利就是生存权，没有一个人会生来就想要了结自己的性命。即使一个人是为非作歹的坏人，也是因为他的行为破坏了社会秩序，损害了社会的公共利益，所以他的这种行为相当于是向国家宣战，而一个向国家宣战的人就是背叛了自己的国家，他也就不能够算作是一个国家的公民了。这时候，保护国家也就和保护他自己产生了不可调和的矛盾，而他和国家之间必须有一个被消灭。对十恶不赦的人处以极刑，与其说是处死了一位公民，还不如说是处死了国家的敌人。而审判与执行也就是向公众宣告，他因为他的罪已经不再是这个社会共同体当中的一员了。而且，因为他选择生活在这个国家之内，并且取得了这个国家的国籍，那么也就意味着他认可了这个国家与他签订的契约，以及这个国家的法律，那么对于他破坏法律的行为，要么应将其放逐出国境，要么应当将其判处死刑。一个享受着国家带给他种种的好处，却对国家的法律进行破坏的人，本身就是一个道德败坏的人。也只有在这个时候，战争的权力才是杀死被征服者。

至于对犯人的赦免权与减刑权，虽然表面上由法官行使，但是这权力显然来源于比法官更高的权力，即主权者。但是，从这个角度来看，主权者的权力并不明确。如果一个国家得到了良好治理的话，那么这个国家的犯罪率往往很低，因为犯罪被处决的人也很难见到。当一个国家即将衰落时，大量犯罪才会层出不穷，而且不少犯罪分子也难以得到应有的处罚。如果主权者对犯罪分子进行频繁赦免，那么法律就会被架空，而国家也会因此陷入混乱。

社会契约赋予了政体生命，而立法则赋予了政体意志和行动能力。因为法律是政体的唯一动力，政体通过法律让民众感受到它的产生和存在。如果一个国家没有法律，那么即使这个国家的政体再完善，也只是一位瘫痪病人而已。法律的产生使得一个国家的生产生活变得稳定而有序，而这种基于法律所产生的秩序，并不同于自然秩序。自然秩序和人的约定无关，它因为生物的本性而产生，并使自然界中的一切变得美好。如果这种秩序能够完全规约人类的行为的话，那么国家和政府就不会产生了。显然，一种基于理性而产生的普遍正义是存在的，但是这种理性正义必须经过人们的公认才能够产生作用。正直的人依据自己的理性与良知行事，他们即使不需要任何外力，也能够按照自然法的顺序和谐地生存。但是，有些人则不然，他们的品德并没有达到没有外力的约束就能够自觉遵守自然法的程度。因此，如果没有法律作为人所共知的约定去约束所有人的话，那么正直的人将受到侵害，而那些无良者则会获得最大的利益。

但是，法律究竟是什么？这个问题却难以被那些喜欢故弄玄虚的法学家们解释清楚。因为他们只是将思想停留在形而上学的概念上，这当然会让人难以理解法律是什么。此外，即使有些人能够将自然法进行定义，那么他们也很难解释国家法到底是什么。每一个的公民，当他成原子化存在时，他并不知道公意是什么。实际上，公民不是处于社会共同体之内，就是处于社会共同体之外。如果公民处于社会共同体之外，那么因为其并不属于社会共同体当中的一员，因此他也就不存在是否有公意的问题。如果公民处于社会共同体之内，那么他就是社会共同体的一部分，才有形成公意的可能性。不过，当民众行使公权对其他民众规约时，他们首先想到的往往不是自己的利益，而是国家的公共利益，以及如何让公共利益最大化，从而满足自身的需求。因此，人们也就形成了公意，而这种形成公意的行为，我们称之为法律的制定。

我认为法律的对象永远是普遍性的，即法律只考虑民众的共同体与抽象的行为，而绝不考虑个别部分及其行为。因此，法律能够规定有各种特权，但是它绝不能指名把特权赋予某一个人。"法律可以把公民划分为若干级别，甚至于规定取得各项该有的权利的种种资格，但它不可能指名把某人划入某个等级之中。它可以确立一种王朝政府和一种世袭的继承制，但是它没法选定一个国王，也不能指定一家王室。"①总之，任何有关个别对象的职能都绝不属于立法权。根据这一观念，我们立刻可以看出，我们无须再问应由谁来制定法律，因为法律乃是公意的行为。我们既不必问君主是否超乎法律之上，因为君主也是国家的成员；也不必问法律是否会不公正，因为不会有人对自己不公正；更不必问何以人们既是自由的也要服从法律，因为法律只不过是我们自己意志的记录。我们还可以看

---

① （法）卢梭. 社会契约论[M]. 陈阳，译. 杭州：浙江文艺出版社，2016.

到，法律既然结合了意志的普遍性与对象的普遍性，无论何人擅自发号施令就绝不应成为法律。即使是主权者对于某个个别对象所发出的号令，也绝不应成为一条法律，而只能是一道命令。那并非主权的行为，而只是行政的行为。因此，凡是实行法治的国家无论它的行政形式怎样，我就称这种国家为共和国。因为只在这里才是公共利益在统治着，公共事物才是作数的。一切合法的政府都是共和制的。确切说来，法律只不过是社会结合的条件。服从法律的人民就应该是法律的创作者。规定社会条件的，只能是那些组成社会的人们。但是这些人该如何来规定社会的条件呢？

民众是由于忽然灵机一动而达成一致的吗？政治体制具备可以表达自己意志的机构吗？谁给政治体制以必要的预见力来事先想出这些行为并加以宣告呢？或者，在必要时又是怎样来公布这些行为的呢？常常是并不知道自己应该要些什么东西的盲目的群众，因为什么东西对自己好，他们知道得很少，又怎么能亲自来执行像立法体系这样一桩既重大而又困难的事业呢？"人民永远是希望自己幸福的，但是人民自己并不能永远都看得出什么是幸福。公意永远是正确的，但是指引着公意的判断并不都是明智的。"①所以必须使它能看到对象的真相，有时还得看到对象所应该表露的假象；必须为它指出一条它所寻求的美好道路，保障它不至于受个别意志的诱惑，使它能看清时间与地点，并能以遥远的隐患来平衡当前切身利益的诱惑。个人看得到幸福却不要它，公众在盼望着幸福却看不

① （法）卢梭. 社会契约论[M]. 陈阳，译. 杭州：浙江文艺出版社，2016.

见它，两者都同样地需要指导，所以就必须使前者能用自己的意志顺从自己的理性，又必须使后者学会认识自己所盼望的事物。这时，公共智慧的结果就形成理智与意志在社会体制中的结合，由此才有各个部分的密切合作，以及最后才有全体的最大力量。为此，才必须要有一个立法者。

为了找到能适用于各个民族的最好的社会规范，就需要有一种能够洞察人类的全部感情而又不受任何感情所支配的最高的智慧。它与我们人性毫无关系，但又能认识人性的深处。它自身的幸福虽与我们无关，然而它又很乐意关怀我们的幸福。最后，随时世的推移，它照顾到长远的光荣，能在这个世纪里工作，并在下个世纪里为人类制定法律，简直是神明。卡里古拉根据事实所做的推论，柏拉图则依据权利而在他的《政治篇》中以同样的推论对他所探求的政治人物或者做人君的人物做出了规定。但是，假使说一个伟大的国君真是一个罕见的人物，那么一个伟大的立法者又该如何呢？前者只不过是遵循着后者所规划的模型而已。一个是发明机器的工程师，另一个则是安装和开动机器的工匠。孟德斯鸠说过："社会诞生时是共和国的首领在创立制度，此后便是由制度来塑造共和国的首领了。"[①]

敢于为一国人民进行创制的人，可以说必须自己觉得有把握能够改变人性，能够把每个自身均是一个完整而孤立的整体的个人转化为一个更大的整体的一部分，这个人就以一定的方式从整体里获得自己的生命和存在，能够改变人的素质，使之得以加强，并且以作为全体一部分的有道德的生命来替代我

---

① （法）卢梭. 社会契约论[M]. 陈阳，译. 杭州：浙江文艺出版社，2016.

们人人得之于自然界的生理上的独立的生命。总之，只有必须抽掉人类本身固有的能耐，才能赋予他们以他们本身之外的而且非靠别人帮助便无法运用的能耐。这些天然的能耐消灭得越多，则所获得的能耐也就越大、越持久，制度也就越巩固、越完美，从而每个公民若不靠他人，就会等于无物，也就一事无成。如果整体所获得的能耐等于或者优于全体个人的天然力量的总和，那么我们就可以说，立法已经达到了它可能达到的最完美程度了。立法者在一切方面都是国家中的一个非凡人物。

"如果一个人具有领导才能的话，那么他应当获得他适合的职位，以展示他的才能。这一职务绝非行政，也绝不是主权。这一职务缔造了共和国，但又绝不在共和国的组织之内。它是一种独具的、超然的职能，与人类世界毫无共同之处。"[①]因为如果号令人的人不应当号令法律的话，那么号令法律的人也就更不应该号令人。否则，他的法律受到他的感情的支配，就只能经常贯彻他自己的不公平，而他个人的意志只损害他自己的事业的神圣性，也就只能是永远不可避免的。莱格古士为他的国家制定法律时，是先退位然后才着手的。大多数希腊城邦的习惯都是委托异邦人来制定本国的法律。近代意大利的共和国经常仿效这种做法，日内瓦共和国也是这样，而且结果很好。在罗马最辉煌的时期，就可以看到暴政的种种罪恶已经在它的内部复活，也可以看出它即将灭亡，因为立法权威与主权权力已经都结合在同样的人的身上了。然而十人会议本身从没要求过只凭他们自身的权威，便有通过任何法律的权

---

① （法）卢梭. 社会契约论[M]. 陈阳，译. 杭州：浙江文艺出版社，2016.

力，他们向人民说："我们向你们建议的任何事情，不经你们的同意就绝不能成为法律，罗马人啊，请你们自己制定将给你们造福的法律吧！"①

因此，编订法律的人便没有而且也不应有任何的立法权，人民本身即便是愿意，也绝不能剥夺自己的这种不可转移的权利，因为按照根本公约，只有公意才能约束个人，而我们又没法确定个别意志是符合公意的，除非已经举行过人民自由投票。这一点我已经谈到了，但重复一遍并非无用。这样，人们就在立法工作中发现同时好像有两种不相容的东西：它既是一桩超乎人力之上的事业，而就其执行来说，又是一种看不见的权威。

这里另有一个值得注意的困难，智者们如果想用自己的语言而不用俗人的语言来向俗人说法，那就不会为他们所理解。可是，有千百种观念是难以翻译成通俗语言的。极概括的观念与太遥远的目标，都是超乎人们的能力之外的。每人所喜欢的政府计划，总是与他自己的个别利益有关的计划，他很难认识到自己可以从良好的法律要求他从所做的不断牺牲之中得到好处。

"新生的民族能够践行政治规范并遵循国家利益的根本规律，便必须倒果为因，使本来应该是制度的产物的社会精神转而凌驾于制度本身之上，而且使人们在法律出现之前，便可以成为本来应该是由于法律才能形成的那种样子。这样，立法者便既不能运用强力，又不能运用说理，因此就有必要求

---

① （法）卢梭. 社会契约论[M]. 陈阳，译. 杭州：浙江文艺出版社，2016.

助于另一种不以暴力却能约束人、不以论证却能说服人的权威了。"①这就是在任何时代里迫使各民族的父老们都去求助于上天的干涉，并以他们固有的智慧来敬仰神明的缘由了，为的就是要使人民遵守国家法也同遵守自然法一样，并且在认识到人的形成和城邦的形成是因为同一个权利的时候，使人民能够自由地服从并能够驯顺地承担起公共福利的羁轭。这种超乎凡人的能力之外的崇高的道理，也就是立法者之所以要把自己的决定托之于神道设教的道理，为的是好让神圣的权威来约束那些为人类的深谋远虑所无法感动的人们。

但是并非人人都可以代替神明说话，也不是当他自称是神明的代言人时，他便能为人们所相信。只有立法者的伟大的灵魂，才可足以证明自己使命的真正奇迹。"人人都可以刻石立碑，或者贿买神谕，或者假托通灵，或专门训练一只小鸟向人耳边口吐神谕，或者寻求其他的卑鄙手段来欺骗人民。专门搞这一套的人，甚至也能偶尔纠集一群愚民，但是他绝不会建立起一个帝国，而他那种荒唐的行为很快地也就会随他本人一起破灭。"②虚假的威望只会形成一种过眼烟云的影响，唯有智慧才能够使之持久存在。那些迄今存在着的犹太法律，那些十个世纪以来统治半个世界的伊斯美子孙们的法律，迄今还在显示着制定了那些法律的人们的伟大，而且当傲慢的哲学与盲目的宗派精神只把这些人看成是侥幸的骗子时，真正的政治学家却会赞美他们制度中在主导着持久的功业的那种伟大而有力的天才。绝不可以从这一切里就得出跟华伯登一样的结论说，政

①② （法）卢梭. 社会契约论[M]. 陈阳，译. 杭州：浙江文艺出版社，2016.

治和宗教在人间有着共同的目的，而是必须说，在各个国家的起源时，是以宗教作为政治工具的。

正如建筑家在建立一座大厦之前，先要检查和测定土壤，看它能否担负建筑物的重量一样，明智的创制者也并不从制定良好的法律本身入手，而是事先要考察一下，他要为之而立法的那些人民是否适合于接受那些法律。正是为此，所以柏拉图才拒绝为阿加狄亚人和昔兰尼人制定法律，他了解这两个民族是富有的，不能够忍受平等。正是为此，我们才看到在克里特有好法律而有坏人民，因为米诺王所治理的是一个邪恶多端的民族。有千百个不能忍受良好法律的民族都曾在世上煊赫一时，而且纵然那些能够忍受良好法律的民族，也只是在它们全部岁月里的一个极其短暂的时期内做到了这一点。大多数民族，犹如个人一样，只有在童年时代才是驯服的，年纪大了，就变成无法矫正的了。"当风俗一旦确立，偏见一旦生根，再加以改造就是一件危险而徒劳的事了，人民甚至不能容忍别人为了要消灭缺点而触及自己的缺点，就像是愚蠢而胆小的病人一见到医生就要发抖一样。"①正如某些疾病能振荡人们的神经并使他们失去对过去的回忆那样，在国家的经历上，有时候也是能出现某些激荡的时代。这时，革命给人民造成了某些重症给个人所造成的同样情形，这时是对过去的恐惧症替代了遗忘症，这时，被内战所燃烧着的国家又死灰复燃，并且脱离了死亡的怀抱而重获青春的活力。莱格古士时代的斯巴达便是如此，塔尔干王朝以后的罗马就是如此，我们当代驱逐了暴君之

① （法）卢梭. 社会契约论[M]. 陈阳，译. 杭州：浙江文艺出版社，2016.

后的荷兰和瑞士也曾经这样。

　　然而这种事情是非常罕见的，它们只是例外。而其成为例外的原因，又总是可以从这种例外国家的特殊体制里找着。这种例外在同一个民族甚至不会被重现，因为只有在一个民族野蛮的时候，它才能使自己自由，可是当政治精力衰退时，它就不再能如此了。那时候，忧患可以毁掉它，而革命却不能恢复它。而且一旦它的枷锁被粉碎后，它就会分崩离析而不复存在。自此而后，它就仅需要一个主人而不是需要一个解放者了。自由的人民啊，请务必记住这条定律："人们可以争取自由，但永远不能恢复自由。"[①]青春不是幼年，每个民族就像个人一样，是有着一个青春期的，或者也可以说是有着一个成熟时期的，必须等到这个时期才能使他们服从法律。然而一个民族的成熟往往不容易识别，而且人们若是提早这个时期的话，这项工作就得失败。有些民族生来就能受纪律约束，另有些民族等上一千年之久也还不行。俄国人永远也不会真正开化，因为他们开化为时过早了。彼得有模仿的天才，但他并没有真正的天才，没有那种创造性的、白手起家的天才。他做的事部分是好的，但大部分都是不合时宜的。他看到了他的人民是野蛮的，但他半分没有看到他们还没有成熟到可以开化的地步；他想使他们文明，而当时所需的却只是锻炼他们。彼得首先是想造就出来德意志人或者英国人，而当时却应该先着手造就俄国人。由于说服他的臣民们相信他们自己乃是他们本来并非那种样子，从而彼得也就永远阻碍了他的臣民们变成他们可

①　（法）卢梭. 社会契约论[M]. 陈阳，译. 杭州：浙江文艺出版社，2016.

能变成的那种样子。有一位法国教师也是这样培养他的学生，要使学生在小时候就显姓扬名，然而最终一事无成。沙俄帝国想要征服全欧洲，但是被征服的却将是它自己。它的附庸兼邻居的鞑靼人将会成为它的主人以及我们的主人。以我来看，这场革命是不可避免的，全欧洲所有的国王们都在努力协同加速着它的到来。

"正如大自然给一个发育良好的人的身体定了一个限度，超过这个限度就只能造成巨人或者侏儒那样，同样地，一个体制最良好的国家所能拥有的幅员也有一个界限，为的是使它既不太大以致不能较好地加以治理，也不太小而不能维持自己。"[①]每个政治体制都有一个它所不能逾越的力量极限，并且通常是随着它的扩大而离这个极限也就愈加遥远。社会的纽带越伸张，就越松弛，而一般说来，小国比大国在比例上要更坚强。有千百种理由证明这条准则。首先，距离越远，行政也就越发困难，正好像一个杠杆愈长则其顶端的分量也就会越重。随着层次的繁多，行政负担也就越来越重。因为首先每个城市都有它自己的行政，这是人民所要承受的。每个州又有自己的行政，又是人民所要负担的。再则是每个省，然后是大区政府、巡抚府、总督府。总是越往上则所必须负担的也就越大，并且总是由不幸的人民来负担，最后还有那压垮了一切的最高行政。这样大量的超额负担，都在不断地消耗着臣民。这层层不同的等级，远没有能治理得更好，而且比起在它们之上要是只有一个行政的话，反而会治理得更坏。

① （法）卢梭. 社会契约论[M]. 陈阳，译. 杭州：浙江文艺出版社，2016.

同时，他们简直没有余力来应付非常的情况，而当有必要告急的时候，国家往往已经是濒于灭亡。不仅这样，不仅政府会缺少勇气与果断来执行法律，来防止骚动，来矫正渎职滥权的行为，来预防遥远地方所可能出现的叛乱，"而且人民对于自己永远不能谋面的首领，对于看来犹如茫茫世界的祖国以及对于大部分都是自己所不熟的同胞公民们，也就会更缺少感情。同一部法律无法适用于那么多不同的地区，因为它们各有各的风尚，处在截然相反的气候之下，并且也不可能接受同样的政府形式。"① 而不同的法律又只能在人民中间造成纠纷和混乱。因为他们生活在同样的首领之下，处在不断的交往之中，他们互相往来或者通婚，并顺应了别人的种种习俗，所以永远也不知道他们世袭的遗风究竟还是不是他们自己的了。在这样一种互不相识而全靠着一个至高无上的行政宝座才把他们聚集在一块的人群里，才能就会被埋没，德行就会没有人重视，罪恶也不会受到惩戒。事务繁多的首领们根本不亲政，而是由僚属们治理国家。最后，为了要维护公共权威——而这正是那些遥远的官吏们要规避的，或者要窃取的，所必须采取的种种措施，会消耗全部的公共精力。

这样，他们就再也没有余力关心人民的幸福了，在必要的关头，他们也几乎没有余力来保卫人民。就是这样，一个体制过于庞大的共同体，就会在其自身的重压之下而遭受削弱和破灭。另一方面，国家应该被赋予一个可靠的基础，使之能够更加坚固，并能够经受住它必然要遭到的种种震荡以及为了生存所

---

① （法）卢梭. 社会契约论[M]. 陈阳，译. 杭州：浙江文艺出版社，2016.

不得不做的种种努力。"因为所有的民族都有一种离心力，使他们彼此不断地互相作用着，并且通常要损害邻人来扩张自己，就好像是笛卡儿的漩涡体那种样子。"①这样，弱者就随时有被侵吞的危险，并且除非是大家能处于一种平衡状态，使得压力在各方面都接近于相当，否则就谁也难以自保。由此可见，既有需要扩张的理由，又有需要收缩的理由。能在这两者之间求出一种对于国家的生存最为有利的比例，那就是很不小的政治才能了。

一般来说，前者既然只是外在的、相对的，就必须服从于后者。后者乃是内在的、绝对的。一个健全有力的体制才是人们所必须追求的第一件事。我们应该更加重视一个良好的政府所产生的活力，而不只是看到一块广阔的领土所提供的资源。此外，我们也曾见过这样体制的国家，其体制的本身能包含着征服的必要性。这些国家为了能维持下去，便不得不进行无休止的扩张，也许它们会暗自庆幸这种幸运的必要性。然而随着它们的鼎盛时期到来，也就向它们显示了无可避免的衰亡时刻。我们可以以两种方式来衡量一个政治体制，即用领土的面积和用人口的数量。这两种衡量彼此之间存在着一个适当的比率，能够使一个国家真正伟大。"构成国家的是人，而养活人的则是土地。"②因此，这一比率就在于使土地足以供奉其居民，而居民又恰好是土地所能够养活的那么多。正是在这一比率之中，才可以发现一定数目的人民的最大限度的力量。因为如果土地过多，防卫就会困难，开发就会不足，物产就会过

①② （法）卢梭. 社会契约论[M]. 陈阳，译. 杭州：浙江文艺出版社，2016.

剩，而这就是形成防御性战争的近因。如果土地不足，国家就要考虑向它的四邻寻找补充，而这就是形成攻击性战争的近因。一个民族所处的地位，若是只能在商业或者战争中选其一，它本身必然是脆弱的。它要依赖四邻，它要依赖局势，才可以有一个短促不安的生命。它要么是征服别国而改变处境，要么是被别国所征服而归于乌有。它只有靠着渺小或者伟大，才能够保全自己的自由。

　　使土地的广袤与人口的数目这两者得以互相满足的确切比率，我们是无法加以计算的。这既因为土地的质量、它的肥沃程度、物产的性质、气候的影响有着种种差别，同时，也因为我们察觉到的各种居民的体质也有着种种的差异。有的人居住于肥沃的地方而消耗甚少，但也有人居住在贫瘠的土壤上却消耗很大。还必须顾及妇女生育力的大小，国土对于人口有利与否的情况，立法者的各种制度能够起作用的程度，等等。从而立法者便不应该依据自己所见到的，而是应该依照自己所能预见到的去做判定；也不应该只立足在人口的实际状况上，而应该站在人口自然会达到的状况上。最后，各地方特殊的偶然事件还有千百种情况，要求人们或允许人们拥有多于必要的土地。因而，山地的人们就要扩展他们的土地。山地的自然物产，如森林、饲草，只需较少的劳动，而经验也告诉我们这里的妇女比平原上的妇女生育力要强，并且大片倾斜的山地上也只有小块的平地才能适于耕种。反之，在海滨，人们便可以紧缩土地，哪怕在是荒凉不毛的岩石和沙滩上，因为渔业可以弥补一大部分土地上的产出，因为居民更需要聚集在一起以便抵御海盗，也因为人们在这里更易于以殖民的办法来减轻国土上负担过多的人口。要为一个民族创制，除了这些条件以外，还须附加上另外的一条。这一条虽然不能代替其他任何一条，但是没有这一条则其他条件便会全归无效，这就是人们必须享有富足与和平。"因为一个国家在建立时，就如一支军队在组编时一样，也就正是这个共同体最缺乏抵抗力而最易于被摧毁的时刻。人们即便在无秩序时，也要比在酝酿时刻更有抵抗力。因为酝酿时，人人都只顾自己的职位而不顾危险。"①假如一场战争、饥馑或者叛乱在这个关键时刻来临的话，国家就必定会灭亡。在这些风暴期间，也并不是没有建立过许多政府。然而这时候，正是这些政府本身把国家摧毁了。篡国者总是要制造或者选择多难的时刻，利用公众的恐惧心理来通过人民在冷静时所绝不会采纳的种种毁灭性的法律。

总之，除了所有所共同的规范而外，每个民族自身都包含有某些原因，使它必须以特殊的方式来规划自己的秩序，并使它的立法只能适合于自己。正因为如此，所以古代的希伯来人和近代的阿拉伯人就以宗教为主要目标，雅典人便以文艺，迦太基与梯尔以商贸，罗得岛以航海，斯巴达以战争，而罗马则以道德。《论法的精神》一书的作者已经用大量的例证证实了，立法者是以怎样的艺术在把制度引向每个这样的目标的。使一个国家的体制真正得以巩固而耐久的，就在于人们能够这样来因事制宜，以至于自然关系与法律在每一点上总是相协调的，并且可以说，法律只不过是在保障着、伴随着和矫正着自然关系罢了。但是，如果立法者在目标上犯了错误，他所采取

---

① （法）卢梭．社会契约论[M]．陈阳，译．杭州：浙江文艺出版社，2016．

的原则不同于由事物的本性所产生的原则，以至于一个趋向于奴隶而另一个则趋向于自由，一个趋向于财富而另一个却趋向于人口，一个趋向于和平而另一个却趋向于征服，那么，我们便可以看到法律会不知不觉地削弱，体制就会改变，而国家便会不断地动荡，最终不是毁灭便是变质，于是不可战胜的自然就又恢复了它的统治。

三、民权与政府

一切自由的行为，都是由两种原因的结合而形成的。一种是精神的原因，亦即决定这种行动的意志。另一种是物理的原因，也是执行这种行动的力量。当我朝着一个目标前进时，首先必须是我想要走到那里去，其次必须是我的脚步能把我带到那里去。一个瘫痪的人想要跑，一个矫捷的人不想跑，这两个人都将停留在原地上。政治体制也有同样的动力，我们在这里同样地可以区别力量和意志。前者叫作行政权力，后者叫作立法权力。没有这两者的结合，便不可能或者不应该做出任何事情来。

我们已经看到，立法权力是属于人民的，并且只有属于人民。反之，根据以前所确定的原则也不难看出，行政权力并不能拥有像立法者或主权者那样的普遍性。因为这一权力仅只包括个别的行动，这些个别行动根本不归于法律的能力，从而也就不属于主权者的能力，因为主权者的一切行为都只能是法律，公共力量就必须有一个合适的代理人来把它结合在一起，并使它按照公意的指示而活动。他可以充当国家与主权者之间的联系，他对公共人格所起的作用有点像是灵魂与肉体的结合对一个人所起的作用一样。这就是国家之中之所以要有政府的理由。政府和主权者常常被人混淆，其实政府也就是主权者的执行人。

那么，什么是政府呢？政府就是在臣民与主权者之间建立的一个中间体，以便两者得以互相适应，它负责执行法律并维持社会的与政治的自由。这一中间体的成员就叫作行政官或者国王，也即执政者，而这一整个的中间体则称为君主。有人认为人民服从首领时所根据的那种行为绝不是一个契约，这是很有道理的。那完全是一种委托，是一种任命。他们仅仅是主权者的官吏，是以主权者的名义在行使着主权者所托付给他们的权力，并且只要主权者高兴，他就可以限制、改变和收回这种权力。转让这种权力既然是与社会共同体的本身不相容的，所以也就是违反结合目的的。我把行政权力的合法运用称为政府或最高行政，并把这种行政的个人或团体称为君主或行政官。

政府作为主权者与臣民的连接环节，从主权者那里接受它向人民所发布的任何命令，并且发挥使国家能够处于最佳的平衡状态的作用。如果主权者想要进行统治，或者行政官想要制定法律，然而臣民拒绝服从，那么混乱就会代替秩序，主权者与民众就不能形成合力。于是国家就会由于解体而陷入专制政体或是陷入无政府状态。为了保持国家在良性秩序中运转，一个国家就不能有两个行政系统，而是由一个好政府进行管理。

但是现实情况当中，好政府的标准不能是单一的。不仅各个不同的民族可以有不同的好政府，而且就连同一个民族在不同的时代也可以有好政府。以拥有不同人口数量的民族为例，假设一个国家是由一万名公民组成的，主权者必须将民众作为共同体来加以考虑。如果将这一万人作为一个主权单位的话，那么直接行使主权的人与民众之间的比例是一比一万，即一个人代表一万人在主权事务上进行表决权。但是每单个以臣民的资格，则可以认为是个体。于是主权者对臣民就是少数对多数，国家的每一个成员自己不能够单独行使主权，但主权代表着每个人的意志，因此民众必须完全服从主权。

假设人民是十万人，臣民的情况依然不变，并且所有的人都同等地担负着全部的法律。然而比率已缩减至十万分之一，于是在制定法律时，他的影响也就缩减到原来的十分之一。这时候，臣民始终为一，但主权者的比率则随着公民的人数而增大。由此可知，国家越扩大则自由就越缩小。我所说主权者与民众之间的比例增大，就意味着公民与主权者之间的平等就愈加遥远。因此，主权者与民众的比例越小，则专政的力量就应该越加大。从而政府若要成为好政府，就应该随着人民数量的增多而相应地加强专政。

另一方面，国家的扩大给了政府更多滥用权力的机会。因此，政府越是有力量来约束人民，则主权者这方面也就越应该有力量来约束政府。主权者、君主与人民三者之间的制衡不是一项主观臆造的观念，而是政治体的本性的必然结果。由此可见，并不存在任何一种唯一的绝对的政府体制，而是随着国家大小的变化，也就可以有同样之多的性质不同的政府。但是，好政府并非根据任何理论上的数学模型计算出来的，主权者、政府、民众之间的权力分配需要考虑到诸多历史与现实的复杂因素。因此，政府是包括政府本身在内的大型政治共同体的小型化。政府也是被赋予一定能力的一个道德人格，它同主权者一样是主动的，又同国家一样是被动的。这就更加使得政府权力的分配不应当受到任何书面上的名词的作用，而是以如何最大限度地增强国家的综合国力为标准。

我们只需把政府看作国家之内的一个新的共同体，区别于人民和主权者，并且是这两者之间的中间体就够了。这两种共同体之间有着这种本质的差别，即国家是由于它自身而存在的，但政府则只能是由于主权者而存在的。因此，统治意志就只是，或者只应该是公意或法律。它的力量只是集中在它身上的公共力量而已，只要它想使自己获得某种绝对的、独立的行为，整体的联系就会松散。

最后，如果一个国家的君主既具有了一种比主权者的意志更为活跃的个别意志，又使自己所掌握的公共力量揽制于个别意志，以至于可以说是有了两个主权者，一个是权力上的，而另一个是事实上的。这时，社会的结合便会即刻毁灭，而政治体也便会即刻解体。可是，为了使政府共同体能具有一种真正生命力，能具有一种与国家共同体截然不同的真正生命，为了使它的全部成员都能共同协作并能适应于创建政府的目的，它就必须有一个单独的"我"，有一种为它的全体成员所共存的感情，有一种力量，有一种要求自我保存的固有意志。这种单独的存在就要有大会、内阁会议、审议权与决定权，种种权力和称号以及属于君主所专有的各种特权，并且使行政官的地位随着它的愈加艰巨而成比例地愈加尊荣。困难就在于以何种方式在整体之中安排这个附属的整体，从而使它在确定自己的体制时，不至于变换总的体制，从而使它始终能够区别以保存自身为目的的个别力量和以保存国家为目的的公共力量。

总之，使它永远准备着为人民而牺牲政府，而不是为政府而牺牲人民。然而，尽管政府这个人为共同体是另一个人为共同体的产物，而且在某种形式上还不过具有一种假借的和附属的生命。但是这并不阻碍政府能够以或多或少的生气与敏捷性而行动，并且可以说，能够享有或多或少的茁壮的健康。最后，政府虽不直接脱离其创制的目的，却能依照它本身建制的方式而或多或少地偏离这个目的。由于这一切的不同，便使得政府对于国家共同体所能具有的比例，也要按照国家自身会因之而改变的种种偶然的、特殊的比例而有种种不同。因为往往自身是最好的政府，但如果随着它所属的政治体的缺点而改变它的比率的话，它就会变成最坏的政府。

为了揭示这些差别的一般原因，我们就必须区分君主与政府，正如我在前面已经区别了国家与主权者一样。行政官的共同体可以由数目或多或少的成员组成。我们已经说到，人民的数目愈多，则主权者对臣民的比率也就愈大。根据明确的类比，我们可以说政府对行政官的比率也是如此。然而，政府的全部力量既然始终就是国家的力量，所以也就丝毫不会发生变化。由此可见，政府愈是把这种力量消耗在自己成员的身上，则它剩下来所能运用在全体人民身上的力量也就愈小。因此，行政官的人数愈多，政府也就愈弱。这是条带有根本性的准则，就让我们来好好地阐述一下。

在行政官个人的身上，我们可以区分三种本质不同的意志。首先是个人固有的意志，它只倾向于个人的特殊利益。其次是全体行政官的共同意志，只有它牵涉君主的利益，我们可以称为团体的意志，这一团体的意志就其对政府的关系而言却是公共的，就其对国家——政府构成国家的一部分的关系而言则是个别的。最后是人民的意志或主权的意志，这一意志无论对作为是全体的国家而言，还是对被看作是全体的一部分的政府而言，都是公意。

在完美的立法下，个别的或个人的意志应该是没有地位的，政府本身的团体意志应该是非常次要的，从而公意或者主权的意志永远应该是主导的，并且是一切意志的唯一规范。相反的，按照自然的秩序，则这些不同的意志越集中，就变得越活跃。于是，公意便总是最弱的，团体的意志占第二位，而个别意志则占一切当中的第一位。

因此，政府中的每个成员都首先是他本人，其次是行政官，最后才是公民。而这种级差是与社会秩序所要求的级差正好相反的。这一点成立之后，假定整个政府只操纵在一个人的手里，在这里个别意志与团体意志是完全结合在一起的，因此团体意志就具有它所能具有的最高的强度。但是，既然力量的运用要取决于意志的程度，而政府的绝对力量又是一成不变的。

由此可见，最活跃的政府也是一个唯一的人的政府。反之，假定我们把政府与立法权威合二为一，假定我们使主权者成为君主，使全体公民都成为行政官。这样，团体的意志就和公意混同，而不会比公意具有更大的活跃性，同时个别意志则仍然保留其一切的力量。这时，永远具有同一个绝对力量的政府，就将处于它的相对力量，或者说活跃性的最低程度。这些比率是无可辩驳的，并且从其他方面来考虑也可以证明这一点。例如，我们可以看到，每个处于其共同体之内的行政官都要比每一个处于其共同体之中的公民更为活跃。

因此，个别意志在政府的行动中就要比在主权者的行动中拥有大得多的影响。因为每一个行政官几乎总是承担着某些政府职能，反之对每个公民说来，却并不具有主权的任何职能。另外，国家愈扩大，则它的实际力量也就愈增大，虽然实际力量的增大并不是和领域大小成正比。但是，如果国家仍然是同一个国家，行政官的数目即使可以任意增加，政府并不会因此而获得更大的实际力量，因为实际力量就是国家的力量，这两者的尺度永远是相当的。

政府的相对力量或活跃程度减小，而它的绝对力量或实际力量却并不能增大。还可以肯定的是，负责的人越多，则处理事务就越慢。由于过分审慎，人们对于时机就会重视不够，就会坐失良机。并且由于反复考虑，人们往往会找不到考虑的结果。随着行政官的增多，政府也就会松懈下来，人民的数目愈多则制裁的力量也就应该愈增大。可见，国家愈扩大则政府就应该愈紧缩。还有，我这里讨论的只是政府的相对力量，而并非它的正当性。因为，反过来说，行政官的数目越多，则团体的意志也越接近于公意。但是在唯一的行政官之下，则这一团体意志便正如我所说过的，只不过是个别的意志罢了。这样，民众所要表达的公意就会距离现实情况越来越远。

在以上论述当中，我们探讨了为什么要依照构成政府成员的人数来区分政府的不同类别或不同形式，下面还要考察如何来进行这种分类。首先，主权者可以把政府授之于全体人民或者绝大多数的人民，从而使做行政官的公民多于个别的单纯的公民。这种政府形式，我们称为民主制。其次，也可以把政府局限于少数人的手中，从而使单纯的公民的数目多于行政官，这种形式被称为贵族制。最后，还可以把整个政府都集中于唯一的行政官手中，其余的人都从他那里获得权力。这第三种形式是最常见的，它就叫作国君制或者皇家政府。我们应该指出，所有这几种政府形式，或者至少前两种形式，均是或多或少可以变动的，甚至还有相当大的变动范围。

因为民主制既可包括全体人民，而贵族制则能够将主权无限制地缩小到极少数人手中。即使是王位也可以接受某些划分，中国是"朕即天下"的国家，斯巴达按它的宪法，通常有两个王。而我们也看到在罗马帝国甚至同时有八个皇帝，但我们并不能说集权状态下生存的民众，其生活质量就一定比拥有多个主权者的国家差。事实上，中国由于主权的集中，恰恰保持了文明传承的稳定性，以及民众生活的繁荣和富裕。因此，每种政府形式并不能与政府的合法性直接画等号。并且我们可以看出，政府实际上所能包含的各种不同的形式，是由包括民众数量在内的多种因素左右的。

同一个政府在某些方面可以再划分为若干部分，一部分以这种方式施政，而另一部分则以另一种方式施政。于是这三种形式相结合的结果就可以产生出大量的混合形式，其中的每一种都可以由这些简单的形式繁衍出来。对于什么是最好的政府形式，在各个时代，人们曾经有过许多争论，但并没有考虑到它们之中的每一种形式在一定的情形下都可能是最好的，但在另一种情况下又可能是最坏的。如果在不同的国家里，最高行政官的数目应该与公民的数目成反比。那么，民主政府就适合于小国，贵族政府就适合于中等国家，而君王政府则适合于大国。这条规律是立即就可以从原则里得出来的。

法律的制定者要比任何人都更明白，法律应该怎样执行和如何解释。因此看来人们所能有的最好的体制，似乎莫过于能把行政权与立法权结合起来的体制了。但也正是这一点才使得这种政府在某些方面非常不足，因为应该加以区别的东西并没有被区分开来，而且因为君主与主权者既然只是同一个人，所以就只能产生一种没有政府的政府。制定法律的人来执行法律，并不是好事。而人民共同体把自己的注意力从普遍的观点转移到个别的对象上来，也并非好事。没有什么是比私人利益对公共事物的影响更加危险的了，政府滥用法律的危害严重远远比不上立法者的腐化，而那正是个人观点不可避免的后果。

这时候，国家在本质上既然有了变化，一切改革就都成为不可能的了。一个从不滥用政府职权的人民，也绝不会滥用独立自主。一个通常能治理得很好的人民，是不需要被人统治的。就"民主制"这个名词的严格意义来说，真正的民主制从来就不曾有过，而且永远也不会有。多数人统治少数人，那是违反自然法则的。我们不能想象人民无休止地开大会来讨论公共事务。并且我们也不难看出，人民若是因此而建立起来各种机构，一准会引起行政形式的改变。事实上，我相信可以提出这样一条原则，那就是，只要政府的职能是被许多的执政者所分掌时，则少数人迟早要掌握最大的权威。仅仅由于处理事务要方便的原因，他们自然而然就要大权在握。此外，这种政府还得要有多少难结合的条件啊！

首先，要有一个很小的国家，使人民很容易集会并使每个公民都能很容易认识所有其他的公民。其次，要有相当纯朴的风气，以免发生各种繁重的事务和棘手的争论。再次，要有地位上与财产上的高度平等，否则权利上和权威上的平等便无法长期维持。最后，还极少有或者根本就没有奢侈，因为奢侈或者是财富的结果，或者是使财富成为必需。它会同时腐蚀富人和穷人，对于前者是以占有欲来腐蚀，对后者是以贪婪心来腐蚀。它会把国家出卖给软弱和虚荣。它会剥夺掉国家的全体公民的自由，使他们这些人成为那些人的奴隶，并使他们全体都成为舆论的奴隶。

如上所述这一切条件，如果没有德行，就都无法维持。但是，因为这位优秀的天才没能做出必要的区分，所以他往往不够确切，有时候也不够明白。而且他也没有看到，主权权威既然处处都是相同的，那么一切体制良好的国家就都应该具有相同的原则。当然，这多少还要依政府的形式而定。没有其他政府是像民主的政府或者说人民的政府那么容易发生内战和内乱。因为没有任何别的政府是那么强烈而又经常地倾向于改变自己的形式的，也没有任何别的政府需要以更大的警觉和勇气来维护自己的形式。

在这种体制之下，公民就特别应该以力量和恒心来保卫自己，并且在自己的一生中每天都应当在自己的内心深处背诵着一位有德的侯爵在波兰议会上所说的话："我愿自由而有危险，但不愿安宁而受奴役。"如果有一种神明的人民，他们便可以以民主制来治理。但那种完美的政府是不适于人类的。

道德人格分为两种，即政府道德人格和主权道德人格。而两种道德人格又演变出了两种公意，即全体民众的公意和行政机关的公意。尽管政府可以依据自己的意志在职权范围之内对政府内部事务发号施令，但是除非政府是以主权者的名义，否

153

则绝对不能这样去命令民众。贵族制是社会最初的治理形态。公共事务由几个大家族的首领就可以商讨决定。青年唯长者的经验权威马首是瞻，并且不认为这种做法有什么不妥之处。所以，长老、元老、长者这些形容经验丰富的人的词汇才会应运而生。在北美洲，当地土著人仍然在用这种贵族制管理着自己的领地，而且治理得非常出色。不过，当社会不平等凌驾在自然不平等之上的时候，人所掌握的财富所发挥的影响力，就比年龄和经验的影响力大得多了。这正因此，贵族制度也就演变成了选举制度。最终，那些权贵豪绅的财产又由他们的子女逐辈继承，这样一个国家之内便会形成少数几个世家大族，这些世家大族掌握着政府，而权力就成了世袭的。长老的位置也就不再由德高望重的长者行使，即使一个年轻人只有二十多岁，他也可以成为长老了。

自此之后，贵族制便分化成为三种形态，即自然的贵族制、选举的贵族制和世袭的贵族制。自然的贵族制度在纯朴的乡民中随处可见，选举的贵族制多出现在奴隶制国家当中，以保证他们在战后分赃时的平等，而世袭的贵族制则统治了欧洲几百年，那是最差的制度。不过，选举的贵族制有一些自身的优点，它可以区分立法权和行政权，并且可以选择自己党团的成员作为执政者。在公民政府当中，每一个取得了公民资格的人从理论上讲都是执政者。但是，贵族制则把行政者限定在少数人当中，而这些人只是通过选举上台而已。在短时期内，使用这种方法进行执政可以让那些具有高尚品德和杰出才干的贵族自己选为执政者，不过这种过度行使最终还是会被世袭贵族制度代替。

我认为，最好的制度是让那些一心想要服务于民众，并且十分具有才干的人成为执政者。这样可以避免行政机构的臃肿，也可以避免用几万个庸才代替几百个干吏的笑话。不过，必须提到的是社会共同体的公共利益也就不会完全再按照公意来执行了，而且法律也将会分割一部分行政权力。从特殊利益角度来看，国家的领土面积必须足够大，民众也不能够浑浑噩噩而必须是明智的，从而保证法律在公意的监督下运行，就像契约社会一样。而且在这个国家当中，任何一个利益集团都不能够过于强大，避免任何一个强大的首领割据自立最终代替主权者。但是，贵族制在一些特定阶段的确有着一些优点，比如节俭和知足。贵族制度之下的斯巴达在这些方面体现得非常明显。除此之外，贵族制度也带有财产权上的不平等，不过那是为了将权力交给最有才干的人手里造成的。

在上述论述当中，我们一直把君主当作是法律化的具体人格，国家将主权托付给了君主。现在，我们将君主变成一个自然人，并且将国家全部的权力交到这个自然人的手中。而这种一个自然人行使全部国家权力的制度，也就是典型的君主制，或称为国君制。我们上文当中论述的制度都是一个集体代表国家主权者，但是君主制则与之相反，它是一个自然人代表集体，从而让国家精神与国家权力统一在一个人的身上。在其他制度之下，法律费极大的力气才能够将权力集中起来，而在君主制下这一切都变得很容易。民众的意志、国家的意志，以及君主的意志统统融为一体，整个国家机器都操纵在一个君主的手中，并且朝着君主所指定的方向前进着。在君主制之下，没有一种阻力可以对君主、民众以及国家意志的合力进行阻挡，也没有一种制度能够像君主制一样高效。阿基米德用一个支点撬动巨石的样子，就像是一个君主坐在暖阁当中治理他庞大的国家一样。

不过，君主制的优点也就是它的缺点。当一位贤明君主为了他的国家励精图治，为了民众的福祉呕心沥血时，国家机器就会运转良好。而这位君主是昏君的话，君主制的弊端就会立刻显现出来。君主会牵着人民往毁灭的深渊狂奔，而没有任何一种力量能够阻止这一错误的做法。每一个君主都想自己能成为这个国家当中的绝对权威，而成为绝对权威的最好方式无疑是受到全体民众的爱戴。这条亘古不变的真理，几乎在任何时代的任何国家都适用。不过，在深居宫廷的权贵们看来，这条真理是那么可笑。因民众的拥护和爱戴所得到的权力，那无疑是最为权威且最为牢固的权力，但是，获得这种权力必然要付出相应的代价，那就是君主必须节制自己贪婪的欲望，时时刻刻牢记自己的权力来源于人民。

大多数君主却不这么想，他们认为不论自己多么为所欲为也不妨碍自己成为人王、地主。即使是最为优秀的政治家也很难让君主认为，君主的力量就是人民的力量。君主只有勤政爱民，使国家强大使民众过上幸福的生活，君主的权力才能得到延续。不幸的是，很多君主把上述金玉良言都当成了耳旁风。他们认为自己之所以能够对民众进行统治，最为重要的原因是民众弱小而君主强大，弱小者永远也不能抗拒强大者的统治。的确，如果民众永远对君主俯首帖耳的话，那么弱小者不敢抗拒强大者的统治是正确的。不过，当君主严重侵害到民众利益的时候，即使是最为软弱的民众迫于生存的压力也会拿起他们手中的锄头奋起反抗。

我们根据一般的比率不难发现，国君制是只适合于大国的。而且我们就国君制本身来加以考察的结果，也能发现这一点。公共行政机构的人数越多，则君主对臣民的比率也就越小并且越接近相当，从而在民主制之下这个比率就等于一，或者说完全相当。但是随着政府的收缩，这一比率也就增大。当政府被某个人操纵时，这一比率便达到它的最大限度。这时候就能发现君主和人民之间的距离太大，而国家也就缺少联系。为了建立联系，于是便必须有许多中间的阶级，就必须有王公、大臣和贵族来充实这些中间的阶级，然而所有这些完全不适用于一个小国，这一切的等级会毁灭一个小国。

但是，如果要治理好一个大国是很困难的，那么要由唯一的一个人来把它治理好，就更为困难了。我们知道，由国王指定代理人的时候会产生怎样的结果。有一种最根本的不可避免的缺点，使得国君制政府永远比不上共和制政府，那就是在后者中差不多只有英明能干的人，公共舆论才可能把他们提升到首要的职位上来，而他们也会光荣地履行职务的。反之，在国君制下，走运的人则常常是些卑劣的诽谤者、骗子和阴谋家。使他们能在朝廷里爬上高位的是那点小聪明，当他们一旦爬上去之后，就只得向公众暴露他们的不称职。

人民在这种选择方面要比君主更少犯错误，而且一个真正有才能的人能出任阁臣，几乎就如一个傻瓜能出任共和政府的首脑一样，同样是罕见的。因此，由于某种幸运的机缘，如果一个天生治国的人物居然在几乎被一群矫揉造作的执政者们弄得全国陆沉的国君制里执掌了国政，他所发挥的才能一定会使人们大为吃惊。这就会给那个国家开辟一个新时代。

要把一个国君制国家治理好，那么它的大小或者说它的面积，就必须视统治者的能力而定。征服一个国家要比治理一个国家容易得多。有一根足够长的杠杆，人们只需用一个手指头便能够撬动整个世界。可是要担负起全世界来，却非得有赫拉克勒斯的肩膀不可了。一个国家无论是多小，但对它来说君主几乎总还是太渺小的。反之，如果出现了这种极其罕见的情况，国家对它的首领来说竟然是太小了的话，那也还是治理不好的。

首领总是追求自己的宏图远略，而忘记了人民的利益。由于他滥用才干而给人民造成的不幸，绝不逊于一个能力有限的君主缺乏才能而给人民所造成的不幸。一个王国的每朝每代都必须根据君主的能力来加以扩张或者收缩。反之，一个元老院的才干则有着比较稳定的尺度，于是国家就可以有稳定的疆界，而国家的行政也不会太坏。个人专制的政府，其最明显的弊端就是缺乏那种连续不断的继承性，而在其他两种制度之下却构成了一种毫不间断的联系。一个国王逝世，就需要另立国王。选举造成了一种危险的间断期，那是暴风骤雨式的。

而且除非公民们能够大公无私、团结一致，这是那种政府简直不能期望的事，否则阴谋、舞弊必将插手进来。用钱把国家从强者手中收买过来的人，最终不出卖国家，不从弱者的身上捞回自己从前被强者所敲去的那笔钱，那是难得的事。在这种行政机构里，迟早一切都会变成金钱交易，并且人们在国王治理下所享受的和平比起空位时期的混乱来要坏得多。人们都曾经做过哪些事来预防这些弊病呢？人们曾经使王位固定由某些家族来世袭，并且还规定了继承的顺序，以预防国王逝世时的一切麻烦。即人们既然是以临朝当政的种种不便来代替选举的不便，所以也就是宁可要表面的太平而不愿意要贤明的行政。他们宁可冒着由婴儿、怪人或傻瓜来当首领的危险，也不愿意为了选择好国王而发生纠纷。

他们未曾考虑到，在冒着这种二者择一的危险的时候，他们几乎是使所有的机会都不利于自己了。孩子的父亲谴责孩子一桩可耻的行径时说："我给你做过这种榜样吗？"儿子回答说："啊，可是你的父亲却不是国王啊！"这段话是颇具道理的。一个人提升到可以号令别人的时候，一切就都来争相剥夺他的正义感和理性了。据说人们曾煞费心机地要把统治的艺术教给年轻的君主们，可惜这种教育并没有让他们受益。人们最好还是先着手教给他们服从的艺术吧！

历史上那些有名的最伟大的国王们所受的教养，绝非为了进行统治，统治乃是这样的一种科学：人们学得过多以后，掌握得就最少，但在只知服从而不知号令的时候，则会收获最多。"因为判断好坏最有效的也是最简捷的方法，就是想一想自己愿意要什么，不愿意要什么，假如做国王的不是自己而是另一个人的话。"这种缺乏连贯性的后果之一，就是皇室政府的变化无常。皇室政府时而规定这种计划，时而规定那种计划，全以君主或拥有统治权的代理人的性格而定。因此便不能有一个长期固定的目标，也不能有一贯的行动。

这种变化多端永远会让国家动荡不定，从一种规范转到另一种规范，从一种政策转到另一种政策。而在其他的政府之下，则由于君主永远是同一的，也就不会发生变化。于是我们便可以看到：一般来说，如果宫廷中有着更多的阴谋诡计的话，那么在元老院中就有着更多的智慧，而共和国则以更稳定的并且遵循更好的观点向着自己的目标前进，绝不是内阁的一次革命便引起国家中的一次革命。因为一切大臣而且几乎一切国王所共有的规范，就是在所有事情上都采取与他们前任相反的措施。

根据这种不连续性，我们还可以解决王权派的政论家们惯有的一种诡辩。那就是，他们不仅以国家政治来比之家政，以君主比之家长，这种谬误已经被我们驳斥过了，而且还任意地赋予这位行政官以种种他所必须具备的德行，并总是假定君主真的就是他所应当的那种情况。依这种假定，皇室政府就显然要比其他任何政府更为合理，因为它无可辩驳地乃是最强而有力的政府。而且假如没有由于缺少一个更能符合公意的团体意志的话，它还可能是最好的政府。但是，如果按照柏拉图的说法，天性上的国王原本就是极其稀有的人物。那么天性与幸运两者能会合起来而把王冠加在他的头上，那更该是多么稀有。

而且，如果皇室的教育必然会腐蚀接受这种教育的人的话，那么对于那些培育出来就是为了治国的人们，我们还能指望什么呢？因此，把皇室政府与一个好国王的政府混为一谈，只能是自欺欺人罢了。为了看清楚这种政府的本身到底如何，就必须要考虑到昏庸无道的君主治理下的政府。因为这些君主们在位时就是昏庸无道的，否则就是王位使得他们昏庸无道。上述的难点并没有逃过作家们的眼睛，可是他们竟然丝毫不感到为难。他们说，补救的方法就只是毫无怨言地服从。

据说上帝震怒时便派遣坏国王降世，所以人们就只好忍受，当作是上天的惩罚。这种言论无疑是有启发性的。但是我怀疑把它放在一本政治著作里，是不是还不如放在神坛上要更恰当一些。一个医生许下了承诺，而他的全部本领只不过是劝病人忍受。我们还会说他什么呢？很显然，当我们有了一个坏政府的时候，我们应当忍受它。但问题在于，怎样才能找到一个好政府。

严格说来，根本就没有单一的政府。一个独一无二的首领也应当有下级的行政官，一个人民政府也应当有一个首领。因此，在行政权力的划分上，总会有着由数量较多到数量较少的级差。不同之处在于，有时候是多数依附于少数，有时候是少数依附于多数。有时候，这一划分是相同的。无论是各个组成部分是相互依附的，像英国的政府那样，还是各个部分的权威都是独立的却又是不完整的，像波兰的政府那样。后一种形式是一种坏形式，虽然它令政府根本不能有统一性，而且使国家缺乏联系。哪一种政府更好？是单一的政府，还是混合的政府？这是政论家们所激烈争论的焦点。而对于这个问题，也必须做出如我上面在论述各种不同的政府形式时所已经得出的相同的结论。

单一政府的本身是最好的，只因为它是单一的，但是当行政权力并不完全依附于立法权力的时候，也就是说当君主对主权者的比例大于人民对君主的比例时，就必须对政府进行划分以弥合这种比例上的失调。因为这样，政府的各个部分对臣民的权威并没有减少，而它们的划分又使得它们全体都并在一起也不如主权者强大有力。人们还可以设立各种居间的行政官以预防各种不便，这些居间的行政官并不妨害政府的完整，而只能起平衡上述两种权力的作用，并能保护他们相应的权利。这时候政府并不是混合的，而是有节制的。人们还可以用一些类似的方法来补救与之相反的不便。当政府过于松懈的时候，就可以设置一些委员会使之集中化，这正是所有民主制国家所实行的。

在前一种情形下，人们划分政府是为了削弱政府。而在后一种情形下，则是为了加强政府，因为强力的极限与软弱的极限同时都出现在单一的政府之下，否则混合的形式则出现适中的力量。

自由并非任何气候之下的产物，也不是任何民族都能实现的。我们越思考孟德斯鸠所确立的这条原则，就越体会其中的真理。人们越是反驳它，就越有机会得到新的例证来肯定它。在全世界的所有政府中，公家都是只消费而不生产的。那么，所消费的资料从何而来？那就来自其成员的劳动，正是个人的剩余，才提供了公家的需求。为此，只有当人类劳动的收获超出他们自身的需要时，政治状态才能够存在。然而，这种过剩在全世界的所有国家里并不是都一样的。在有些国家里，它是相当大的，但在另一些国家里显得微不足道，另外一些国家里根本就没有，在有些国家则是负数。

这一比率要取决于气候的好坏，土地所需要的劳动种类、物产的性质、居民的力量和他们所必需的消费量的多少，以及这一比率所构成的许多其他的类似比率。另一方面，各种政府的性质也不一样，它们的胃口也不同。并且这些不同还要基于另一条原则，即公共赋税负的税源越小，则负担就越重。衡量这种负担，绝不能只根据税收的数量，而是要根据税收转回到原纳税人手里时所必然经历的路程。

如果这一流转过程既迅捷而又规定得好，那么无论人民纳税是多少，都无关紧要。人民总会是富足的，财政状况总归是良好的。反之，无论人民所缴纳的是多么少。但是，如果连这一点也永不再返还到人民手里的话，那么由于不断地缴纳，人民不久就会枯竭。这样国家就永远不会富足，人民就永远贫困。由此可见，人民与政府的距离越远，则税赋也就越沉重。在民主制下，人民负担最轻；在贵族制下，人民负担较大；在国君制下，人民负担最大。

所以，国君制只适合于富饶的国家，贵族制只适合于财富和版图都适中的国家，民主制则适合于小而贫困的国家。事实上，我们越加以思考，就越能从中发现自由国家与国君制国家之间的区别。在前者中，一切都用于共同的利益；而在后者中，则公共力量同个别力量二者是互为反比的，一个扩大乃是由于另一个削弱。归根结底，专制制度统治臣民并非为了要使他们幸福，而是要使他们贫愁困苦，以便统治他们。

在每种气候之下，都有许多自然因素。我们可以依据这些自然因素指出政府的形式，因为政府的形式是受气候的力量所限制的。我们甚至可以说出它应该有什么样子的居民。凡是贫瘠的地方，产品的价值抵不上劳动的，就应该任其荒废，或者只由牲畜来居住。人们劳动的所得刚刚能维持需要的地方，应当由一些野蛮民族来居住。在那里，一切典章制度都是不可能的。劳动生产剩余不多的地方，适合于自由的民族。土地富饶肥沃，劳动少而出产多的地方，则应该以国君制来统治，让君主的奢侈消耗臣民的剩余产出，因为这种过剩被政府所吸收要比被个人消费掉好得多。

我知道，这也有例外，但是这些例外的本身就证明了这条规律，它们迟早会产生革命，使事物又回到自然的秩序，应该把一般规律与特殊原因区别开来，特殊原因仅能影响到一般规律的效果。然而由于气候的作用，专制之宜于炎热的国土、野蛮之宜于寒冷的国土、美好的法典制度之宜于温带地区，仍然并不因此而减少其真理性。

我也见到人们虽然同意这个原则，但在实际生活中还是有争论的：人们会说寒冷的国土也有极其肥沃的，南方的国土也有极其贫瘠的。这个难题，只有对于那些不从全面的比率来考察事物的人，才算是难题。正如我所述，还必须要计算劳动、力量、消费量等的比率。假如有两块相同的土地，其中一块的产量为五，另一块为十。如果前者的居民消耗量为四，而后者的居民消耗量为九。这样，前者产量的过剩是五分之一，而后者的过剩为十分之一。两者过剩的比率既然与生产量的比率成反比，生产只等于五的那块土地，其剩余要比生产等于十的那块土地的剩余多出一倍，然而这并非产量加倍的问题，并且我也不相信竟有人从把寒冷国土的丰饶程度一般等同于炎热国土的丰饶程度。

可是，姑且让我们假设存在这样的相等，如果我们愿意的话，让我们衡量一下英国与西西里以及波兰与埃及吧！往南就是非洲和印度群岛，再往北就什么也没有了。为了使它们的产量相等，在耕作方面该有多悬殊啊！在西西里，只需松松土而已，而在英国却须多么精耕细作啊！因此，在必须用更多的人手才能得到相等产量的地方，它的剩余量也就必定会更少。

此外，还应该考虑到同等数量的人在炎热的国土上，其消耗却要少得多。这里气候要求人们要节制食欲才能保持健康。欧洲人如果要像在自己家乡那样生活，一定会死于痢疾和消化不良的。沙尔丹说："同亚洲人，我们简直是食肉兽，是豺狼。有人把波斯人吃得少，归因于他们对土地耕种不足。而我则不然，我相信他们的国家之所以不那么富有粮食，正是因为居民需要得少。"他接着又说："如果他们的节食是土地歉收的原因，那就应该只有穷人才吃得少，而不应该所有的人普遍都吃得少。并且在各个省份里，人们也就应该依照土地的丰饶程度而吃得有多有少，却不应该是全国的人都同样吃得少。波斯人对自己的生活方式引以为豪，他们说只要瞧瞧他们的气色就可以看出，他们的生活方式比起基督教徒的生活方式要优越得多。的确，波斯人的肤色都是匀净的。他们的皮肤是美丽的，细润、光泽。然而，他们的属民，那些按照欧洲人的方式而生活的阿美尼亚人的面容，则粗糙并多面刺，并且他们的身材也是既肥蠢又笨拙。"

越接近赤道，人民生活的所需就越少。他们几乎不吃什么肉类，大米、玉米、高粱、小米和麦麸就是他们的日常食品。印度群岛有好几百万人，他们每天的食品还不值一苏钱。即使在欧洲，我们也看到北方民族与南方民族之间，食欲有显著的差异。一个德国人的一顿晚饭，一个西班牙人可以吃上一星期。在人们比较贪吃的那些国家里，奢侈也就转移到食品上来。

在英国，奢侈表现为酒席上的肉食罗列，而在意大利，人们设宴则只是用糖果和鲜花而已。衣着的奢侈也可以表明类似的不同，在季节变化急剧的气候之下，人们穿得就更好也更简单。但在人们的穿着只是为了装饰的那种气候之下，就力求衣服华丽而不求实用了，在这里衣服本身也就是一种奢侈品。在那不勒斯，你每天都可以看到许多人在维苏威山上闲逛，只穿着光彩夺目的外衣而不穿内衣。

就房屋来说，情形也相同：当人们完全用不着担心气候会伤害人的时候，他们就一味讲求富丽堂皇。在巴黎、伦敦，人们要求住得温暖而舒坦。但在马德里，人们虽有客厅，却没有可以关得了的窗子；而且他们就在老鼠洞般的屋子里睡觉。在炎热的国度里，食物更丰满而多汁，这是第三种差别，而这种差别是不可能不对第二种差异产生影响的。为什么在意大利，人们要吃这么多的蔬菜？就因为意大利的蔬菜好，营养高，味道美；而法国的蔬菜全是用水浇灌的，毫无营养可言，因而筵席上也就几乎不把蔬菜当一回事。

可是他们并不少占土地，并且至少也得花费同样的气力去栽培。这是既定的经验，巴巴里的小麦尽管次于法国的小麦，可是能出更多的面粉。而法国的小麦又比北方的小麦出粉更多。由此推论：在从赤道到北极的这个方向上，一般都可以观察到相似的级差现象。从同等数量的产品之中，所得到的粮食却较少，这岂不是一个显而易见的不利因素吗？

除这些不同的考虑之外，我还要补充另一条考虑，它是从其中引申出来的，并且还可以加强它们。那就是炎热的国度比寒冷的国度所需要的居民较少，而所能养活的居民较多。这就产生了一种永远有利于专制制度的双重剩余。同样数量的居民所占的面积越广阔，则反叛也就越困难。他们无法快捷而又秘密地配合一致，而且政府总会很容易揭露反叛的阴谋，并切断一切交通。

但是为数众多的人民越是聚集在一起，政府也就越发无法篡夺主权者。首领们在他们的密室之中谋划，也正像君主在他的内阁会议中一样安全，而且群众汇集在广场上，也会像军队在营房里集合一样迅速。因此一个暴君政府的便利之处，就在于它能在远距离上行动，借助于它所建立的各个支点，它的力量就能像杠杆的力量一样随长度而增大。相反，人民的力量则只有集中起来才能行动。否则，它就会被消灭，就如洒在地面上的火药的作用，只能是星星点点地燃烧罢了。这样，人口最少的国家最合适于暴君制，凶猛的野兽能在荒野里称王。

要是有人提问，什么才是最好的政府，那他是提出一个了既无法解答而又无从确定的问题。或者说，假使我们愿意这样说的话，各民族的绝对的与相对的地位有多少种结合的可能，也就有多少种最好的答案。但是，如果人们要问，根据什么标志才能辨别某一个民族治理得是好还是坏，那就是另一回事了，这个实际问题是可以解决的。然而，人们根本没有解决这个问题，因为每一方都想以自己的方式来解决它。

臣民们赞许公共的安宁，公民们赞许个人的自由。一方宁可财产有保障，而另一方则宁可人身有保障；一方要求最好的政府应是最严厉的政府，而另一方则主张它应是最温和的政府；一方要求惩处犯罪，而另一方则要求预防犯罪；一方认为最好是为四邻所畏惧，而另一方则更乐意被四邻忽视；一方所满意的是金钱的流转，而另一方则要求人民有面包。即使人们对于这些以及其他的类似之处都能意见一致，是不是这个问题就能前进一步了呢？道德方面的数量是缺乏精确尺度的，即便人们对于这种标志意见一致，可是在估价上又如何才能持一致意见？

于我，我总是惊讶人们何以竟不认识一种如此简单的标志，或者说何以人们竟这样没有信心而不肯承认这一点。政治结合的目的是为什么？就是为了它的成员的生存与繁荣。而他们生存和繁荣的最确切可靠的标志又是什么呢？那便是他们的数目和他们的人口了。因此，就不要到别处去寻找这个众说纷纭的标志了吧！

假使一切情况都相同，那么一个不靠外来移民的办法、不靠感化、不靠殖民地的政府，而在它的统治下公民人数繁殖和增长得最多的，就确切无疑是最好的政府。在它的统治下人民减少而凋零的政府，就是最坏的政府。统计学家们，那些就是你们的事了。有请你们来计算，来衡量，来比较吧！

个别意志既然总不停地反对公意，那么政府也就继续不停地努力反对主权。这种努力越加强，体制就改变得越多。而且既然压根没有别的团体意志可以抵抗君主的意志并与之相持衡，那么迟早总有一天君主终于会压倒主权者并毁灭社会条约。这就是那种内在的、不可避免的弊病的根源，它从政治体制诞生之日起，就在无休止地趋向于摧毁政治体制，就像衰老与死亡最终会摧毁人的身体一样。一个政府的蜕化通常有两条途径，即政府的收缩和国家的解体。

当政府由多数过渡到少数的时候，也即由民主制过渡到贵族制和由贵族制过渡到王政的时候，政府就会收缩，这原本是政府的天然倾向。假使政府是由少数退回到多数，那么我们就可以说它是松弛了。但是这一逆转过程是不可能产生的。实际上，一个政府是绝不会改变形式的，除非是它的力量的消耗使得它过于衰微，以至于没法继续保持原状的时候。

但是，如果政府在扩张的过程中仍然使自己松弛的话，政府的一切力量就会化归乌有，并且它本身也就更难以生存下去。因此，国家就必须随着政府力量的耗损程度而加以补充和紧缩，否则，这个力量所维持的国家就会沦于毁灭。国家解体的情况，主要是以政权分裂的方式产生。君主不再按照法律管理国家而夺取了主权权力。这时就发生了重大的变化，不是政府在收缩，而是国家在收缩，即大的国家解体了，而在大的国家之内又形成了另一个仅仅是由政府的成员所构成的国家，这个国家对其他人民来说，就只能是他们的主人，是他们的暴君。

因此，从政府篡夺了主权的那个时刻起，社会公约就被摧毁了。于是每个普通公民自然地又恢复了他们生来的自由，这时他们的服从就是被迫的而不是有义务的了。当政府的成员们分别地篡夺了那种只能由他们集体来行使的权力时，也会出现同样的情况。这同样是一种违法，并且还能造成更大的混乱。这时，可以说是有多少行政官就有多少君主。同时国家的分裂也不亚于政府，它不是灭亡就是改变形式。当国家解体的时候，政府滥用权力，不论它是怎样滥用权力就统称为无政府状态。

不一样的是，民主制则蜕化为群氓制，贵族制则蜕化为寡头制。我还应当说，王政就蜕化为暴君制。但是最后这个名词是含混不清的，需要加以解释。在通俗的意义上，一个暴君就是一个不顾正义、不顾法律而用暴力实行统治的国王。但严格来说，一个暴君则是一个僭据王权但没有权力拥有王权的人。希腊人的"暴君"一词，原意就是如此。凡是其权威不合法的君主，希腊人便称为暴君，不管他们是好是坏。暴君和篡夺者是两个完全的同义词。为了给不同的事物以不同的名称，我要把王权的篡夺者称为暴君，而把主权权力的篡夺者称为专制主。暴君是一个违背法律干预政权而按照法律实施统治的人，专制主则是一个把自己置身于法律之上的人。暴君可以不是专制主，但专制主则永远是暴君。

最好体制的政府，其自然的而又不可避免的倾向即是如此。如果斯巴达和罗马都灭亡了，那么，还有哪个国家能够希望亘古长存呢？假使我们想要建立一种持久的制度，就千万别梦想使它成为永恒的吧！为了能够取得成功，就不要去尝试不可能的事，也不要自诩能赋予人类的作品以人类的事物所不允许的巩固性。政治体制也犹如人体这样，自它一诞生起就开始走向死亡，它本身就包含着使它自己灭亡的原因。

但是这两者却都能具有一种或多或少是茁壮的而又适合于使本身在或长或短的时间内得以生存的组织。人体的组织是大自然的作品，国家的组织则是人工的作品。延长自己的生命这件事并不取决于人，但是赋予国家它所可能建立的最好的组织，从而使它的生命能够尽可能地延长，这件事就要取决于人了。体制最好的国家也要灭亡的，但与别的国家相比要晚一些，假如没有意外的事件促使它夭折的话，而政治生命的原则就在于主权的权威。

立法权是国家的心脏，行政权就是国家的大脑，大脑指挥各部分运动起来。大脑可能陷于麻痹，而人依旧活着。一个人可以麻木不仁地活着，但一旦心脏停止了跳动，则任何动物马上就会死掉。国家的生存绝不是依靠法律，而是依靠立法权。旧有的法律虽不能约束现在，然而我们可以把沉默认为默认，把主权者本来可以废弃的法律而并未加以废弃看作是主权者在继续肯定法律有效。主权者的全部意图一经宣布，只要他没有被撤销，就永远都是他的意图。人们何以会那样尊崇古老的法律？

正是由于这个原因，人们愿意相信，唯有古代的意志的优越性才能把那些法律保存得如此悠久。如果主权者不是在一直承认这些法律有益的话，他早就会千百次地废除它们了。这就是为什么在一切体制良好的国家里，法律不但远没被削弱，反而会不断地获取新的力量的原因。古代的前例使得这些法律日益受人尊敬；反之，凡是法律越古老便越削弱的地方，那就证明了这里不再有立法权，而国家也就不再有生命了。

主权者除了立法权力以外便没有其他的力量，所以只能依靠法律而行动。而法律又不过是公意的正式表示，所以当有人民集合起来的时候，主权者才能行动。有人会说，把人民都召集在一起，这是多么狂妄！在今天，这是一种妄想，但是在两千年以前，这却不是一种妄想。那么，难道是人性改变了吗？精神事物方面的可能性的局限，并不像我们所想象的那么狭隘，正是我们的弱点、罪过、偏见，把它们给束缚住了。

卑劣的灵魂是绝不会信任伟大的人物的，下贱的奴隶们则带着讥讽的神色在嘲笑着这个名词——自由。让我们根据已经做过的事情，来考察可能做得到的事吧！我不谈古代希腊的共和国，但是在我来看，罗马共和国是个伟大的国家，罗马城是一个伟大的城市。最后一次的户口统计数字表明，罗马武装起来的公民有四十万人，而全帝国的最后数字则有公民四百万人以上，还没包括属民、外邦人、妇女、儿童和奴隶在内。我们不难想象，这个首都要时常发动周围数量庞大的人民集会，该是多么困难！然而罗马人民很少有连续几个星期不集会的，而且甚至还要集会很多次。

罗马人民不仅行使主权的权力，而且还行使一部分政府的权力。他们处理某些事务，便审判某些案件，而且全体罗马人民在公共会场上几乎在同时既是行政官而又是公民。如果追溯一下各民族早期的历史，不难发现大部分的古代政府，即便是像马其顿人和法兰克人那样的国君制政府，也都曾有过相似的会议。无论如何，这一无可辩驳的事实本身就回答了一切难题。依照现有来推论可能，我认为是个好方法。

共同聚集在议会中的民众投票通过了一系列法案，一个国家的体制也由此诞生。这时，民众已经将一个合法政府建立起来，并确立了一整套遴选行政官员的办法，不过这还远远不够。除了在必要时召开的紧急会议之外，民众还必须在固定周期内举行会议，这些固定会议不需要再经过任何程序，就能够在规定的时间之内召开。但是，除了这种被法律程序明文规定的集会之外，任何带有政治目的的集会行为都是违法的。因为，召集会议被规定在法律条文当中，这种召集会议的行为就是法律行为。没有经过法律明文规定的召集会议的行为，便是对法律本身的挑衅，也就应该被认定为非法行为。

不过，对于集会召开的次数问题，我尚没有明确的定论，这应当根据各个国家所面临的现实情况而确定。从一般来看，集会是组织性的体现，如果主权者能够经常召集集会，则说明主权者组织的有力量。有些人会担心，在城市当中这种集会固然是非常方便的，不过对于身处农村的民众而言，长期举行集会则会给他们的生活造成不便。此外，有些人也会提出这样的疑问，即我们是要将主权放在一个城市呢？还是让所有的城市都享有主权呢？我认为，上述担心都是多余的，我们要发明一种新的方式，避免以上困难的出现。首先，主权就像是一个独一无二的人，如果我们将一个人分割，那么这意味着这个人的毁灭。其次，主权也不能够由所有的城市分别拥有，因为这一定会造成每个城市形成一个利益集团，这样的小集团无疑会让国家陷入四分五裂当中，促使城市与城市之间发生战争，最后导致国家的瓦解。

因此，要维持主权者的权威，最为关键的问题在于如何将主权者的意志贯彻于共和国的每一个角落。不论是城市还是乡村，首都还是省会，都应当是主权者意志的体现。既然主权不能够被城市分割，那么我们可以将主权固定于一个城市的范围之内，将这个城市作为整个国家的首都。不过，此处需要指出的是，首都是主权者所在的地方，也是主权的象征，但是这并不是说首都本身就是主权者。如果首都与主权者相互混淆的话，那么就意味着全国大部分财富都会集中到首都这一个城市，而首都也就变成了国家身上的毒瘤。这样，不但国家内部的不平等被加剧了，而且首都发出的政令也会因为其他地区没有主权的影响而变得微乎其微。因此，要将主权者的意志贯穿于国家的每一个角落，就必须保证国家的每一个地方都有主权者的组织，而主权者的组织在国家的每一个地区都有绝对的权威。

当不论城市还是农村的公民在主权者的组织中进行集会时，没有任何行政机构能够打断公民行使自己的主权。在这个时刻，主权者就是公民，而公民也成了主权者的化身。不论一个行政官员在政府当中拥有多么高的职位，他在公民行使主权时，也是公民的公仆。罗马在集会时经常因为行政官员和公民之间爆发矛盾而产生骚乱，这就是源于罗马的行政官员们并没有将上述原则当回事。他们的心中并没有将自己当作公民的奴仆，而是将自己凌驾于公民之上，成了公民的老爷。事实上，保民官不过是议会的主席，执政官也不过是议长的角色，而元老也只是普通公民当中的一员，他们只是行使了代表公民参政的权力而已。

然而，要让执政者承认公民就是主权者并非易事，他们害怕公民集会，因为这种集会虽说是对公民的保护，不过也是对执政者的约束甚至制裁。于是，他们就不惜运用种种恩威并施的手段来阻止公民集会的进行。如果公民是怯懦的、自私的、贪婪的、贪图安逸的，那么他们就难以战胜执政者的阻碍。但是，即使公民不在明目张胆地对执政者的行为进行反抗，他们的心中也早已经埋下了分裂的种子。当一个国家陷入了这种境地时，他就离覆灭也就不远了。但是，主权的权威与政府的专断并非不可调和的矛盾，因为议员夹在主权和政府之间。

当公民不愿意履行自己在公共事务当中的义务，而是花钱雇别人代替自己履行公共事务的时候，国家也就处于危急存亡之秋了。当国家受到外敌的入侵，需要公民挺身而出捍卫祖国的时候，这些人会出钱让雇佣兵们替他们打仗。当他们懒得去议会参加集会时，就会花钱雇别人代表他们去参会。正是由于金钱和懒惰的滋生，奴役自己国家的雇佣兵与出卖自己祖国的议员出现了。也正是由于商业的发展，唯利是图的人不断增多，公民神圣的权利被金钱买卖。金钱这两个字在奴隶的字典里才会查到，在契约社会当中金钱并没有那么大的魔力，整个社会都有着纯朴的风尚，他们不需要花钱去雇人做什么事，而是事事亲力亲为。公民绝对不会花钱让自己不履行义务，而是用钱让自己更好地履行义务。现在的人们被奴役的时间太长，已经分不清自由和奴役的区别了，而我始终认为劳役远远比税金更为自由。

在一个良好的制度之下，公民往往有着乐观向上、清新刚健的精神面貌，他们也将公共利益看得比死人利益重得多。在这个制度之下，公共幸福基本上已经可以代表每一个人的幸福，个人也就没有必要再为了个人的幸福操心。在一个良好的社会当中，每个公民都会积极地参加每一次政治活动，因为这些政治活动都与他们个人的生活息息相关。相反，如果一个社会发展得很糟糕的话，那么民众的政治热情也会大大降低。因为他们知道议会当中所讨论的那些冠冕堂皇的问题只是空架子，公民是否参与并不会对结果产生多大的影响。于是公民集会也就成为他们生活当中可有可无的东西，而且会造成他们生活的负担。好的体制创造好的法律，在好的法律规约下，优秀的公民会成批出现。而坏制度则会不断制造大量的坏法律，并让所有公民变得心术不正。如果公民们对那些与自己密切相关的公共事务嗤之以鼻，并且说："这和我有什么关系？"那么这个国家离衰亡也就不远了。当公共利益与代表公共利益的议员们被排在第三等级时，民众们的爱国心不断冷却，个人私利愈发活跃，国家权力遭到滥用，政府机构日渐腐败。这都是执政者公然漠视公共利益的结果。

因为主权不能被转让，所以主权也同样不能被代表。主权的本质是公意，而公意则不能被任何个人所代表。公意只能是相同的意志或者不同的意志，这两者之间不可能存在模棱两可的东西。基于此，议员也就不能是公民的代表，他们只是公民找来办事的仆人罢了。而议员作为仆人，则不能够替主人做任何决定。如果一条法律没有被人民批准，那么这条法律便不具有合法性，而不具有合法性的法律就不能被叫作法律。英国人自认为非常自由，这是因为他们的头脑中产生了错觉。只有在他们投票选举议员时，英国人才能够呼吸几口自由的空气。当投票结束时，他们便再次回到奴隶的状态，并且对现实没有任何影响。而那短暂的自由对于他们来说又意味着什么呢？不过是将他们脖子上的枷锁又紧了一下而已。

古代欧洲并没有"代表"一词，因为没有一个公民是能够被代表的，"代表"恰好起源于欧洲黑暗的封建时期。正是由于欧洲中世纪时期的人们不曾享有过任何权利，他们才会甘愿被别人代表。而对于公民权利等同于他们的生命的人而言，他们便不可能同意自己被别人代表。即使远隔千山万水，他们也会赶去议会参与投票和公共事务的讨论。法律的本质是民众公意的确认，那么立法权便只能被公民自己行使，并且不能够被任何人代表，因为，行政权是由立法权产生行使法律赋予的权力，这并不等同于行政权可以代表立法权。

在古希腊，所有涉及公共利益的事项都必须通过全体希腊公民的表决才能实行。不过希腊人之所以能够经常举行这一类集会，与他们所处的地理位置、城邦规模、人口多少以及生活方式有很大关系。生活在希腊的人口非常少，最多的时候也不过只有一万多人。而且这些人也并非都是公民，还包括了养活这些公民的奴隶。而奴隶在希腊是不被当作人来看待的，奴隶主可以不穿衣服在奴隶面前走来走去，这说明他们在面对奴隶时并没有任何羞耻感。人也只有在面对畜生的时候才会有如此表现，由此可见奴隶在当时的地位也就是与牲畜相同罢了。除了这些并没有公民权利的奴隶之后，能够参与希腊公民表决当的人就不会超过三千人了。这么少的人数在希腊集会是非常方便的。此外，希腊所处的半岛山地较多平原较少，人们只能集中在山中的几块洼地中生存，于是希腊城邦就此形成。显然，在那样狭小的地面上建立起来的城邦，其规模不可能很大。这就更加有利于经常召开公民集会了。因此，在希腊，公民可以亲自参加会议，并且不需要被任何人代表。

从上述观察当中我们可以很容易地看出，如果要求每个公民都行使纯粹的立法权力，并且不被任何人代表，那么他们的国家就必须满足以下几个条件：其一，国家领土面积较小，因为幅员辽阔的地方很难将人们聚集起来。其二，国家的人数较少，因为如果公民人数众多，那么他们在集会时很难充分表达意见。其三，奴隶制度必须存在，因为经常集会的公民不可能在集会期间参加任何劳动，所以就需要成批的奴隶供养这些经常参会的公民们。由此观之，公民只有在极其特殊的情况之下才能够不需要任何人代表亲自参政。而且，这种方式也并不适合幅员辽阔、人口众多的国家。不过我认为，如果主权者能够将立法权与行政权的关系理顺，并且保证国家在良好的秩序下运行，那么这样的体制也可以在大国之内实行。

当立法权已经被确立起来之后，行政权也就必须用相同的方式确立。行政权必须与立法权相分离，因为行政权主要用于处理具体的行政事务，而立法权则用于确立国家管理的根本原则与相关的法律法规。如果主权者既参与立法工作，又从事执法活动的话，那么行政权与立法权就会发生混淆，而民众也就难以分清什么是需要遵守的法律，什么不需要遵守了。这样的话，强力就会很快取代法律，而国家的政体也就发生了动摇。因为人人平等的权利是基于社会契约产生的，那么公民就可以确定什么是他们应当履行的义务，而什么是他们所不能做的事情。同时，没有一个人可以强令别人去干什么。上述权利是政体得以存在和发展的基础。

有些人认为，政府的创制基于民众与他们的首领之间达成的契约，因为这项契约，民众与首领之间的权利义务关系便被确定了，也就是民众必须服从首领的命令，而首领负责发号施令。但是我认为，这种缔约方式并不成立。首先，主权作为最高权威既不能改动，也不能转让给任何人，如果将主权加以限制，那么这无疑是对主权的一种变相破坏。如果说主权之上还有另一个比主权更高的人或者权力的话，那么这种说法无疑是自相矛盾的。如果主权者作为一个独立的个体，又去服从于另外一个个体，那么主权者无疑也就又回到了被奴役的状态。

其次，这种民众与某个首领之间制订的契约关系是一种个别行为，这种契约既不具有合法性，也不是法律本身。此外，缔约双方并不处于自然法的保护之下，又没有任何人能够为两者之间的约定进行担保，因此这种契约在各个方面都与自然法相违背。如果一方永远是契约的主人，那么这无疑在说你的所有东西都是我的，而我的东西还是我的。这种契约毫无公平可言，所以不能够成立。而且，一个主权国家当中只能有唯一的一个契约，这种契约必须以联合的形式存在。这个契约本身具有专有性，它对其他的一切契约都有排除作用。

然而，应当用什么样的方式来创立一个政府呢？首先，创立政府是一种复合行为，即确立法律并执行法律。主权者因前一种行为确定，而主权不能够成为空泛的概念，它必须通过一个有型的组织来表现，于是法律得到了确立，而政府也就随之诞生了。当政府的首脑被确立之后，执行法律的行为也就顺理成章地出现了。不过，既然民众不是主权者就是公民，那么执政者是如何产生的呢？这也正是政体的特殊之处，也正因此外部矛盾被调和了。因为这一点特殊的地方是由主权向民主制度的转化而完成的，所以公民在经受民众的遴选之后成为行政官员，而法律也由普遍的行为过渡为具体的行政执行了。

上述这种公民向行政官员的过渡，以及法律向具体的行政命令的过渡，并非是故弄玄虚，而是由实践得出来的结论。在英国，国会的下议院为了将公共事务进行充分讨论，就会将下议院变成全院委员会。在转变的前一瞬间，下议院还是主权结构，而后就变成了一个办事机构。所以，当所要讨论的公共事务尘埃落定时，下议院又会重新变成主权机构，而不具有任何办事功能了。这是民主制度的便利之处，同时也是国家组织性的体现。实际上，这种转变只是稍微行使了一下公意而已。基于此，政府以社会契约为基础，通过民主制度产生，并且在一个国家之内成了唯一合法的行政机构。

从上述论述当中我们可以知晓，政府的创制虽然是以契约为基础，但是这种行为并非是一种契约行为，而是一项法律。政府当中的官员并非是民众的主人，而是民众的仆役。民众既然有权力任命他们的行政官员，那么民众就有权力将他们所委任的行政官员罢免掉。由于政府与民众之间并非基于契约产生，因此民众与政府不需要遵从什么其他的约定，政府对于民众的任免只能服从。而且，政府官员也没有权力就他们所要办的事情讨价还价，他们只是在履行自己公民的义务，承担国家赋予他们的责任而已。不论民众想让政府以什么样的形态存在，不论是贵族制、君主制还是民主制，那都是民众赋予他们政府机关的一种形式而已，他们可以将政府的形式随意更改，直到民众对政府的形式满意为止。

不过，民众对政府形式的改变存在着风险，除非到了政府已经不能够承载公共利益的时候，否则已经确立的政府形式就不能够被随意更换。不过，这是在实践当中确立下来的政治原则，并非是主权者的明文规定，就像民众不必将自己手中的权利系于一个首领一样。还有一点需要明确的是，我们应当将非法的骚乱与合法的革命区分开，将派系的争斗与民众为公众利益的奋斗区分开。在欧洲，无数君主在镇压合理合法的民众革命，他们所用的最为普遍的方式就是将民众的革命同骚乱相互混淆，而且用极为凶残的手段对付民众。这些人从民众手中篡夺了权利，并且妄图以卑鄙的方式维护。于是，欧洲的君主们以破坏社会秩序为借口，禁止公民召开任何合法集会，即使公民集会的权利已经被写入法律。他们用威胁和恐吓让所有的公民保持沉默，并做出拥护那些君主的姿态。法国的十人会议就是这样，起初这个会议一年举行一次，在讨论公共事务的同时进行换届选举，之后会议的期限被一再延长，终于有一天会议不再召开，那一小撮人将公共权利变成了自己的私产。这也并非是法国独有的，全世界的政府一旦被冠以公共权利的名义，那它们早晚会用这样的方法来篡夺人民的主权。

我们上文所谈到的那种公民集会就是制止这种权利篡夺的最好方式。因为公民集会的召开并不需要走任何的法律程序，所以君主要是敢对公民集会进行阻拦，那无疑是在宣布自己是在破坏法律，他是人民的公敌。这种以维护社会公共利益的集会应当永远以两个提案开场，即一个是主权者是否希望现有的政府形式继续下去，另一个就是民众是否还希望现在的执政者继续执政。我在这里大胆做出这样的假设，即在契约社会当中，没有一部宪法或者社会公约是不能废除的。如果全体民众对于宪法或者社会公约提出了质疑，那么宪法和公约的合法性本身就要被打个问号。格劳修斯甚至提出每一个公民都有退出他所在国家的权利。如果集中在一起的公民不能够行使他们自身本应该享有的权利的话，那么这种做法本身就是自相矛盾的。

四、民权与制度

当若干人自愿组成一体时，这个由若干人所组成的整体就只能有一个意志，这个意志将直接影响到这群人的生存与发展。此时，国家充满了蓬勃向上的朝气，它的法律规制是明晰的，而社会风尚是清明的。在这样的国家当中，不存在错综复杂的派系关系，更没有尔虞我诈的利益斗争。人们只要还保持着理智，就能够从公共福利中看出社会的和谐，并且从中获益。团结、和谐、平等是一切见不得光的恶行的敌人，善良正直的人正是由于他们的纯朴而难以被欺骗，任何口蜜腹剑都不会对他们起到什么作用，因为他们心中有公意，并不会因为谁的两句好话或者小恩小惠而改变。全世界最幸福的人不是躲在暖阁里密谋的议员们，而是坐在大树下商讨国家大事的农民，他们总是有准确而透彻的见解。这时候，那些自以为聪明的精英们还在围绕一些无聊的问题来回扯皮呢，难道这些人不让人鄙视吗？

在这样一个处处充满阳光的国家当中，法律并不是必不可少的。除了少数必要的法律法规之外，法律在日常生活当中并没有太多用武之地。而当一项新的法规颁布之后，民众们就会发现法律只是将他们正确的做法加以确认了而已。那些将法律作为提案提出来的人，只是将民众的共同感受说出来了而已。这种将每个人都认可的东西作为法律的做法，不仅不会滋生阴谋诡计，而且也不会费太大大力气就能够让民众按照法律的规制行事。这或许和那些法学家们的设想完全相反，这些人总是将所有人都看作恶人，并且把那些体制不好的国家和运行良好的国家相互等同。因此，他们认为只有不断颁布新法令，让民众的生活全部笼罩在法律之下，这样的国家才算是好国家，实际上这种想法并非出于公心，而且是极其错误的。那些法学家之所以会提出这样的论断，不过是出于他们的一己私利而已。试想一下，如果一个社会只用很少的法律就能够治理得很好的话，那么法学家们又拿什么去保住他们的饭碗呢？

　　不过，当国家的组织开始涣散，联系民众的纽带开始松动的时候，当每个人的个人利益蒙蔽了他们的公心时，公共利益就会受到损害，并且破坏和反对公共利益的力量就会出现。投票已经无法解决人民的问题了，而众意也和公意产生了偏差。争论和冲突代替了和谐，即使最有利于大多数人的建议也已经难以通过。最终，国家在几近崩溃的时候，也就成为一具只有躯体而没有灵魂的空壳。社会作为组织和联系每个人的纽带已经在人们的心中消失了，最为卑鄙无耻的私利也被堂而皇之地冠以公共利益的名头。种种不公正的政令用法律的名义颁布出来。此时，公意已经不能够成为民众行动的动力，每个人都在被自己的私心驱使，也没有人会本着自己的良心说一句公道话了，就好像国家从来就不曾存在过一样。

　　那么此时公意是否就已经被腐蚀掉了呢？事实并非如此。

公意是永恒而稳固的，但是它可以被压在其他意志的身下无法翻身。实际上，每一个有点理性的人都可以看出，自己的私利并不能同公意截然分开。然而，他们将公意与私心进行衡量之后，往往会将公意放在十分次要的位置。不过，除非公共利益与他们自身的利益严重冲突，他们还是会为了自己同别人一起谋求公共利益的。至于那些用自己的选票换酒喝的人，公意也并没有在他们的心中消失，他们只是在那个时候将公意掩藏起来了而已。在他们的心中并非没有一丝公意的阳光能够照进去，而是因为他们的私心蒙蔽了他们的良知。事实上，他们怎么会不知道自己的这种行为仅仅是有利于某个人或者某个利益集团，而对公共利益是损害的呢？不过，当这种做法在公民当中变得普遍化的时候，集会通过的法案也就不再具有公意了，人们反而会对它们产生怀疑，而执政者又必须不断对这些质疑进行解释。在一切行使主权的行为当中，投票权是任谁也不能够剥夺的。除此之外，发言权、提案权、讨论权等权也是不容侵犯的。只不过在政府当中，人们总是想尽一切办法将其留在自己的小团体当中，而不容他人染指。

从以上论述可知，从政府与民众在日常生活中的处事方式，就可以看出一个社会的道德风尚与整体的健康程度。在议会当中，如果人们能够同舟共济，那么说明他们的意志趋于一致，而公意则在民众当中占据着主导地位。相反，如果在议会当中，不管讨论什么事情，民众都会陷入严重的矛盾与争论不休当中，那么说明公意已经被瓦解，而国家也将在这争吵声中走向衰落。当一个国家的议会当中有利益相互冲突的集团时，争论往往不会停止。但是有人会说罗马的议会虽然也有争论，最终这些争论都会趋于一致。他们没有看到，罗马的议会当中虽然也有贵族与平民这两个不同利益集团，但是它们实际上都属于统治阶级。因为罗马帝国是建立在数以万计的奴隶之上的，那些奴隶可曾在议会当中得到过发言权呢？而贵族与平民本身就属于同一个阶级，那么他们怎么可能不会最终达成一致呢？因此，罗马作为议会制度的例外，也只是徒有其表而已。而对于大多数国家而言，如果一个议会中存在两个针锋相对的阶级，那么它们的矛盾是永远无法调和的。这就像是一个国家中共同存在着两个议会，不是你征服我，就是我统治你。

当议会通过残酷的政治斗争和清洗达到了一种极端状态时，议会同样也会趋于一致。那就是当公民全部沦为统治阶级的奴隶的时候，他们就已经没有了任何人身自由可言，同时也不会具有独立意志。这时的议会除了阿谀奉承就是恶毒的咒骂，没有一个人关心公共利益到底是怎样的，他们参加议会的目的只是想把对手干掉而已。罗马制下的议会就经常出现这种状况，人们的做法极其可耻而荒诞。当一群元老骂一个人时，另一群人就会群起而攻之。这倒不是因为他们有多么拥护那个被咒骂的人，而是他们害怕如果那个被骂的人真有一天成了他们的主子，他们该如何是好。

从各个国家的兴衰当中我们得出了辨认公意的原则，并将其确定为法律，那就是社会公约。事实上，政治上的结合应当出于参加者的自愿，每一个人生来就是自由的，而且具有独立意志，那么就没有一个人能够代替一个人行使他最为基本的权利，或者对别人进行奴役。正如我们前文所说的那样，如果一个人说另一个人生来就是奴隶，那么这无疑是在说这个人生来就不是人。但是，如果社会契约在订立之时就已经出现了反对者的话，那也不能证明社会契约的无效，只能说明那些反对者并不被包括在社会契约之内而已。但是，如果国家以社会契约为基础成立了，并且那些不同意社会契约的人依然居住在这个国家当中，那么他们居住的行为就已经向人们默认他们承认社会契约的有效性。因此，他们就必须服从他们所在国家的主权。

除了社会契约之外，投票权作为契约的衍生物，也可以直接起到约束一切人的作用。这时或许有些人要问，如果人生来就是自由的，那么他们又为何要受到别人的制约呢？反对者如何做到服从他们所反对的意见，而保持自身的独立和自由呢？我要说的是，这两个问题之所以无法回答，是因为他们所提出的问题本身就存在问题。

公民在加入契约社会之前就必须要同意他们所要遵守的法律，他们如果触犯了法律，那么就要受到法律的制裁，即使有些法律他们并不见得认同。国家的公意源于全体国民的意志，公民也正基于此获得了他们的自由。当议员在议会上提出一项提案之后，公民们所讨论的并非是这项提案是否符合他们自己的意愿，而是这项提案是否与公意相吻合，而公意本身就是公民自己的意志。

每个公民的投票实际上就是对自己意见的表达，而公意则体现在计票结果当中。如果我们所投的票与最后的几票结果相反，那么只能说明我们的想法不是公意，这只能说明是我们自己错了，而并非公意错了。如果我们的个别意见凌驾于公意之上，那么不仅社会中的每一个人都失去了自由，就连那个发表个别意见的人也不会再呼吸自由的空气了。当然，这一切的前提是公意在大多数人一边，假如大多数人当中也不存在公意的话，那么不论公民投赞成票还是反对票，他们都不能够从中获得自由。

此前，我们已经对如何预防个人意志代替公意进行了探讨，而且给定了确定公意的各种投票原则。一票之差既可以破坏一致，又可以破坏平等，然而在实际情况中并非只有非黑即白的情况，在这个区间之内还有许多比例，这些比例就需要通过政体的实际情况判断。其中有两条普遍的比例原则可供我们参考：其一，公民所讨论的公共利益越重大，最终的计票结果也就越应该趋于一致。其二，如果公民所讨论的事务非常紧急，那么不同意见的票数差额也就越小，即使只有一票之差，也应当对这件事情迅速做出决断。这两条原则当中，前者更加适合于立法，而后者则适合在实际事务中加以应用。但是，两种原则必须相互配合，才能达到最好的效果。

选举君主与行政官员的行为是复合行为，通过选举和抽签产生。这两种行为当中的每一种都被普遍应用在了每一个国家的君主和行政官员的选举当中，而且威尼斯人在选举他们公国的大公的时候还将这两种选举方式混合在了一起。孟德斯鸠认为，抽签选举才是民主制度的本质。我认为孟德斯鸠点到了问题的实质。不过他认为这种制度是一种不伤害任何人的方式，并且表达了每一个人为国家服务的良好愿望，这种说法就大错特错了。

实际上，这种通过抓阄分派利益或者选择首领的方式具有非常悠久的历史。它起源于古希腊、古罗马时期，而这种制度的目的也并非是要使每一个公民完成自己服务国家的良好愿望，而是为了更加公平地分配他们掠夺来的战利品。古希腊、古罗马是建立在奴隶制之上的帝国，通过对外征战、掠夺外族为自己增加财富是其主要的生存方式。当一次劫掠结束之后，如何分配既得利益成为其最为头疼的问题，因为只要分配稍有不均就会引发一场流血冲突。于是，为了避免械斗，希腊人和罗马人只能通过抓阄的方式对战利品进行分配。而这项习惯也被逐渐确立了下来，演变成了如今的民主制度。

但是，契约社会的民主制度当中，抽签往往被用来选派行政官员。对于候选的公民而言，成为行政官员并非是一种既得利益，而是必须要履行一种责任的负担。如果每一个公民都具有成为行政官员的能力，那么人们就不能只让一个人当选，而不让另一个人当选。只有法律才能够将这种行政职责赋予被选中的公民，因为在抓阄的过程当中，每个人都有当选的机会，而且这种集会是平等的。任何人都不可能凭借自己的意志改变抽签的结果，也就不会有人对选举的合法性提出质疑。

在真正的民主制度当中，抽签选举是极为便利的，这种人人平等的方式并不会因为每个人在财富、才能或者道德方面的差异而造成不平等。不过，这种理想中的民主状态并不存在于现实生活当中。虽然凭借运气成为行政官员的做法可以充分保证平等，但是这会让那些根本没有治国理政才能的人走上并不适合他们的岗位。因此，就必须将选举与抽签这两种方式混合使用。在军事领域、财政领域这些需要特殊才能的领域，使用选举制就能够将最具有才干的人放在这些位置上。而对于那些只需要廉洁和平民立场的职位，则用抽签的方式就可以确认。

在君主制度之下，不论是选举还是抽签都不会对臣民有什么影响，所有的决策都由君主做出，公民的意见并不能够左右君主的决策。而君主在选派行政官员时，也往往只有他一个人拥有选举权，因为君主本身就是独一无二的。当法国大主教建议路易十四扩大御前会议，并且用投票的方式选举内阁成员时，这位大主教并没有意识到，他的这一建议实际上是在改变政体。此外，我们还必须对议会的投票方式与计票方式进行探讨。在这方面，古罗马的统治者用十二铜表法为我们提供了参考。虽然古罗马的民主只是少数奴隶主党团的民主，但是对于长期处于黑暗和愚昧的欧洲来说，那时计票和投票的方式值得我们借鉴。

我们虽然要研究罗马的投票方式与计票方式，但是不得不承认现有的关于古罗马的文献少之又少。我所掌握的仅有的一些关于古罗马的资料也是经过当代欧洲人加工过的，这无疑会让我们对罗马的想象偏离历史事实。所以，我只能够通过一些关于罗马的寓言故事与编年史来对古罗马进行复原。罗马建国之后，主要由三个部族的人组成，即沙滨人、阿尔班人，以及外邦人，这些人分布在罗马的不同区域之内，并形成了部族。每一个部族由叫作库里亚的单位构成，十个库里亚构成了一个部族，而一个库里亚又分成了数个德库里亚，这些库里亚和德库里亚都具有不同的首领。

为了便于外出对异族人进行劫掠，每个德库里亚都必须出一百人组成一支骑兵队。实际上，当时的罗马只是一个弱小的城邦，这些多余的军事力量会给罗马的财政带来巨大的负担。不过，随着罗马征伐的地盘越来越多，被罗马奴役的民族越来越多，罗马城成了罗马共和国的首都。而这种在无意之间创造出来的政体，也为其他欧洲小邦提供了模板。不过，在士族被划分出来之后，沙滨人和阿尔班人并没有得到多大的发展，他们的人口数量和文明程度依然和他们在建立罗马之初差不多。但异邦人的数量不断增加，这些异邦人多半是罗马人从各地劫掠来的奴隶。随着异邦人数量的不断增多，现有的三个士族之间的比例就出现了严重的不平衡。于是，塞尔维乌斯国王就将这三个士族的名称废除了，并按照他们所在的区域对这些人口重新进行了划分。他把三个部族又分成了四个，并将这四个部族分别安置在四座山上。为了避免奴隶的反抗和逃跑，他禁止各个部族自由迁移，并且禁止部族之间的通婚，以免造成部族混同。

随着人口和领地的增加，骑兵团的数量也相应扩大了，原来的三个骑兵团被增加到了十二个。此外，塞尔维乌斯国王又在四个部族之外加了三十多个新部族，组成了罗马共和国的基础。随着罗马的不断发展，农村和城市出现了分化。这一分化的出现使得罗马共和国的部族基础被逐步瓦解，城市与农村的部族开始相互贬低。农村作为罗马的主要兵源变得逐渐枯竭，艺术与科学被统统赶进了城市，成为奴隶制的点缀。随着罗马财富的不断增加，以及奴隶数量的不断增多，曾经的罗马帝国的战士再也不用冒着生命危险外出打仗了。他们可以待在家里享受安逸的生活，以及奴隶们无微不至的照顾。于是，养尊处优的罗马人便失去了往日的斗志，过起了奢华萎靡的生活。

面对如此之多靠掠夺而获得的战利品，罗马人必须找到一种分配它们的合理方式，元老议会制度便由此产生。一开始，元老由德高望重的老人组成，他们能够成为罗马的公民并成为元老，多半得益于他们有着良好的部族血统。不过，由这些人组成元老院的持续时间并不长，青年军人很快就取代了他们成为长老。这些人成为共和国权力的执掌者，并非因为他们多么具有治理国家的智慧，而是因为这些人通过不断地对外征战可以获得大量的财富和战利品。可以说，这些青年军人才是罗马财富的主要来源。于是，占有大量财富并且战功赫赫的罗马军阀们成为罗马元老院的座上客。为了将数不清的战利品进行合理分配，罗马人必须用民主投票的方式保证每个罗马公民都获得分赃的权利。基于此，罗马的民主制度应运而生。

罗马人的投票方式与希腊人的投票方式有着较大的不同。希腊城邦较小，而且公民人数较少，因此一人一票就能够将所要处理的事务解决。但是罗马则不然，罗马人控制了太多的地方，不论奴隶数量还是公民数量都是希腊人所不能够比拟的。因此，罗马人如果像希腊人那样也采取一人一票的选举方式，不仅效率低下，而且十分容易产生部族之间的火并。除此之外，随着军阀们在罗马共和国之内的权力越来越大，人们发现那些军事实力强的军阀往往会获得更多选票，而没有军事实力的人的选票对投票的最终结果并没有什么影响。基于上述原因，罗马采取了一种与希腊人迥然不同的投票方式。他们将最早的骑兵团变成了百人团，并且以这些人组成党团，在进行投票时罗马人以党团为单位进行投票。

至于罗马时期的计票方式，罗马人早期采用唱票的方法进行计票，并且由一个书记员将票数详细记录下来。每一个党团中的多数票就决定了这个党团的投票结果，而党团之间的多数票则决定了所要讨论事务的最终结果。罗马早期还处于赤贫状态，投票并没有与他们所获得的利益挂钩，那时的罗马公民心中还存在着对公平和政治的向往。不过，在罗马共和国后期，选票可以被权贵或者军阀们收买，即使选民将选票大声唱出来，也未必表达的是自己的心声。他们的心里藏着的无非是那些寡头们给他们的金币，以及对寡头们的惧怕。当计票出现不公正时，罗马的统治者们也并非没有采取措施。他们将公开唱票改成了秘密计票，不过这种做法反而让贿选的歪风邪气愈演愈烈，许多公民甚至为了一己私利将自己的选票出卖给外邦人，变成了可耻的卖国贼。罗马共和国末期，民主制度已经名存实亡。军阀不得不经常依靠装神弄鬼来欺骗民众，而这时的罗马共和国也走向了末路。当罗马共和国的制度已经不能够再维持的时候，统治者用了另外一种看似温和实则更为阴险残忍的方式对其进行了统治，那就是利用宗教为民众戴上精神的枷锁，让他们永远做罗马帝国的奴隶。不过，这种政教合一的制度并没为苟延残喘的罗马延续多少命数，随着罗马帝国的解体，欧洲陷入了黑暗而漫长的中世纪。

　　契约社会与政教合一的社会制度处于对立关系，但是欧洲社会受到过宗教广泛而深刻的影响，为了更好地说明契约社会的正确性，我们必须对宗教进行深入研究，并且阐释宗教与契约社会当中的公民的关系。最初，人类社会当中并没有国王或者政府，他们的心中只有神灵。经过较长的一段时间之后，人类还会将自己的同类当作自己的统治者。一个部族往往会围绕着一个神灵聚集起来，从神灵的数量中就可以看出人类曾经有多少个部族。在欧洲，如果两个部族拥戴的是两个相互对立的神灵，那么这两个部族之间肯定会经常发生冲突乃至战争。同时，这两个部族因为拥戴的神灵不同，也就不可能共同拥戴一个首领。事实上，政治上的不宽容与宗教上的不宽容在本质上相同，神灵的不同产生了民族的区别，而多神的局面则使得宗教上的不宽容与政治上的不宽容同时产生了。

古希腊人曾经想要在其他民族当中找到自己的神灵，这并非是因为希腊人想要寻找他们和外族人的共同点，而是认为他们自己天然就是外族人的主人。这种想法的言外之意无疑是说，那些不与我们拜同一尊神的人都不是人。如果现在还有人抱有同古希腊人相同的想法，那么这些人也未免太可笑了。那些神明的名字都是不同的，怎么可能被混为一谈呢？如果有人问，为什么在多神教的时代，宗教战争却很少发生呢？我认为这是因为当时的神明只是作为不同部族的信仰或者图腾，而这些部族并没有将神灵与政权相互替代或者相互混淆。如果说宗教与政权是相互独立的，那么部族之间就不会因为存在宗教冲突而造成战争。即使是被认为最为排外的犹太教众，在摩西时代他们也很少会认为除了自己的神是真神之外，别人的神都必须被自己的神明统治。

但是，犹太民族作为一个弱小的民族，他们本身就处在虎狼环伺的环境当中。这些人为了证明自己的种族存在的合法性，就必须不断地强化自己神明的统治地位。终于，犹太人将自己的神明塑造成了一具畸形的偶像。他们认为，只有犹太人的神才是宇宙当中唯一存在的真神，而只有犹太人才是这尊神所选召的臣民。换言之，犹太人认为其他民族的神都不是神，也就是说其他种族的人都不是人。也只有用这种说法，弱小的犹太人才能够在颠沛流离的生活当中保持种族的完整。

于是，犹太人在每次打仗的时候都会抬着一个柜子往前冲，因为约柜作为他们种族的象征只护佑犹太人这一个族群。不过，不管犹太人如何对自己的神明自吹自擂，他们仍然没有逃过被征服、被奴役的必然结果。犹太人先是臣服于巴比伦，后来又给叙利亚国王当奴隶。不过，在此期间犹太人从来都是拒绝改变自己对神明的信仰的。正因此，他们每流浪到一个国家都会因为反抗皈依其他宗教而遭到迫害，又因为犹太人在每个地方都从事高利贷业务，这使得本来就被排挤的他们更加遭到其他民族的痛恨。

实际上，犹太人的遭遇也并不值得世人对他们有多么同情。犹太人当时作为弱小民族保存自己的宗教情有可原，但是当他们强大起来时，他们就将自己所遭受的一切痛苦又反加在其他民族身上。因为在犹太人看来，既然犹太教是唯一正确、唯一合法、唯一灵验的宗教，那么其他民族的宗教也就没有存在的必要了。只有皈依犹太教才是正途，而异教徒则不应该存在于这个世界之上。实际上，如果一个民族或者一个国家实行政教合一的制度，那么除了征服其他民族之外，并没有任何一种途径能够使得其他国家的民众皈依于征服者自己认为正确的宗教。传教士只是征服者的影子，难道十字军每到一个地方都是依靠传教士掠夺下每一座城池的吗？传教士只是征服者的随从，为宗教战争提供所谓的正义性而已。既然如此，我们为了将这个问题看得透彻，就必须从征服者这一个线索入手。

人类在远古时期从来没有为宗教而战，正像《荷马史诗》当中说的那样，神明作为人类的帮手和后盾，他们都在为人类打仗。那时，交战双方都在自己的军营当中搭设祭坛，并许诺如果神明帮助自己的军队，那么他们将给神明更多的供奉。但是，罗马人在对外征伐当中并没有将上述习俗继承下来。他们在征服每一个地方之后，都要将这个地方的神明请下神坛，并将自己族群崇拜的神留在神坛之上。因为在罗马人看来，将对方族群的神明换为自己所崇拜的神明，那是对方臣服的最好象征，同时也是奴役他们精神的最好手段。相比于罗马人将自己的法律留给被征服者而言，将自己的神灵留给被征服者能够起到更好的效果。

随着罗马人的不断扩张，他们的宗教也遍布了他们所征服的每一个角落。有时候，罗马人为了方便自己的统治也会允许当地人保留一部分他们自己的宗教，但是这些被征服者的宗教并不会成为主流，于是能够流传于世间的就只有罗马人自己的宗教了。因此，经过一段时间之后，人们发现虽然市面上还有很多神，但是这些神在本质上的差别并不大，而且都有罗马人所崇拜的神的影子。就这样，在罗马人的疆域之内，多神教已经接近消亡，宗教的神明变成了独一无二的。

于是，耶稣的基督教在这样的大背景之下应运而生。实际上，基督教最初是奴隶的宗教，它虽然脱胎于犹太人的犹太教，不过与犹太教的自吹自擂而言，基督教更容易被占数量最多的奴隶们接受。因为，基督教在罗马帝国统治时期实际上是一种因反抗罗马统治而产生的宗教流派，即"驱罗宗"。但是，当基督教的影响力不断扩大之后，罗马帝国的统治者变得异常恐惧，他们害怕这种宗教会颠覆他们的统治。于是，罗马帝国的统治者对基督徒展开了残酷的镇压。但是，基督徒们并没有因为杀戮而变少，反而越来越多。这倒不是因为耶稣施展了什么神迹，而是因为罗马帝国这个建立在千万奴隶血肉之上的帝国太过残暴和腐朽。奴隶作为帝国的基座已经无法再供那些罗马公民老爷们鱼肉，而他们也迫切想要改变他们自身的生活状态。基督教就像黑暗中的一道光，给了那些苦苦挣扎于世间的奴隶们些许希望。

但是好景不长，罗马帝国的统治者马上意识到，与其对基督教进行镇压，不如将基督教作为招安的对象，让基督教为自己服务。于是，基督教从一个非法宗教变成了合法宗教，最终成为罗马帝国的国教。与此同时，基督教的性质也发生了根本性的变化，它已经不再是奴隶们倚仗的反抗奴隶主的宗教了，反而变成了统治者奴役民众的精神工具。

在信奉基督教的国家当中，普遍实行政教合一的制度。教权作为统御所有民众的权力，处在王权和政府权力之上。这种制度设计的初衷实际上是为了将政教相互混合，有时宗教教义甚至能够代替法律。不过，在实践当中这种制度设计马上出现了问题。因为从法理上来看，教权与王权之间存在着根本性冲突。两者之间的二元对立使得臣民们无所适从，他们不知道自己的主子与自己的神父之间到底应该听谁的。有时候，王权与教权的冲突会引发持续不断的战争，而为了避免矛盾的激化，基督教采取了另外一种办法。

当一个群体内部出现了不可调和的矛盾时，最有效的办法就是将矛盾引向外部。为了巩固基督教的一元化，基督教对其他宗教展开了大量清洗。那些除了基督教之外的本土宗教遭遇了毁灭性的打击，它们的教义被当作异端学说而销毁，而那些本土宗教的信徒们也被当成了巫婆或者神棍被烧死在了火刑柱上。于是，在基督教的恐怖镇压之下，所有欧洲民族想要保留自己本土宗教的努力都没有成功。除了在宗教上对异教进行镇压之外，基督教国家也不断打着传教的名义对外进行征伐。

然而，在欧洲，王权与教权的矛盾愈演愈烈，无法得到解决。于是，有些国家开始对宗教进行改革。例如，在英国和俄国，国王自立为宗教领袖。不过，与其说他们是自己国家宗教的主人，倒不如说他们是自己国家教会的用人。虽然宗教并不等于教会，但是宗教的确是通过教会进行传播和组织的。教会与其说是一个宗教机构，倒不如说是权力机构。当教士们在教会当中形成利益共同体之后，即使国王自立为本国的宗教领袖也难以统领自己国家的教会。他们能做到的只是在现有基础之上对教会进行维持，而在教会之内只有教士们才是立法者，才是宗教的真正主人。因此，即使英国国王与俄国沙皇尝试着对本国的宗教进行改革，他们也无力去改变王权与教权二元化的现实。

在所有基督教国家的哲学家当中，霍布斯对于王权与教权的二元化矛盾了解得最为透彻，并且提出了解决这一问题的方法。他认为解决二元化矛盾的唯一途径，是建立政治上的统一。因为宗教矛盾归根结底是由政治上的矛盾产生的，如果不将政治上的矛盾解决好的话，那么不论是国家、政府，还是宗教都没法良好运转。因此，霍布斯提出将英国的国徽改为双头鹰，一头代表王权，而另一头则代表教权，这两种权力以政治的统一相互融合在一起。但是，霍布斯也应该看到，在那些教士们看来，自己的利益和教会的利益绑在一起，而这利益是与国家利益相互冲突的。基督教作为精神世界的统治者，它绝对不会允许别人染指它的权利。然而，相比于那些浑浑噩噩的欧洲哲学家而言，霍布斯的观点至少为我解决宗教权利与政府权利的问题提出了解决路径。而那些痛恨霍布斯的人，他们倒不是为霍布斯提出的错误理论而恼怒，而是因为霍布斯的正确观点戳中了那些人的软肋。

在欧洲的思想界，对于宗教问题流传着两种观点：一种观点认为，宗教对于政体而言没有任何用处，它本就不应该存在于国家当中。而另一种观点则认为，宗教是政体的支柱，如果没有宗教，那么国家就会土崩瓦解。我对上面两个观点都不赞同，我认为，依据基督教制定法律归根结底对于国家是有害的。实际上，王权与教权的对立并非是源于政府和人类宗教的矛盾，而是主权与权力宗教的矛盾。

宗教分为两种完全不同的类型，一种是人类宗教，而另一种则是权力宗教。人类宗教是人类认知世界的一种方式，当人类的理性无法对一些自然现象进行解释时，人们就会用宗教对这种现象进行解释。除此之外，人类宗教主要用于调整人类的精神世界，它是人类对宇宙的永恒规律与人类的道德的崇拜。因此，人类宗教作为人类认知世界的方式，以及安驻灵魂的方法与权力并没有任何直接关联。不过，权力宗教却与人类宗教正好相反，它自诞生的第一天起就与权力紧紧联系在了一起。虽然权力宗教也具有人类宗教的内容，但是权力宗教的最终目的并非是要安驻人类的灵魂，而是成为人类灵魂的统治者。基督教显然属于权力宗教，即使它在创教初期起到了人类宗教的作用。

当我们看到教权与王权的矛盾是权力宗教与主权的矛盾之后，就要着手解决这一问题。既然将基督教与政权结合对国家和政府都是有害的，那么就应当将基督教与国家和政府相互剥离，不能够让二者混为一谈。教会是基督教权力的基础，那么教会就应当从国家和政府的权力当中退出，专心从事救赎灵魂的业务。而且，王权与教权都不是最高权力，因为在契约社会当中，政府权力的源于主权，即国家权力，那么王权与教权都应当统御在主权之下。如此，从理论上便杜绝了权力宗教和主权的冲突。不过，理论性的思辨并不能自然而然地变为现实，决定权力宗教与主权谁能最终统御对方的是双方力量的对比。

此外，在契约社会当中，国家和法律是最为神圣的主体，即使宗教也不能够凌驾于国家和法律之上。因此，基督教不应当再作为一种排他性国家宗教出现了，它应当下降到与其他宗教平等的位置。如果主权和法律是契约社会公民的最高准则，那么契约社会就应当宽容一切能够被宽容的宗教。只要这些宗教不违反国家法律，而公民尽到自己应当为国家尽到的义务。只有这样，宗教才不会成为矛盾的根源，而它作为能够调整人们的精神世界，将同一个国家之内的公民团结起来的力量，能够对契约社会的秩序起到良性作用。

在解决了宗教与国家主权的矛盾之后，很多人认为契约社会的构建已将大功告成。只要我们合理地处理好民权与社会、主权、政府、制度之间的关系，那么契约社会就一定能够对民众的权利起到最大限度的保障作用，并且从根本上消除人类之间的不平等。但是，我要说有这种想法就大错特错了。因为这个世界上并不存在任何一劳永逸的制度，而所有的制度都是先有事实，之后产生相应的概念。任何法制的建立都是人们在实践基础之上的总结，最后才转化为成文字。任何制度都不能从人们心中的愿望，或者从半吊子文人们所鼓吹的普适价值出发，而应当是从现实情况出发，通过人实践并通过人确立起来的。真正能够对民权起到保护作用，消除人类不平等的，并非法律也并非制度，甚至不是契约社会，而是一个个新人的诞生。如果我们想要开创一个崭新的时代，那么我们就必须培养出一辈辈符合这个崭新时代要求的合格人民。我将这些新人称为爱弥儿，并向世人展现爱弥儿是如何被培养成为一名新人的。

第五讲

思齐政教：论育人

一、爱弥儿的诞生

爱弥儿的智力并不出众，他既不聪明也不笨，在众多孩子当中，爱弥儿的智商只能算是中等。但是，中等智商的孩子相比于天才而言更为符合我的要求，因为普通孩子大多只有中等智商，而天才只是个例。爱弥儿作为我实验的对象首先要具有普遍意义，只有这样才能够让他的教育成为所有孩子教育的样板。此外，爱弥儿出生在温带地区，因为在温带生活更加有利于他的成长。在这里，他既不用担心酷热，也不必受到严寒的侵扰。更为重要的是，温带四季分明，世界上大部分的人都生活在温带地区。而爱弥儿降生在温带，也无疑会为更多孩子的教育起到典范作用。

爱弥儿出生的时候并没有父母，他是一名孤儿。这倒不是因为爱弥儿是我假定出来的一个孩子，而是因为只有他是一名孤儿我才能够决定他所有的生存权、发展权以及教育权如何行使。换言之，爱弥儿的成长由我来全权负责，这样我可以承担爱弥儿全部的权利和义务，并且能够改变他的生长环境，做出最合适的选择，并让他在最合适的环境中成长。这样，爱弥儿作为我的实验对象就变成完全可以控制的了。

最后，爱弥儿必须是一个完全健康的孩子。这不是因为身患残疾的孩子就不能够进行教育，而是因为大部分孩子在出生之后就是健康的，只有假定爱弥儿也是一名健康的孩子，他的存在才更具普遍意义。因此，我们假定爱弥儿在出生之后并没有任何疾病，他的性格开朗活泼，他健康的身体能够听从他独立意志的支配。因为爱弥儿是一个健康的孩子，所以他并不会受到虚弱的限制，而沉迷于那些感官上的欲望。也正因为爱弥儿的身体强壮，他的精神也非常饱满，而不会因为受到一点点小风浪就变得萎靡。

爱弥儿是孤儿，他在婴儿时期并不能受到母亲的照顾。基于此，我为爱弥儿选择了一位保姆，负责他婴儿阶段的诸多事宜。但是，这个保姆与市面上的其他保姆存在着一些区别。首先，这个保姆的身心必须非常健康，她不能患有任何疾病，而且身体非常强健，最好是个刚刚坐完月子的人。这样不仅能够保证爱弥儿不会被保姆传染上任何的疾病，而且保姆还能够有足够的精力和经验对爱弥儿进行教育。其次，保姆不能够经常换人，在选定一个合适的保姆之后，她就要确定下来，陪着爱弥儿度过整个婴儿时期。

保姆如同老师一样不能随便更换。试想如果孩子的老师经常被更换的话，那么老师在孩子的心中还会有权威吗？当一个孩子已经适应了一名老师的时候，如果轻易将他更换掉，那么孩子就需要时间去适应新老师的风格，而新老师同样要在教学活动当中寻找最为适合孩子的教育方式。当学生与老师都把时间浪费在相互适应上的时候，孩子在这种变化和动荡当中就会迷失方向。而且，孩子每每更换一个老师，那么他就会不由自主地将这个老师与以前的老师比较。孩子在年幼时虽然尚不成熟，但是他们已经有了自己的判断力。一旦一名老师被孩子认定在某些方面不如他，那么他就很难服从老师的教导。所以，不论保姆还是老师，在孩子的幼年时期最好不要随便更换。

父母对于孩子而言是唯一的长辈，但是孩子在接受教育的时候并不能与父母待在一起。他只能在接受教育的过程当中将自己的保姆或者老师当作自己的长辈。而在孩子的幼年时期，不论是孩子的父母还是老师或者是保姆，他们在对孩子进行教育的时候都要保持一贯性，不能随便改变教育的风格，让孩子无所适从甚至对某些人或者事物产生偏见。即使出于好心要改变保姆的生活方式，那也是不可取的做法。因为这样做不仅仅会破坏保姆生活的舒适性，同时也会让保姆产生负面情绪。而保姆一旦产生了负面情绪，那么她就很有可能将这种负面情绪加在孩子的身上。所以，雇主必须保证保姆生活舒适、营养充足，在照顾孩子的时候必须有个好心情。此外，如果保姆原先的生活方式已经可以保证她能够身体健康地生活，那么就更没有必要改变保姆的生活习惯了。因此，雇主只需要保证保姆的吃穿住行就可以了，并不需要对保姆的其他生活干预过多。

在孩子的成长当中，新鲜的空气将会起到至关重要的作用。空气是孩子除了饮食、水和衣物之外接触最多的东西，空气当中的物质会直接进入孩子的身体当中。因此，特别是在孩子的幼年阶段，空气的好坏将直接决定着孩子的身体健康程度。与其让孩子的保姆从乡下去城里照顾孩子，还不如让保姆把孩子带到乡下去。在乡下，孩子除了可以最大限度地亲近大自然之外，最为重要的是乡下有着良好的空气，十分利于孩子的成长。城里虽然比农村更为便利，但是也比乡下更为乌烟瘴气。城里的空气不仅不利于孩子的呼吸和成长，而且会让孩子养成懒惰的习惯。农村则正好相反，出生在农村的孩子从小就可以受到大自然的滋养，并且对于土地的亲近可以让他们养成勤劳的习惯。因此，爱弥儿作为一个新生儿，要被保姆带到农村生活一段时间，在此期间，爱弥儿的老师也会时刻伴随在他的左右。

现代人已经习惯了像蝼蚁一样的生活方式，他们经常挤成一团摩肩接踵，看似很有活力的样子。但是，这种生活方式对于人类而言有百害而无一利。人群聚集的地方不仅空气混浊，而且容易产生传染病。只要是人多的地方就会有利益争端，因此也就会出现永远无法停止的争斗。让爱弥儿在这种环境下成长，无疑对他的童年是一种戕害。事实上，人类出现在地球上的时候并不是群居动物，他们是自由自在生活的个体。不过，当人类组成了社会之后，这一切就都发生了根本性变化。人类越是聚集在一起，他们的心就离他们的良知和本心越远，而人也就越堕落。现实社会中的人们之所以身心都非常不健康，根源就在于这种群居的生活方式改变了我们原本淳朴的天性。

虽然人们在进入文明社会之后就过着群居生活，但是这种生活方式是对人最为不利的。当人与人待在一起时就会对对方造成干扰，即使呼吸和语言当中都会带着火药味。人们逐渐失去了天生的平静与和谐，在嘈杂和喧闹当中消磨着自己的天性。因此，城市的灯红酒绿仅仅是一瓶毒药和美丽的包装纸，它实际上是埋葬人类的深渊。如果人类几辈人都在城市当中生活，那么人类这一物种一定会遭遇史无前例的退化。人们的身体会变得越来越羸弱，他们的人性也会变得愈发糟糕。爱与诚在那个时候已经无法在人类的心中起到任何作用了，统治者们只能用铁与血来维持社会的秩序，但这又反过来使得人类社会变得更加糟糕。这样下去，人类的发展一定会走入死胡同，而他们的毁灭也就近在眼前了。

能够阻止人类退化和毁灭的方法只有一个，那就是逃离城市重新回到宁静的农村生活。所以，我让爱弥儿的保姆和老师将他带到农村去生活，让这个出生在城市当中的孩子获得新生，让大自然再次赋予他生命的活力。让孩子恢复由于人群的聚集而被夺走的清澈心灵，以及由于娇生惯养而丧失的生命活力。很多妇女对于生育持有错误的观点，她们认为在农村生孩子不如在城里生孩子好，因为农村不论生活条件还是医疗条件都要比城市差。这种想法看似具有一定的合理性，但是这些妇女并没有看到，在农村出生的孩子相比于在城里出生的孩子而言，他们更为接近自然，体格会更为强壮。而母亲们也会因为在农村生活获得快乐的心情，这样可以使她们的生产更为顺利，也更加乐于承担起抚养孩子的重任。

孩子在出生之后就必须用清澈的水清洗身上的污垢，以保持婴儿的清洁不至于染上任何疾病。有些地方在给婴儿洗澡时习惯往水里加酒，我认为这种做法大可不必。虽然酒能够起到为婴儿消毒的作用，但是酒精作为一种强刺激性物质会在孩子出生之后就损害孩子们的皮肤。而且，酒作为一种人工酿制的饮品，并不是由大自然产生的物质，它对于由大自然创造出来的人类的成长并没有太大的帮助。在给刚刚出生的婴儿洗澡时最好将水温调得非常合适，因为毕竟此时的婴儿身体脆弱，稍有不慎他们就会染病。在为刚刚出生的婴儿清洗时，最好用温水。当然，随着婴儿的岁数越来越大，他们的身体也会变得越来越强壮。这时，我们就要将孩子洗澡的水温调低，直至养成孩子不论春夏秋冬都用冷水洗澡的良好习惯。用冷水洗澡不仅可以培养孩子顽强的意志，而且冷水也可以对身体进行刺激，从而提升孩子的抵抗力。而从小养成孩子用冷水洗澡的习惯，可以让他们将这个有利于身体健康的习惯保持终身。

孩子在洗澡时用低温度的水，不仅是一种保持他们身体健康的做法，更为重要的是，这种做法还可以从根本上提升孩子们的身体素质。让他们的肌肉变得更加强壮，而肌肉纤维则变得更加柔和。他们因为长期经受这种锻炼，使得他们可以在十分恶劣的天气下生活。不论是在炎热的气候条件下，还是在寒冷的气候条件下，他们都可以比常人更快地适应，并且在这种适应过程当中，不会因为恶劣的天气而造成身体的病变。

我们一定不要在婴儿出生之后就将他们裹得严严实实，这种做法最不利于婴儿的成长。实际上，帽子、围巾、襁褓等等对于婴儿来说都是不需要的。相反，应该让新生儿穿上宽大的衣服，让他们的四肢能够灵活动弹，让他们的肌肤接触清新的空气。当孩子成长了一段时间之后，他们已经掌握了爬行和翻身的技巧的时候，就让他们在没有危险的情况之下，在屋子里自由爬行，从而释放自己的活力。在这种环境之下成长起来的孩子，他们的身体素质和发育速度将比那些终日待在襁褓当中的孩子快得多。

有些人认为，孩子在出生之后并不用刻意对他们进行教育，当孩子到了上学年龄的时候才是对他们进行教育的最佳时机。实际上，这种想法并不正确。孩子自刚刚出生开始，他们就已经成为一个学生，而此时就应当对孩子进行教育。只是此时并不是向他们灌输书本上的知识，而是积极配合孩子们的天性，让他们保留孩子天性中好的那一部分，克服他们身上不好的东西。此时，老师所要做的事情就是给予孩子充分的观察和活动的空间，让他们改掉与生俱来的缺点，而将好的习惯在最初的年龄段就养成下来，并且等待着孩子在度过婴儿的蒙昧阶段之后，散发出第一道智慧的光芒。

孩子的学习能力并非是后天形成的，他们的学习能力是与生俱来的。不过，孩子在出生之后，他们并不知道他们天生就具有学习能力。新生儿在降生的时候除了哭之外并没有其他表达自己内心情感的方式，这就让他们看起来对事物并没有任何的判断力。事实上，婴儿的智慧是与生俱来的，他们之所以没有在出生之后就表现出来，根本原因在于他们的身体器官还未发育完全。他们的智慧就像是被放在一个破罐子的钻石，并没有显示出多么夺目的光彩。婴儿在刚刚降生到这个世界上的时候，甚至都无法感受到他们自己的存在。而他们的哭和笑也并非出于自己的意志，而更多的是对外界事物的机械化反应。他们的所作所为当中，并没有多少他们自己意志的成分。

正如我在上文当中所提到的那样，孩子的教育并非是在他们展现出自己的理性思维的时候开始的，而是从出生就开始了。我甚至认为，孩子之所以能够展现出他们的理性思维，关键在于我们从小就对孩子进行了相应的教育。孩子从降生到这个世界上之后，他们还无法听懂成年人的对话，但是就在这似懂非懂的时候，他们就已经在接受外界对他们进行的教育了。

这种教育虽然与他们童年时期的学校教育有着较大区别，并且还没有多少理性的成分，但是这种教育更加接近于经验。当婴儿已经学会在感觉到饿的时候就去找自己的乳母时，他们实际上就已经具备了相当多的生存经验。

人类的知识主要由两部分组成，一种知识是普遍性的知识，如生活技能、听说读写、运算等，这种知识的掌握虽然也需要经过一段时间的训练，但是这类知识可以被绝大多数人掌握。另一种知识则是特殊知识，比如物理、天文、化学、法律等，这些知识如果没有经过长时间的教育与刻意训练的话，那么就很难被人们所掌握。而在现实生活当中，也只有少数的学者、哲学家、科学家真正掌握了第二种知识。掌握第二种知识的人相比于掌握了第一种知识的人而言，可以说是少之又少。

也许因为普遍性的知识相比于特殊知识而言，它们获得的方式更为简单，大多数人不用费多大力气就能够掌握，而特殊知识则需要耗费大量的时间和精力才能够掌握，普遍性知识受人重视的程度较低，而特殊知识则受人重视的程度较高。婴儿因为还没有步入理性认知的阶段，因此他们对于事物的认知完全凭借自己的感性，他们的头脑当中并不能进行复杂的逻辑推演，只能感觉到快乐和痛苦。因为婴儿在出生之后还没有任何行动能力，他们的行动还只能受到外人的摆布，所以他们并没有形成对表征性事物的感觉。当外物消失在他们的视野当中时，或者外物的大小形态发生改变时，这些外物的变化反而会让他们形成表征性感觉，并且让他们处于习惯的支配之下。

因此，人在成年时的诸多习惯实际上都是在婴儿阶段养成的。例如，婴儿的眼睛天生对阳光就具有敏感性，他们的目光总是喜欢追着阳光。如果婴儿在摇篮当中长期受到来自一个方向的光的照射的话，那么他们的眼睛就自然会偏向一个固定的方向。而这样的环境就会使得婴儿养成斜视的习惯。为了防止孩子变成斜视，我们应当经常调整室内阳光照射的角度，或者加长婴儿背光的时间，让他们学会克服黑暗的恐惧，并逐渐适应黑暗的环境。在黑夜里，他们不至于因为没有灯光而哭闹。

如果我们经常让孩子在固定的时间之内吃饭或者睡觉的话，那么孩子在那个固定的时间就会感到饥饿或者困乏。这并非因为他们真的需要吃饭或者睡觉，只是因为长期反复的活动使他们养成了习惯，他们在那个时间点就会有相应的感觉而已。换言之，如果出于孩子的天性的话，那么他们并不需要有这些习惯，这些习惯只是人们强加到孩子身上去的而已。所以，我们应当有计划地培养孩子养成正确的习惯。

有些人认为，孩子唯一应当有的习惯，就是他们不沾染任何习惯，这种说法是极为错误的。因为一个人只要降生到这个世界当中，就会不断地受到外界的影响，从而养成各种各样的习惯。我们要做的不是阻止他们养成习惯，我们也绝对无法做到这一点。我们能够做的是让孩子远离那些坏习惯，而养成好习惯。例如，我们为了让孩子养成用右手拿东西的习惯，我们可以经常用固定的胳膊抱他们。如果我们想要让孩子从小养成早睡早起的习惯，那么我们就必须让他们在固定的时间之内睡觉。如果我们想要孩子在长大之后养成合理饮食的习惯，而不是做一个暴饮暴食的人的话，那么我们就必须让他们在固定的时间吃饭，并且为他们规定好最为合适的饭量。当孩子能够自由支配自己的身体，并且形成了自己的独立意志的时候，这些在婴幼儿阶段养成的良好习惯就会发挥出重要的作用。

当一个孩子拥有了自己的判断力之后，他们就可以在我们的引导和帮助之下接触外界事物了。一些父母认为只要孩子具备了自己独立判断的能力，那么就应当让他们自由自在地发展，不应当对他们进行任何干涉。我认为，如果有的父母想要将孩子培养成一个纨绔子弟的话，那么他们大可以让孩子顺其自然地发展，让他们自由地玩耍并自由地堕落。相反，如果父母是有责任心的，并且是想将孩子培养成为一名合格的公民的话，那么他们就应当在孩子的幼年时期对孩子进行引导和帮助，让孩子在自己的有效管控之下成长。

虽然好奇是孩子的天性，但是他们此时还过于柔弱，不能离开父母的视线去接触新鲜事物，因为那些让孩子感到好奇的事物很有可能让孩子受到伤害。如果孩子经常受到外物的影响而改变情绪的话，那么他在成人之后就很有可能成为一个十分易怒的人。而且，这种从小就养成的习惯很难被改掉。在我们的印象当中，蝴蝶是一种美丽的动物，大多数人将蝴蝶抓去做成标本，它的精美堪比最上乘的艺术品。但是，如果一个孩子从来没有见过蝴蝶，他就很有可能对这种生物产生恐惧，如果父母没有对他们进行正确的引导的话，那么蝴蝶这种美丽的生物反而会在孩子的心中蒙上恐怖的阴影。这种阴影不仅不会在他们的心中消除，反而会越来越严重，直至终身都无法消除掉。

我们选择让孩子在幼年时接触到的东西，会直接决定他在成年之后是成为一个勇敢的人还是成为一个懦夫。因此，在孩子学会说话之前我们就要对孩子进行教育。孩子在他的幼年阶段需要接触各种各样的东西，包括美丽的东西和丑陋的东西。当我们想让孩子接触丑陋和古怪的东西时，我们不能够一开始就将这些东西摆在孩子们的面前，而是让他们在远处对这些东西进行观察，逐渐习惯它们之后，再将这些东西摆在孩子们的面前。如果我们不顾孩子们的感受，一上来就将古怪的东西放在他们面前的话，那么这个东西很有可能让孩子终身恐惧。

爱弥儿天生就对丑陋的面具充满了恐惧，当他第一次看到面具时，他便号啕大哭并且躲到了自己的房间当中不敢出来。我在帮助爱弥儿克服对面具的恐惧时采用了这样的方法：我将一个非常美丽的面具戴在自己的头上，爱弥儿对此并没有感到恐惧。于是，我让另一个人当着爱弥儿的面也戴上了面具，当这个人戴上面具的时候，我和戴面具的那个人都笑了。爱弥儿看到我开怀大笑，自己也跟着我们一起笑。之后，我挑出了一个很古怪的面具给爱弥儿看，起初爱弥儿对这个面具有抵触情绪，但是当他逐渐习惯之后，也就没有第一次见到这个面具时候的反应了。我小心翼翼地将这个古怪的面具戴在了脸上，爱弥儿看到之后也笑了。最后，我挑出了一个非常恐怖的面具戴在脸上。这次爱弥儿并没有对面具产生任何惊恐，因为从前两次的经验当中，他得出了面具不能对他构成伤害的结论。所以，他与戴着面具的我嬉戏打闹，从此消除了对面具的恐惧。

当赫克托尔与安德罗马克分别的时候，赫克托尔的儿子阿斯纳克斯非常害怕他们头上的羽毛，他看着他们头盔痛哭，并且一头扎进了他的乳母的怀中。阿斯纳克斯的举动引得在场的所有人哄堂大笑，他们没有想到自己的头盔竟然会吓到孩子。

面对这一状况，赫克托尔采取了非常明智的做法。他将自己的头盔摘下来放在孩子面前，并让孩子玩头盔上的羽毛。当孩子消除了对羽毛的恐惧之后，他又将头盔戴在了头上，让孩子玩他的头盔。最后，赫克托尔将头盔戴在了孩子的头上，阿斯纳克斯从此消除了对头盔的恐惧。

我在长期对爱弥儿的观察中发现，当天空中打的雷并不刺耳时，爱弥儿对于雷声并不害怕。只有当雷声会伤害到爱弥儿的耳朵时，他才会对打雷的声音产生恐惧。因为，爱弥儿认为那种雷声会威胁到他的安全。当出现这种状况时，我们可以采用赫克托尔的方式对孩子进行引导和教育，告诉他们雷声并不会威胁到他们的安全，并帮助他们养成消除恐惧的习惯。只要我们在这一过程当中对孩子有足够的耐心，那么他们就能够尽早地克服恐惧，培养出勇敢的品格。

在爱弥儿幼年时，他的心智尚未成熟，记忆力也并非像成年人那么好，能够记住的只是那些能够对他产生刺激的东西。孩子在幼年阶段的所有记忆都来源于他的感性认识，因此我们在训练孩子的记忆力时不能着急，必须采取循序渐进的做法。让孩子逐步接触外界的东西，这有助于让他的记忆力慢慢养成。虽然在培养孩子记忆力的最初阶段，他的进步会非常缓慢，但是当他有一天能够理解这些东西的内在联系时，他的进步就会非常迅速。在培养孩子记忆力的初级阶段，我们只需要让孩子在他的头脑当中对事物建立起最初的感觉，并告诉孩子所接触的事物来自哪里就可以了。

孩子会出于好奇，对他看到的所有东西都摸一摸动一动，他们甚至会满地乱跑个不停。有些父母看到孩子有这种举动的时候，会立刻严厉地训斥孩子，并且让他不要再乱跑乱动。但是，这些父母的做法并不正确。我们应当让孩子在可控制的范围之内对外界的事物进行充分的接触，而不是简单粗暴地打断他们对外界的探索。因为，只有当孩子对外界的事物充分接触之后，才能对所有的东西形成自己的感觉。当他们充分地利用自己的视觉、听觉、触觉辨别外物的时候，他们才能明白什么是冷热、软硬、轻重、大小、高低等，并最终从这种对事物的感性认识，上升到对事物本质的理性认识。

只有在实践当中，孩子们才能够最为直观地认识到，自己与外物并非浑然一体，而是与它们相互分离，外物的距离与他们自己有远有近，这样在孩子的头脑当中就形成了距离观念。事实上，在最初的时候孩子的头脑当中没有距离的观念，他们只能对远近事物进行感性认知。当他们认为一个事物在他们眼前的时候，他们就会用手去抓，并不管自己的手能够真正够到哪些东西。他们往往使劲伸着胳膊，好像要对东西使用魔法一样，命令距离他们很远的东西来到他们身边。事实上，他们做出这样的举动只是因为他们在那个年纪还不能对东西的远近进行辨别而已。

为了解决孩子在幼年时遇到的这个问题，我们应当采取这样的方法：我们不应当将孩子固定在一个位置，而是应让他们经常活动，移动自己所在的位置。孩子们慢慢就会在位置的变化当中学会辨别位置和距离的远近。不过，在孩子活动时，我们就不能不管他们了。因为，这时的孩子虽然对方向和距离有了一定的感觉，但是这种感觉并不准确。稍有不慎，孩子的举动就会对他们自己造成危害。所以，这时候孩子的活动就必须在成人的控制之下，避免他们由于感觉上的偏差而做出伤害自己的事情。

当孩子处于婴儿阶段时，他们的身体是一生当中最为脆弱的阶段，他们的身体也不能完全受到自己的控制，婴儿移动起来十分笨拙，而且只能够用哭声来表达他们内心的情感。如果他们的需求不能得到满足，或者他们所要表达的意思遭到了误解，那么他们同样也只能够用哭泣的方式来表达自己心中的不满。当他们饿了、渴了的时候，他们会用哭声向别人要吃的和水。当他们觉得冷了或者热了的时候，他们会用哭声向别人要求添减衣服。当他们觉得自己身体的某一个部分出现了病痛的时候，他们就会用哭声告诉别人带他们去看医生。当他们想睡觉却睡不着的时候，他们会用哭声表达他们的痛苦。

因为婴儿的各个器官发育得还不完善，因此他们还不能够对各种感觉进行区别。只要是不符合他们意愿的事情，他们就会感到痛苦，并且用他们的哭声表达。人类的社会关系是一条漫长的锁链，但是这条锁链的起点只有一个，那就是人在出生之后的哭声。可以说，人类全部的社会关系的建立，都是从新生儿的哭声开始的。当孩子的身体出现痛苦时，他们就会不停地啼哭，除非这种痛苦消失了。因此，我们就要尽最大的努力发现孩子痛苦的根源，并妥善而迅速地加以解决。只要痛苦最终得以解决，或者孩子的需要得到了满足，那么他们就会立刻安静下来，并停止哭泣。

但是，如果我们迟迟不能够找到孩子哭泣的原因的话，那么他就会一直大哭不止。面对这样的情况，我们不应当粗暴地对孩子进行打骂，而是应该唱着催眠曲哄他入睡。如果我们因为失去耐心而对孩子进行打骂的话，那么问题不但不能够得到解决，反而会使得糟糕的情况变得更加恶劣。这种处理问题的方式还会造成孩子的性格问题。如果一个孩子长期被简单粗暴地对待的话，那么他幼小的心灵当中就会充满了委屈和愤怒。而如果孩子此时还过于弱小，他不可能将这委屈和愤怒发泄在他们父母的身上，因此，这些负面情绪就会在孩子的心中不断堆积，这就会造成他人格的扭曲。在这种环境之下成长起来的孩子，要么将自己的积怨发泄在别的孩子身上，要么在他长大之后将其发泄在他的父母身上。

对于孩子在幼年时就已经表现出来的易怒性格，父母绝对不能掉以轻心，或者任凭这种性格在孩子的心中发展。最初，孩子用哭声表达自己的需求，这种需求多半是合理的。但是，一旦这种需求无法得到满足的话，那么它就会变成对别人的命令。因此，婴儿柔弱的体格就不再是他们依赖别人的原因了，而变成了他们要挟别人的工具。事实上，造成孩子出现这种问题的原因并非是孩子天性的缺失，而是因为我们错误的做法养成了孩子的这种不良习惯。因此，我们必须非常注意孩子用哭声表达的意思，以避免孩子不良习惯的养成。

如果孩子一声不吭地伸手去拿远处的东西，那么说明他们正在试探东西与他们之间的距离。但是，如果他们无法拿到距离他们很远的东西就大哭大闹的话，那么说明他们是在用自己身体的柔弱命令别人将东西拿给他们。当第一种情况出现的时候，我们就要将他们带到他们想要触碰的东西跟前，并且教给他们距离的概念。如果出现了第二种情况的话，那么我们就不能顺着他们的意思去做，而是应当对他们的哭声置之不理，直到他们明白自己不能随便命令别人为止。通过这样的做法，孩子就可以明白他们生下来就不是任何人的主人，也没有一个人会像他们的奴隶一样按照他们的命令行事。

每一个孩子在出生之后都不天生具有理性，他们只是通过自己的感觉对外物进行辨别。人只有在具有理性的时候，才能够对一个事物进行是非善恶的判断。人的良知与人的理性之间是对立统一的关系，它们并不能相互独立而存在。一个没有理性的人是一个疯子，而如果一个人失去了良知的话，那么他无疑是个恶人。只有当一个人既有良知又有理性的时候，这个人才能够成长为一个合格的公民。

爱弥儿在幼年时，他的心中并没有理性，所以他没有分辨善与恶、正确与错误的能力。也正因此，不论爱弥儿的行为在我们看来是善意的还是恶意的，这都不是出于他对善与恶的判断。每个孩子天生就是破坏者，他的这种破坏行为随处可见。孩子经常会将手中的东西摔得稀烂，或者随意掐死一只蜻蜓。这时候，我们不能简单地用仁慈或者残忍来评价这个孩子的行为，因为他的世界观并没有形成，他的这种行为更接近于动物的本能。

有些哲学家认为，人性本来就是恶的，其中充满了自私、狭隘、虚荣、骄傲的成分。除此之外，婴儿因为身体十分柔弱，他们希望用暴力行为向人们证明自己的强大，从而对自己进行保护，好让那些看起来比他们强大的人不敢跨越雷池一步。不过，我认为这种说法并不成立。人在年老时的身体比他们在婴儿阶段还要柔弱，但是没有一个老人用破坏的方式去证明自己的强大。相比于躁动和破坏而言，他们对平和与安静有着特殊的需求。因此，从身体柔弱的老人与同样柔弱的婴儿的角度来看，身体状况并不能够成为我们判断人类天生就具有破坏欲望的根据。

另外一些人认为，老人与婴儿都具有生命的活力，这也就意味着他们都具有破坏的欲望。两者之所以有着截然不同的表现，根本原因是婴儿的活力正处于上升阶段，而老人的活力是逐步消退的。婴儿正在走向生存，而老人则走向死亡。婴儿的生命活力正在急速扩张之中越来越强大，而老人的生命活力则随着时间的推移愈发枯萎。孩子因为生命力旺盛而变得非常狂躁，他们对周围的一切都有着强烈的破坏欲，他们迫切地用一切手段来改变事物的状态，从而证明他们的力量。

如果一个孩子是坏孩子，那么破坏行为在他所有行为当中的比重就会非常大。因为他们的破坏行为说明破坏更适合他们的生命状态，而破坏相比于建设而言要容易得多。也正因为孩子的生命力是如此旺盛，造物主并没有赋予他们多么强大的行动能力，他们只能在有限的范围之内进行破坏。这样就能够避免他们对更多的人造成伤害。试想一下，如果这时这些没有理性的婴儿已经学会了利用工具来满足自己破坏欲的话，那么他们将造成多么大的危害。

如果孩子从小就由着性子来的话，那么这个孩子就会变成一个横行霸道的人，这种人不论在什么地方都是让人讨厌的。不过，这种想要奴役别人的心理并非是与生俱来的，而是由于后天的不良习惯养成的。长久如此，他们的心中就会形成这样一种认识，他们会认为命令别人为自己办事是一件非常快乐的事情，因为他们什么都可以不用做，自己只需要动动嘴就可以了。随着时间的推移，孩子的身体会越来越强壮，他们不会再像以前那样令人厌恶，更不会再用哭声表达自己的情绪了。他们虽然已经可以用自己的意志随意支配自己的身体，但是大自然的限制也不会让他们去干一些出格的事情。

从小便养成的奴役别人的愿望在他们的心中生根发芽，这个念头不会随着时间的推移而消失。在这种愿望的不断驱使之下，他们变得越来越虚荣，总是想通过对别人的欺辱来显示自己的强大，而这种虚荣心也在他们的心中不断膨胀。之后，各种邪恶的念头在他们的头脑当中出现，他们也有了个人意见，而这种意见更多地接近于偏见。就这样，那些没有受到正确教育的孩子就走上了一条不归路。如果没有人提醒他们的话，那么他们的人生也将因此葬送。

面对上述情况，教育者们应当挺身而出履行他们的职责。他们应当将这些走上歪路的孩子们拉回正确的轨道上来。要让这些孩子改邪归正，就必须确立以下原则：其一，大自然赋予他们力量是对他们的恩宠，而他们绝对不能够胡乱使用这些力量。其二，孩子虽然有成年人没有的活力，但是这时候他们心理和身体上都不成熟，依然存在着无法弥补的缺陷，因此，我们不论从身体上还是从智慧上都要给予这些孩子帮助。其三，对于孩子们的无理取闹，我们绝对不应该纵容，而要在他们需要帮助的时候伸出援助之手。其四，我们要学会观察孩子行为的动机，有时候他们会出于自私而假装提出一些要求。这时候，我们就要分辨出哪些是他们自然的需要，哪些只是他们的小伎俩。上述准则的核心内容就是：多让孩子亲自动手去实践，并让他们承担起应当肩负的责任。给予孩子超乎寻常的耐心与爱心，让他们在适度的自由当中发展。

只要我们按照上述的原则行事，孩子就不会再生出奴役别人的想法，更不会有超出自己能力之外的欲望了。虽然孩子的自由受到了一定程度的限制，但是他们并不会感到自己的活力无处使用。作为孩子的教育者，我们要在充分保证孩子安全的前提之下，让他们自由地锻炼自己的身体。只要他们不做出伤害自己的事情，我们就应当允许他们自由活动。此时的孩子更在乎自己身体上的需要，只有他们觉得身体上有痛苦的时候，他们才会痛哭流涕。而相比于那些身体受到束缚的孩子而言，那些能够自由活动的孩子的哭泣次数显然要少得多。

事实上，孩子之所以哭泣，是因为他们在那一刻需要大人的帮助，他们只是在用他们的哭声向大人发出求救信号。如果孩子真正需要你的帮助，而你也向他们提供了帮助，那么就不要再用安抚的方式让孩子停止哭泣。因为，这样做大人就又变成了孩子的奴隶，他们也就又找到了一种钳制大人的做法。如果孩子在日常生活当中受到的阻碍较少，那么他们哭泣的次数也会相应减少。事实上，那些经常通过自己的努力克服眼前困难的孩子，他们是很少会因为遇到困难而哭泣的。大人应当明白如何去满足孩子出于自然的需要，而不是对孩子不管不问。大人需要特别注意的是，不能只要孩子哭泣就去满足他们的愿望，更不能够让孩子对大人的关心产生误解。如果一个孩子经常哭泣，而他哭泣的原因并非是因为他的身体不舒服，或者自然需求没有得到满足的话，那么大人就不需要理睬这个哭泣的孩子。

当孩子不再用哭泣表达他们内心的想法时，他们就需要学习运用语言来表达自己的想法了。虽然父母们都希望孩子能够尽快用语言来表达自己的想法，但是教孩子说话不能够急于求成。孩子从出生那天开始就在学习如何说话，虽然他们在那时还不能够听懂我们说的是什么，但是他们会不停地跟着我们说话，并且不断模仿我们的声音。有些父母在教孩子说话时会经常让孩子听一些朗朗上口的儿歌，我认为这种教孩子语言的方法是一种好方法。事实上，只要我们不间断地在孩子的耳边絮叨，那么他们也会自然而然地学会如何说话。

我们在教孩子说话的时候，切忌含混不清而必须言简意赅清晰准确。如果孩子不能一次听懂我们所说的话，那么我们就将我们说的话重复很多遍。我们可以将孩子能够看到的东西讲给他们听，而不要对他们长篇大论地讲满篇废话。如果我们对孩子的语言进行仔细探究的话，我们就能够发现，孩子的语言当中还有大量的同类语。他们在说话的时候经常没有逻辑，并且用简单的词语指代复杂的事物。这实际上是孩子在学习语言上必经的阶段。如果我们在这一阶段对孩子语言当中的错误揪住不放的话，那么很有可能造成他们心理紧张，让他们反而学不好语言了。

不过，随着孩子接触语言的时间越来越长，他们会自然纠正那些他们曾经犯过的错误。如果我们在说话的时候没有任何语言错误的话，那么孩子在对我们的语言进行模仿时，就会将他们说错的语言与我们正确的语言进行对比，从而纠正自己语言当中的习惯性错误。我们在教孩子学习语言时最容易犯的一个错误就是急于求成。为了让孩子们能够尽快掌握这门语言，我们经常在教他们说话时对他们进行逼迫。但是，在巨大的精神压力当中，孩子学习语言的速度反而会越来越慢，而且吐字十分不清楚。因为外界对他们学习语言这件事情给予了太多的关注，这就使得他们总是费力地将每一个音节发得非常完美，以博得别人的赞赏。同时，他们这样做也是出于恐惧，如果他们没有做好的话，那么就会受到惩罚。这种做法让他们最后连开口的勇气都没有了。因此，在教孩子说话的时候，不要因为孩子一时没有做好而对他们进行打骂，同时也不能因为孩子说对了一个词语而对他们进行过分的褒奖。只要孩子能在自然的语言环境当中进行学习，那么他们就能够自然而然地学会自己的母语。

相比于让孩子学会母语而言，从小培养孩子们对母语的热爱是最为重要的事情。如今，很多人为了让孩子尽早掌握外语，就在孩子学习语言的时候又教他们别的国家的语言，这种做法是极为不可取的。语言不仅仅是交流的工具，它更是一个国家的象征，也是将社会中全体公民连接在一起的纽带。我们对母语的热爱应当像对母亲的热爱那样深厚。母亲给了我们生命，而母语则让我们有了自己的归属，从而成为一个真正的人。没有一种国家的语言能够比我们的母语更美丽、更伟大、更有智慧。

此外，那些强迫孩子从小就学习外语的人，他们的做法只能证明他们的愚蠢。孩子在幼年时的语言学习纯粹出于模仿，当他身处母语环境当中时，他就很难再接受另外一种语言了。如果强行让孩子学一种与自己的母语相互矛盾的语言，那么他的语言体系无疑会产生巨大的混乱。而且，即使父母本身就熟练地掌握外语，但是他们对于这门外语再精通，也不可能超过以这门外语作为母语的人。而他们在教授孩子外语的过程当中，也同样会将自己对外语理解的偏差灌输给孩子。孩子从小就会养成不良的语言习惯，而且这种习惯将随着他们年龄的增大而加深。

更为重要的一点是，一个连母语都没有完全掌握的孩子，不可能将外语也学好。事实上，我们对外语的学习是一个参照和翻译的过程，而母语无疑是参照和翻译的根本。试问，一个母语都没有学好的人在学习外语的时候，他的参照对象是什么呢？这就像要求一棵没有根的树木开花结果一样，最终得到的并不是丰硕的果实，而是一截枯死的树干。总之，我们在教孩子学习语言的时候一定不能够急于求成，而且必须让他们在扎实地掌握母语之后，再学习其他国家的语言，只有这样孩子才能高效地学会说话。

爱弥儿是否会说话，是区分爱弥儿处在幼儿阶段还是童年阶段的分水岭。当爱弥儿能够用他所掌握的语言准确地表达他的思想的时候，他就已经告别了婴儿的蒙昧，向他的理性状态跨出了第一步。当父母们为一个新生儿的降生而欣喜的时候，他们在高兴之余应当更加清醒地认识到，相比于新生儿的降生而言，对新生儿的培养更为重要。一个人能否最终成为一名合格的公民，最终将由他所接受的教育决定。

二、爱弥儿的教育

所有事物在没有经过人为加工之前都是完美无缺的，但是经过一番雕琢之后，它便失去了往日的灵性和光彩。不过，人们往往喜欢反其道而行之，他们经常将苹果树种在沙土里，并期望树上能够结出茄子。他们希望能够在夏天吃到冬天才能够收获的果实，而在冬天又用温室培养只生长在夏天的蔬菜。人们不愿意根据时令和四季规划自己的生活，却总是希望大自然凭着他们自己的心情安排阳光和温度。

人们普遍缺乏对生命最基本的尊重，他们为了取乐或者发泄自己郁闷的心情而虐待自己的家畜或者宠物。他们将欣赏丑陋的东西当作审美，而对大自然的美丽却视而不见。对于一个事物自然的状态，他们总是因为那过于粗糙而嘲笑它，并且依据自己的喜好将原本具有自然美的东西修剪成他们自己心中的形象。总之，对于一切自然的具有天性和灵性的东西，他们都要踏上一只脚，在将所有的东西都颠覆一遍之后，再赋予这些东西干瘪的躯壳。

因此，人类每天都在做着违反自然规律的事情，不过有一件"扼杀"天性的事情人们做得对，那就是对于人的教育。众所周知，人类是最不完美的一个物种，他们自出生之后就没有获得比其他的动物更多的天赋，反而凭借他们天生的本事很难在社会中生存下去。也正因此，如果人类没有后天的教育和训练的话，那么他们也就会变成一个毫无教养和才能，无法立足于文明社会的人，这样的人不仅活着没有丝毫的希望，而且也不可能在文明社会当中有生存下去的机会，更不要说成为一个合格的公民了。

但是，真正的教育并不等于扼杀，因为扼杀虽然更为简单，而且更容易做到，但是这种毫无建设性的毁灭，除了将人变得更为不堪之外，并没有对一个人的成长产生过任何正面的作用。然而，看看我们的现实吧，我们每天都在扼杀而不是对人进行教育。当权力、权威、偏见、虚荣、攀比、范例，以及各种规则、规矩和社会制度都强加在一个人的身上时，这个人已经连呼吸都变得非常困难，他的天性已经被彻底扼杀，这还能谈得上什么成长，谈得上什么教育呢？

因此，那些心地善良而具有智慧的母亲们啊，我向你们的良知呼唤，请不要受那些舆论的压力，而将刚刚出生的孩子置于令人窒息的环境之下。当你们已经知道那条奴役之路并不适合孩子的成长时，为什么不尽力让这棵脆弱的小树苗远离那糟糕的生活方式呢？请母亲们用最为正确的方式精心照料这棵幼苗吧！如果你们真的用尽自己的心血将它浇灌的话，那么这棵树苗一定会成长为参天大树，最终结出累累硕果。

成为母亲的时候，你们需要考虑的第一件事情就是为自己的孩子筑起一道高高的围墙，将那些并不利于孩子成长的流言蜚语阻挡在围墙之外，以此来保护孩子弱小的心灵。别人作为旁观者只能帮助母亲们画出围墙的大致面积和所处的位置，但是亲手搭起围墙的栅栏的人只能是孩子的母亲。母亲们必须时刻牢记一个真理，那就是在这道你自己亲手筑起来的围墙当中，你必须亲自对孩子进行培养，孩子才能像小树一样发芽。只有不断对孩子进行教育，孩子才能够长大成材。

试想一下，即使一个孩子天生神力且身体极为强健，但是这个孩子并不知道如何使用这种力气，那么他就只能将这宝贵的天赋浪费在攥拳和破坏上。这对于孩子的天赋来说，不仅仅是一种浪费，而且也会给别人带来极为恶劣的影响，并且让那些希望向孩子提供帮助的人误以为他并不需要任何帮助。这种对孩子极其不负责任的做法会让他们一生都活在孤独和悲愤当中。他们并不知道活着是为了什么，也丝毫没有使命感。他们只是在浑浑噩噩地活着，毫无方向感和羞耻感。如果一个人真的就这样荒废他的一生的话，那么这不仅是令人遗憾的，而且是令人悲哀的。而造成上述悲剧的结果，则是孩子的母亲没有为孩子提供良好的教育。

婴儿是脆弱的、不完美的，看到在襁褓中挣扎的婴儿，我们或许会不由自主地对婴儿产生喜爱。但这种喜爱不仅是我们对美好事物的欣赏，也源于我们对弱小生命的同情。的确，人类的婴儿时期漫长而痛苦，但是如果人类没有这婴儿时期，那么人类这一物种或许早就已经作古了。正是因为我们天生就是脆弱的、不完美的，所以我们才需要其他人对我们给予帮助和鞭策。正是因为我们生来在这个世间就是无依无靠且无助的，所以我们才需要别人给予我们力量，使我们得以渡过生活的难关。正是因为我们自出生开始就是愚昧的，对于外界是没有判断力的，所以我们才需要接受教育，使我们能够变得睿智，从而能够辨别这个世道的是非曲直、善恶忠奸。也只有接受良好的教育，人类才能够摆脱自身的蒙昧状态，让我们天生就有的缺陷得到弥补，让我们不断向完美的自己进发。

对一个合格公民的教育并不是从他懂事之后才开始的，自婴儿出生的那一刻起，我们对婴儿的教育也就开始了。人们必须从出生开始就不断接受教育，这样我们才能够不断适应社会的需要，并且获得一种能力，即随着时代与社会环境的变化不断对自己进行调整。如果人没有这样的能力的话，那么人类也早就灭亡了。因为人类相比于其他动物而言，并不具备生理上的优势，自人类进入文明社会之后，人类仅有的自然天赋也被消耗殆尽了，所以从出生之后就接受教育，并且获得成为合格公民的能力非常必要。

每个人自出生之后都是赤条条地来到这个世界上。刚刚出生的人类十分脆弱，愚昧、柔弱、笨拙，几乎不在我们的生活环境当中占据任何优势。正因此，我们需要通过教育和训练不断增强我们的力量，获得对客观事物进行判断的能力。除了教育之外，人类没有一种途径能够获得强健的体格，以及对复杂事物的判断能力。教育虽然内容庞杂，不过当我们对教育的内容进行梳理和细分之后，我们发现教育基本可以分为三种类型，即从大自然当中得到的教育，从我们所经历的事情和所触及的事物当中得到的教育，以及从我们周围的人身上所得到教育。

从自然中获得的教育、从事物中获得的教育以及从他人身上获得的教育，作为教育的基本类型将贯穿于我们的一生。就人类的个体而言，受到良好教育的标准是：自然的教育、事物的教育以及人的教育，不论在教育目的上还是教育目标上都能够趋于一致，并且这三类教育能够相互配合。只有教育达到了上述程度，我们才能说一个人受到了良好的教育，而接受了这种良好教育的人才能够成为一个合格的公民。

在我看来，那些被称作学院的公共性教育机构所提供的服务并不能算作真正的教育，那些根据一般认识就将这些机构当作教育机构的人是可笑的。此外，我也不认为学院机制能够被称为教育机制，因为学院机制的目的与教育的目的完全是南辕北辙。这种教育机制与教育机构只能培养出一类人，即精致的利己主义者。这些人表面上对任何人都会彬彬有礼，并且表现出一副乖孩子的模样，但实际上这些人的内心却极为自私和险恶。

现有的教育机制和教育机构之所以无法培养出一个合格的公民，甚至连一个合格的人都无法培养出来，根本原因就在于它并没有将来自自然的教育、来自人的教育以及来自事物的教育运用于所谓的教育当中。每个人的成长都要依靠这三种教育的作用，如果这三种教育发生了冲突，或者根本就没有参与到教育当中来，那么这种教育必然是失败的，而在缺乏上述三种教育的环境当中成长起来的学生们，即使是他们自己都不会对他们自己满意。相反，如果这三种教育能够和谐共存，那么学生们不仅可以成为一个优秀的人，同时也能够过上有意义的生活。

在来自自然的教育、来自人的教育以及来自事物的教育当中，来自自然的教育并不完全受人的支配，这就像人类自认为可以征服自然却永远也无法摆脱自然规律的束缚一样。而事物的教育虽然相比于自然的教育而言更加可控，但是我们也只是在某些方面能够支配事物的教育，而无法完全让它在教育中发挥稳定作用。相比之下，只有人的教育能够完全被人支配，并在孩子的教育当中起到主要作用。但是，这种看似能够完全支配的现象实际上也是一种假象，因为没有一个人能够完全控制孩子身边人的行为举止，如果不能够对孩子周围人的言谈举止进行控制，也就谈不上完全支配人的教育了。

基于此，实现来自自然的教育、来自人的教育以及来自事物的教育的和谐共存是一种理想状态，而真正实现来自自然的教育、来自人的教育以及来自事物的教育的和谐统一是小概率事件，它不但需要运气，而且需要恰当的方法。我们应当对这三种教育设计出正确的目标，这种正确的目标所指的并非是人的目标或者事物的目标，而是自然的目标。因为在来自自然的教育、来自人的教育以及来自事物的教育当中，自然的教育是最不可控制的，而来自自然的教育、来自人的教育以及来自事物的教育又是相辅相成的，因此来自自然的教育对来自人的教育以及来自事物的教育起着决定性作用。

但是，"自然"这个词并不准确，因此我们在探讨来自自然的教育之前，必须要对自然进行定义。有些哲学家认为，自然无外乎是习惯的另一种叫法，但是事实并非如此。事实上，许多习惯并非人天生就有的，而是在后天的环境当中被迫形成的，而后天被迫形成的习惯并不能够将天性扼杀掉。例如，一棵竖直向上生长的树木如果受到外力的阻隔可能会发生弯曲，但是一旦这棵树木获得了重新向上生长的机会，那么这棵树就会挣脱原有的束缚继续按照它的天性奋力向上生长。人作为自然界当中的生物同样如此，当一个人在恶劣的环境当中生活的时间长了，他的身上也未免会沾染上一些恶习。如果这个人长期待在这种环境之下，那么他的恶习会越来越强。但是，只要这个人的本心没有被泯灭，那么当他摆脱那个恶劣的环境之后，他就会慢慢恢复到他的本来状态，而他曾经的恶习也会逐渐消失直至无影无踪。事实上，教育的本质的确是习惯的养成，只是这种习惯并非是违反人类天性的习惯，而是与人类的本性相互吻合的习惯，这种习惯就叫作自然，而这种教育也就是来自自然的教育。

人作为具有灵性的生物，天生就对外部环境具有感知能力，并且受到外部环境的不断影响。于是，我们生来就会基于自己的感知与理性对我们所面对的所有事物进行判断，并且选择我们以何种事物作为自己前进的方向。这种基于感知和理性的选择主要包括三个方面：其一，这种事物能不能给我们带来快感；其二，这种事物是否会让我们的生活变得更加方便；其三，这种事物是否符合大多数人的利益，以及他们对于幸福的定义。

随着人的年龄的增长，我们的理性思维会越来越发达，对于外部事物的认知越来越敏锐，对于幸福的渴望程度也会越来越强。不过，我们的理性、智力与认知并非是一成不变的，它们会受到客观环境的影响，而人对幸福的渴望与对幸福的定义也会逐渐发生变化。比如，每个人的心中都有对公理和正义的渴望，但是随着自己的心性发生了变化，以及外部环境的影响，每个人心中对幸福的定义就变成了：只要事物对自己是有利的，那么这种事物就是好的，就是正确的。相反，如果一种事物对自己不利，哪怕它符合公理和道义，那么人们也会认为这种违背良知的事情是幸福。但是，当人们对于幸福的认知还没有发生本质变化之前，它还是所有事物得以发展的内在动力，也就是我们所说的"内在的自然"。

如果来自自然的教育、来自人的教育以及来自事物的教育能够真正达到相辅相成的话，那么人的教育和发展就不会产生问题，但是如果来自自然的教育、来自人的教育以及来自事物的教育之间发生了冲突的话，我们应当如何处理呢？当我们在对人进行来自自然的教育、来自人的教育以及来自事物的教育时，如果我们不是为了自己的成长，而是以满足他人的愿望为最终目标的话，那么来自自然的教育、来自人的教育以及来自事物的教育就一定会产生根本上的矛盾，而不可能最终达成一致。

实际上，人性并非天生就是光明的，其中既有善的因素也有恶的因素。绝大多数人由于生活范围的狭窄，生命长度的短暂，以及自身见识的短浅，并没有从更高的境界以及更远的视角看待事物的能力。因此，这些人只会为自己的蝇头小利考虑，而不惜破坏公共利益，违反公共规则。如果他们在他们自己的小圈子当中能够获得一己私利的话，那么这些人是不会在乎外界的大环境到底是什么样子的，更不会在乎如果自己所在的小圈子所做的事情违反了公共利益，那么其他人是否会深受其害，甚至看不到如果他们经常这样做的话，最终受到伤害的只能是他们自己。因此，当每个人都自私地为了自己的利益或者自己身处的小圈子的利益的话，那么他们就会与社会大环境渐行渐远。例如，一家三口乘着飞驰的马车在巴黎的街头横冲直撞时，他们的心中只是想着他们自己的小家能否迅速到达目的地，却从来不管街上那些遵守规则的人的死活。这种自私自利的做法最终只能导致社会的瓦解，以及人类的毁灭。

因此，我们在培养合格的公民时，一定要尽最大努力避免我们的培养对象陷入短视与自私的深渊。生存与发展的权利当然是人类的权利，但是一个人的生存权与发展权不应当侵害到其他人的权利，更不能通过损公肥私来实现自己的生存权与发展权。也许有些人会认为，既然我们所处的社会环境当中，其他人都是自私的，那么我为什么要将公共利益放在心上呢？因为只有公共利益、国家利益存在的时候，我们所处的社会才能够赋予我们生存和发展的权利，我们所处的国家才能够给予我们最大的保护。试想，斯巴达作为小城邦为什么能够统治数以万计的雅典人呢？因为相比于沉迷于辩论和争斗当中的雅典人而言，斯巴达人将爱自己的国家、爱自己的同胞视为最高准则。如果没有一个斯巴达人愿意为了自己的国家流血的话，那么斯巴达三百勇士的传奇就不会存在了。因此，虽然我们所处的社会风尚或许并不尽如人意，但是每一个公民作为国家的基石，如果能够依据契约社会赋予他们的义务而维护社会公共利益与国家权益的话，那么我们的社会风尚才能最终得到改变。

良性的社会制度能够创造良性的社会秩序，而良好的社会秩序则能够产生好的社会风尚。不过，这并不是说只要有了良好的社会秩序就一定能够出现好的社会风尚。因为，不论是多么完善的社会制度都需要人去遵守和执行，如果公民作为个体，他们是自私的，他们的道德是败坏的的话，那么即使由上帝来创造社会制度，人间也只是地狱而已，不会产生任何光明和希望。因此，生活在契约社会当中的公民首先应当遵守自己所在社会当中的规则，用自身的行为教育和带动周围的人。并且，法律也应当让那些不遵守规则的人付出比他们获得的利益多得多的代价，让他们只要受到一次惩罚就会终身牢记不敢再犯。只有这样，自私的大多数才能由一个个零散的个体成为一个共同体，并在这个共同体当中由一个狭隘自私的人，成为一个契约社会的合格公民。

当个体融入一个良性集体当中时，他们的本性也会随着环境的变化而产生变化。恺撒和屋大维虽然战功赫赫，但是在众多罗马公民的眼中，他们只是众多公民当中的一分子而已。同理，当佩达勒特想要参加斯巴达的三百人会议而被拒绝时，他心中首先想到的并不是为了一己私利鸣不平，反而为了履行公民的义务而默默离开。上述这些人不仅仅有一颗公平正直的心，而且也向所有人证明了他们是合格的公民。

曾经在斯巴达有一位老妇人，她的五个儿子都上了前线。当她家里的奴隶回来时，老妪焦急地向奴隶询问前线的胜负。当奴隶告诉她，五个儿子已经全部战死时，老妇给了奴隶一个耳光说："该死的奴隶，我问你的是这个问题吗？"奴隶再次回答："斯巴达胜利了！"老妇人并没有为死去的儿子伤心，而是为国家的胜利而欣慰。她立刻跑到了斯巴达的神庙当中，为了斯巴达的胜利而祈福。这位老妇人为所有的公民做出了表率，她才是一位合格的公民。

当一个人进入社会之后，如果他还是将自己当作是一个单纯的个体，不顾及任何人的感受，只在乎自己的得失的话，那么这个人不仅无法在社会当中生存，而且无法知道自己真正需要什么，因为他的头脑被私欲冲昏，很难辨别出什么是有利于他自身成长的因素。如果一个人总是在社会公共利益和自私自利面前表现得犹豫不决，而且当私利与社会公共利益之间出现冲突时永远选择私利，那么这个人便很难成为一个合格的公民。甚至他连一个人格健全的人都称不上，而这种人一生只能苟延残喘而已，并不会做出哪怕一丁点儿成就，也不会为社会做出任何贡献。

一个人要想做出成就，就要规范自己的言行，并将自己的行为与自己的良知和社会公理相统一。人在良知与公理的规约之下，选择自己的发展方向，履行那些自己应该去做的，而拒绝做那些不符合良知与公理的事情。我希望能够用良知与公理要求自己的人大量出现，因为只有这样社会风尚才能得到根本性的转变，因为只有这样公民才是真正的公民。如果契约社会当中出现大量的不合格公民的话，如果人们普遍不能够将自己的良知统一到自己的实践当中的话，那么契约社会也就失去了其存在的基础。

为了培养一个合格的公民，我们首先应当让他成为人格健全的人。自然与社会制度并非处于冲突状态，而是对立统一的关系。一个合格的公民必须是一个人格健全的人，他必须具有良知和高尚的品德，能够独立运用理性思维对事物进行判断，这样的人才具备成为合格公民的条件。同样，只有一个人格健全的人才能成为一名合格的公民。我从未听说过一个极端自私的，经常对那些具有高尚品德的人进行嘲笑，经常将自己的利益置于社会公共利益之上的人能够成为一名合格的社会公民。

为了将一个人培养成为一个人格健全的人，进而让这个人成为一名合格公民，社会教育和家庭教育是最为重要的两个环节。

社会教育的本质是公共教育，也就是国家对于公民的教育。我认为，那些荒谬的学院式教育不能够被称作公共教育或者社会教育。学院式教育的做法和目的正好与社会教育和公共教育相反。学院式教育往往只注重学生工具性技能的养成，但是人并不是工具，将人作为工具进行教育，这本身就违背自然法。而且，学院式教育的畸形也让它们并不能培养出人格健全的人来。因为那些人从小成长在功利环境之下，所以他们表面上处事周全，实际上易怒而且行事残忍。当别人没有触碰到他们的利益时，他们的表现或许会像一个合格的公民，但是当他们认为自己的利益被侵犯，或者觊觎别人的利益时，他们就会撕破伪装的面具，露出锋利的獠牙。

因为我们每一个人都或多或少地接受过学院式的教育，所以我们每个人身上都或多或少地有那种矛盾和恶习。有些人并不想生活在这样的学院式教育环境当中，但是如果他们脱离了这种主流教育，那么他们就会孤立于社会之外，最终无法在社会当中生存下去。因此，这种矛盾和缺陷将伴随我们的一生，让我们在踟蹰当中不能够向正确的方向前行，最终既无法成为合格的公民，又不能实现我们自己的目标，为社会做出应有的贡献。

除了社会教育之外，家庭教育也是人成长的重要环节。家庭教育与社会教育虽然都是教育的种类，但是家庭教育和社会教育之间存在着较大的不同。社会教育更加接近于人的教育和事物的教育，而家庭教育的本质则是自然教育。如果一个人接受教育的目的只是为了实现他自私的目的的话，那么这种教育不仅对于社会而言毫无意义，而且在这种教育环境当中成长起来的人也会成为社会隐患。但是，如果能够有一种教育将社会公共利益和个人利益相互结合的话，那么个人与公意之间的矛盾就能够被很好地解决，社会风尚也会更加淳朴而和谐。而家庭教育作为能够将社会公共利益与个人利益相统一的一种教育，将对人的教育和发展起到积极而巨大的影响。

家庭由个人组成，而且也是社会最基本的单位。一个人在家庭当中成长，首先就要学会和家庭成员相处。如果一个人在家庭当中也难以生存的话，那么这个人就不会具备在社会中生存的能力。在一个家庭当中，父母是孩子的第一任老师，而孩子则是父母的影子。如果一个孩子的父母是合格的公民的话，那么孩子也可以经常受到正面的影响。如果一个孩子的父母就是极端自私的人的话，那么孩子也很难有太多改变。父母对于孩子的爱出于私心，也因为自己对孩子有抚养义务。这种关系就是典型的将个人利益与社会公共利益相统一的关系。如果父母善于教育子女的话，那么孩子将在父母的关爱和教育当中成长为一个具有健全人格的自然人。

不过，对一个人进行培养是一件极其艰巨而且复杂的事情，如果没有适当的方式，那么我们很容易将一个人以教育的名义引向歧途。事实上，最好的教育方式既不是放任自流，也不是将人关在繁文缛节的牢笼当中。一个良好的教育方式，一定是在保留人的良好天性，并将其发挥到最大限度的同时，用后天的手段将人天生便带有的恶习改掉。就像驾驶一艘小船一样，如果这艘船逆水而行，那么我们就需要将方向掌控好，在躲过激流暗礁的同时保证船能够快速而平稳地前进。如果这艘船遇到了暴风雨，那么我们最为正确的做法就是赶快将船锚抛下避免翻船。

当一个社会的秩序稳定下来之后，每个人在这个社会当中的位置也就会变得稳固，而且很少发生变化。但是，每个人如果想在这个社会当中取得一席之地，那么这个人就必须具备在社会当中生存和发展的才能，而这种才能只能通过教育获得。不过，一个人接受教育的目的也不应当仅仅局限于在社会当中谋得一个位置，因为如果他接受教育的目的仅仅是为了取得一席之地的话，那么这个人一定会成为一个工具，而一个工具是无法成为一名合格的公民的。

因为，孩子的父母如果仅仅是为了给他在社会当中谋得一个位置，那么就必须让子女的经历和自己的经历没有任何区别。只有这样，父母对于子女的教育才能有意义，否则这种教育不仅仅对子女的成长没有意义，而且会造成孩子从小便对一些人或者事物存在着偏见。因此，仅仅为了让孩子谋一个位置而进行的教育实际上是有百害而无一利的。在埃及，孩子是无法选择职业的，因为孩子自从他出生之日起就必须继承父亲的身份。但是，现在的社会环境与那个时候埃及的情形已经非常不同了，现在的社会虽然也存在着阶级，而且也出现了阶级固化的现象，不过每个人在阶级当中的位置不可能是固定不变的。因此，没有一位父亲可以保证孩子在接受了与自己相同的教育，并且经历了与自己大致相同的事件之后，他就能够继承自己特殊的位置。

人人平等是自然法的基本原则之一，人类降生到这个世界上的根本任务就是在社会当中争取到一个相对平等的生活环境。一个人接受了什么样的教育，那么他就很有可能向什么样的方向发展，最终成为什么样的人。而他在选择了自己的社会角色之后，就会主动承担起完成这样的角色相应的职责和义务。事实上，我对于一个人长大成人之后将从事什么样的职业并不关心。我更为关心的是，这个人是否在从事他父母的职业之前就学会了如何面对这个世界，如何看待自己的人生，以及如何在这个世界当中生活。

如果我是一名教师的话，那么我在对这个学生进行教育之前，并不会对这个学生今后在社会当中的职业进行设定。我教育出来的学生可能是一名官员，也可能是一个战士或者教士。但是，我更为看重的是，我的学生首先应当是一个人格健全的人。不论他在什么样的境遇之下，他都能够谨守做人的本分，并且履行一位合格公民所应当履行的职责。不论他在社会当中处于什么样的地位，他合格公民的身份是固定不变的。

假设一个人生来在社会当中的位置就是无法改变的，那么这种教育对于他来说也是有好处的。因为这个人经过长期的教育，已经具备了随着社会的不断发展以及社会阶级的变化而变化的能力，并且能运用这种能力在社会当中谋得一席之地。即使教育也不能够使他的身份有所改变，那么至少他作为一个人格健全的人，可以少犯很多错误。

不过，人生当中充满了无数让人无法预料的事，影响这些事情的因素既有我们所处的社会环境也有我们自身的条件。我们正身处一个风云激荡的时代，也正是因为我们处于这样一个时代，我们更加应当将自己的孩子投入到这激流当中。如果一个孩子每天生活在家庭的温室当中，那么他一定会在这个时代当中碌碌无为，这是个多么愚蠢的做法啊！这样被束缚在父母身边的孩子是可怜的，他们并不具备独立生活的能力，对于外部环境也一无所知，只要他们稍微有点行动，那么他们就很有可能跌入万丈深渊。我并不想让新生儿承受这样的痛苦，但是基于一个合格公民的责任，我必须告诉他这样的风险是存在的。

教育者的工作不仅仅是将孩子保护好那么简单，更为重要的是培养孩子独立思考与独立行动的能力，让他们能够在社会当中保护自己。我们要锻炼孩子的意志品质，让他们学会在逆境和绝望当中生存。让孩子在面对这种境地时，能够做到宠辱不惊，并且迅速想出解决问题的方法，最终能够摆脱困境。如果需要的话，我们可以让孩子在冰天雪地的格陵兰或者炎热的马耳他磨炼他们的意志。

即使我们拼命研究使孩子长寿的方法，但是最终没有哪个人可以做到长生不老，也没有一个人能够抗拒自然的法则，在这个世界上永远生存下去。因此，相比于避免让孩子死亡而言，教会孩子如何生活更为重要。活着的意义不仅在于饮食男女，更为重要的是有所成就，为社会做出贡献。但是，要达成这一目标就要不断接受教育，使我们的身体、感官以及才能可以相互配合，最终获得我们实现人生意义的能力。生命的意义并不在于我们能够活多长时间，而是我们在有限的生命当中能获得多少对于生命的感悟，能够为这个世界创造多少永恒的价值。

如果我们仅仅将自己的生命限定在对声色犬马的追求上的

话，那么我们就会变成物质的奴隶，经过教育所获得的智慧和知识也将变成偏见。不幸的是，我们所处的社会正是以物质为最终追求的，周围的一切都在限制着我们的天性，让我们的良知变得扭曲。作为文明社会当中的一员，作为一个保存着良知的人，我们无疑是悲哀的。而那些早已被世道异化了的人们，他们则用麻木而卑劣的心面对着他们所看到的一切，在度过了毫无意义的一生之后，结束了他们的一生。所有的人都无法摆脱这种奴役状态，我们身在其中，并在这种状态当中结束自己的生命。

自一个婴儿出生开始，他便被裹在襁褓里，四肢被捆得动弹不得。而他去世之后，又必须钉死在棺材当中。可以说，从生到死，人的一生都活在禁锢当中。因此，自从人类脱离了原始社会之后，他们就不能仅仅依靠自己的力量生存。如果他们要行使生存和发展的权利的话，那么他们就必须融入社会当中。不过，只要一个人作为一个社会人出现，那么他就必须受到习惯和公约的摆布。

我曾听一些医生说，如果一个新生儿想要长得漂亮，那么父母就必须经常按揉婴儿的脑袋。令人发指的是，这种荒谬的说法竟然被许多父母接受，并且在很多地方被不停实践着。然而，那些被经常按揉头部的婴儿在长大之后却往往不如那些自由生长的婴儿长得漂亮。造物主将每一个独特的生命带到这个世界上之后，他就获得了自由生长的权利。不论一个孩子长成什么样子，如果不去和任何一个人对比的话，那么他又怎么会有美与丑的区别呢？就像被按揉头部的婴儿反而会生得丑陋一样，那些妄图将新生儿按照既定的模子塑造的父母们，他们得到的结果往往会与他们所追求的结果相反。

人自从降生到了这个世界上之后，他们就可以凭借自己的本能和意志支配他们的身体。但是，大自然赋予人的权利却并没有被父母尊重。因为，孩子在出生之后就被襁褓束缚起来，他们的四肢动弹不得，腿必须伸得笔直，而手则被固定在身体的两侧。婴儿的头也不能随便移动，必须朝着同一个方向。婴儿的肌肤也接触不到任何阳光，他们的身体被一层层的衣服裹得严严实实，丝毫不能挪动自己的身体。

正是因为婴儿自从出生之后，他们的身体就被这样束缚着，才使得他们的运动天赋和成长动力全部被扼杀在了摇篮当中。在裹得严严实实的襁褓当中，婴儿想要探索这个世界的好奇，想要快速成长起来的努力全部被消耗殆尽。这些备受保护的婴儿反而比那些自由生长的婴儿发育得更为缓慢，即使他们成年之后他们的身体也是非常羸弱的。

新生儿来到这个世界上之后本来应该是快乐的，但是他们因为束缚却比在母亲腹中痛苦得多。从那些襁褓婴儿的哭声当中，我并没有看出他们对于来到这个世界上有什么可欣喜的。我们为了防止孩子畸形采取了各种措施，但是看看那些被困在模子当中的婴儿吧，他们在长大之后不再健康和美好。这种做法反而给婴儿的成长造成了困扰，那些被小心翼翼照料的婴孩最终能够成为杰出人物的少之又少。

这些生长在束缚当中的婴儿，他们不仅身体不健康，而且人格上也不见得健全。这些人从小生长在一帆风顺的环境当中，经不起任何的挫折和不顺。他们的性格乖张，而且脾气也往往非常不好。即使遇到一点小小的问题，他们也会感到无所适从。因此，生活对于这些人来说无异于受苦。他们不仅不能自由支配自己的身体，而且难以对自己的情绪进行控制。相比于那些带着镣铐生活的犯人而言，他们虽然具有人身自由，但是生活更为痛苦。但是，这些不幸的人又无法挣脱这些枷锁，他们除了感到压抑和苦楚之外，没有任何办法。

毫无疑问，人们来到这个世界上之后的第一个举动就是哭。这并非因为伤感是人类的天性，而是他们自出生之后就遭到了无情的束缚，生活中的锁链捆得他们喘不过气来。生活在囚笼当中的他们怎么会不哭呢？他们除了用号啕大哭来表达他们的痛苦之外，又有什么方式能让他们排遣心中的苦闷呢？人们只能用哭声来表达不满，除了这一种方式能让他们表达出自己心中对自由的渴望之外，已经没有别的方法可以让他们在这个压抑的世界上透一透气了。请不要苛待那些掉泪的人，因为如果我也处在与他们一样的境地，我会比他们哭得更加厉害。

如果要避免上述悲剧的发生，那么婴儿的亲生父母就必须亲自履行养育儿女的责任。如果孩子自出生开始就无法感受到来自父母的爱的话，那么他们的成长很可能会遭遇重大挫折。有些父母因为懒惰或者出于无知，将养育子女的任务交给了自己的保姆。虽然保姆并不一定会虐待婴儿，但是她们并非是婴儿的亲生母亲，往往会做出与自然的实践习惯相反的事情来。并不是所有保姆都有做母亲的天性，因此她们为了图省事便将婴儿裹在襁褓当中。保姆并不会去想那时婴儿的心情，所以也就没有对婴儿采取正确做法的习惯。只要主人不会惩罚她们，保姆们就会只把婴儿放在一边，而不去管他们。为了敷衍主人，保姆们必须做出一副假装对孩子关爱的样子，只要孩子的身体不出现任何毛病，或者遭受任何伤害，那么保姆们就会事不关己高高挂起。即使她们的做法会让孩子产生无法化解的痛苦，或者让孩子身体虚弱乃至于人格出现缺陷。

如此一来，母亲将婴儿交给保姆之后就在城市当中寻欢作乐，而不去关心自己的孩子。保姆们用对待奴隶的方式对待孩子，虽然为她们自己省去了很多事，却十分不利于孩子的成长。那些将孩子丢在农村当中只顾自己开心的母亲们，我不知道她们的心中是否存在着愧疚，但是她们这种根本不管孩子死活的做法，一定会给孩子的成长造成极其恶劣的影响。

保姆除了需要照顾婴儿之外，还有繁重的工作需要去做。当保姆们忙碌起来时，她们就会将孩子像丢一包垃圾那样扔到角落里。只要保姆自己的工作没有忙完，孩子就会被放在角落当中不管不问，即使他们号啕大哭也无济于事。被保姆这样对待的婴儿，他们的手脚被带子捆得死死的。系在胸部的带子不仅让他们无法动弹，而且由于血液无法流入孩子的头部，他们的脸色往往是青色的，而且非常安静。这时，保姆们往往会认为孩子安详地睡着了，实际上这些婴儿是因为耗尽了哭闹的力气，而在角落当中苦挨。我认为，这时婴儿的心中一定是非常痛苦的。

有些医学家认为，如果婴儿自出生之后就让他们自由活动的话，那么他们的身体一定会因为无法保持正确的姿势而畸形，而且会因为没有经受应有的训练而养成不良的习惯。这种说法很容易被一些愚昧无知的人认同，但实际上这种说法纯属无稽之谈。婴儿在出生之后并没有足够的力气对自己造成伤害，只要他们觉得一个动作会造成他们的疼痛，那么他们就会立即改变自己的做法。而且，人类天生就具有保护自己的本能，婴儿阶段最接近于自然状态，他们是不可能自残的。小猫小狗并没有像人类一样，出生就被包裹在襁褓里，但是它们依然在健康成长。况且，婴儿的身体在出生之后显得非常柔弱而且笨重，他们的身体并不灵活，这样的身体条件就更不可能让婴儿自己伤害自己了。

想要改变这种束缚新生儿的做法，最根本的解决途径是对孩子进行家庭教育，而家庭教育则必须由孩子的亲生父母来完成。孩子的母亲必须承担起亲自抚养孩子的义务，而不是将孩子甩给保姆了事。只有让孩子与父母之间培养出最为真挚的爱，这个国家才能够兴旺发达。家庭不仅仅是每个人的避风港，同时也是不良社会风气的堡垒。孩子嬉戏玩闹可以活跃家庭的气氛，在父母产生争吵时及时化解矛盾，从而让家庭关系变得更加融洽。如果妇女们都愿意承担家务，而且到处充满了欢歌笑语的话，那么丈夫也会愿意经常回家团聚享受家庭生活。如果母亲能够担负起自己做母亲的责任，并且扮演好妻子的角色，那么丈夫也就能够承担起家庭的重担，扮演好父亲的角色了。

不过，当下的社会风气正好与我们理想中的家庭生活截然相反。那些亲自抚养孩子的母亲们不断与不同意亲自抚养孩子的母亲们做着斗争。许多人不但不想履行作为一个母亲的责任，而且合起伙来反对亲自抚养孩子的行为。但是，也有一些母亲敢于站出来与这种歪风邪气辩论，并且义无反顾地履行着自然法赋予每个母亲的神圣使命。我希望这些母亲能够因为她们的正确举动获得相应的回报，并且用她们的伟大行为带动她们周围的那些母亲，让更多的人加入到正义的队伍当中来。

我敢保证，那些履行自己抚养子女职责的母亲一定能够得到丈夫的呵护，得到她们所抚养的孩子的孝敬，以及众人的爱戴和敬仰。我敢保证，这些母亲能够战胜她们在分娩时的痛苦，并且不会因此留下任何后遗症。我敢保证，将来她们一定会成为所有女人的榜样，而她们的行为也会被所有女性效仿。孩子是父母的影子，不仅父母有抚养子女的义务，子女同样具有赡养父母的义务。孩子的行为受母亲的影响最多，母亲是什么样子，那么孩子就是什么样子。只有让孩子从小就知道父母对他们有养育之恩，并且让孩子从小爱自己的父母，孩子才会在长大之后履行自己应当对父母履行的义务。如果父母与孩子的血肉亲情并没有因为父母对孩子的关爱而得到加强的话，那么这种情况就会随着时间的推移而慢慢消退。这样，父母对孩子的教育刚刚起步就已经宣告失败了。

过于溺爱将与对孩子毫不关心起到相同的效果，最后都会因为违反自然法而产生负面效果。如果父母不能够成为孩子的榜样，反而让孩子成为自己偶像的话，那么在这种环境之下成长起来的孩子不仅弱不禁风，而且在心理上也会有重大缺陷。这种为了使孩子免于受到伤害的做法，对于孩子来说反而是一种伤害。如果父母从小就让孩子在温室当中生长，不让孩子了解现实社会中残酷的生存法则，不让孩子体验艰辛的生活，那么孩子很有可能成为纨绔子弟或者社会的祸患。父母对孩子的溺爱看似让孩子远离了风险，但实际上是把更大的风险藏在了他们的生命当中。父母对孩子的照料过于精细，这让他们自小便失去了抵御风险的能力，让他们还没有进入社会就已经成了废人。

希腊史诗当中，忒提斯为了让她的儿子阿喀琉斯刀枪不入，每天都捏着阿喀琉斯的后脚跟将他放在冥河当中淬炼。这种做法看似非常残忍，但实际上是对孩子最大的关爱。每天在冥河当中浸泡的阿喀琉斯练就了一身铜皮铁骨，最终成为希腊战神。反观我们现在的母亲呢？她们对待孩子的做法简直比忒提斯残忍得多，她们将自己的孩子每天浸泡在温泉当中，看似是对孩子的关爱，实际上是摧毁了孩子的生存能力。这种做法好像是在保护孩子，但实际上是将孩子推向了万丈深渊。在溺爱中生长的孩子，不仅各种细菌病毒会钻进他们的身体，让他们终生病病恹恹，而且糟糕的性格也会让孩子很难被社会接受。

让孩子们在自然的环境当中成长吧，让他们的肌肤迎接阳光的洗礼，让他们的耳朵聆听自然的声音，让他们的眼睛欣赏自然的美景，让孩子按照自然的方式前进吧！大自然会用最为合理的方式对待孩子，它会让他们在严酷的环境中得到应有的锻炼，让他们感受到什么是意志的力量，让他们体悟到什么是奋发向上的精神。

孩子在换牙时或许会发高烧，甚至无法进食。他们在闹肚子时，或许疼得浑身抽搐。当他们患上肺炎时，或许会变得难以呼吸。当细菌和病毒侵入他们的身体时，他们或许会备感煎熬。当多血症侵扰他们的血液时，他们或许会生不如死。当他们全身起满疹子时，他们或许会感受到生命是如此难熬。但是，当他们挺过这一个又一个生命的难关之后，孩子的身体会变得更加强壮，他们的意志会变得更加坚强。当他们开始独立生活时，他们在儿时所经受的锻炼就会起到十分明显的作用。

这就是让孩子从小接受自然法则历练的好处，自然法则对孩子的爱远远胜过父母对孩子的溺爱。我们必须遵守大自然的法则，如果我们反其道而行之的话，那么不仅毁掉了孩子的前途，而且浪费了自己的时间和精力。如此浅显的道理却不被很多人理解，他们依然要在错误的道路上狂奔。事实上，温室里的危险要远远大于大自然中的危险，如果我们认为将孩子束缚在自己身边就能够让孩子免于危险的侵害的话，那么这就大错特错了。

无数的实践证明，娇生惯养的孩子往往更容易死去。看看那些活跃在巴黎各个沙龙里的纨绔子弟吧，他们有哪个是身体强壮的呢？我们应当让孩子在自然的环境下生存，虽然这会冒一定的风险，但是只要父母们尽到自己的义务，将孩子看管好，不让他们去做自己能力之外的事情，那么大部分风险都是可以避免的。相比于让孩子养尊处优而言，让他们尽情地在大自然当中释放自己的活力对于他们的成长更有好处。

父母在养育孩子的时候要着重培养孩子承受压力和磨炼的能力，同时还要锻炼孩子强健的体魄，让他们能够在恶劣的环境下生活，既能够承受凄风苦雨的侵袭，也能够禁得住饥饿和劳累的打击。相比于将自己的孩子泡在温泉里而言，合格的父母还是把孩子浸在冥河里吧！父母在教育孩子的时候不能仅仅把目光局限于眼前，而是应该将眼光放得长远一些。父母不应当在孩子面临苦难的时候再对孩子采取救济措施，而是应当在苦难来临之前将孩子训练出应对苦难的能力。

许多父母教育孩子的方法是错的，他们没有让孩子在社会中独立生存之前就对孩子进行训练，而是让孩子在幼年时尽量避免磨难，这样当他们在具有理性的判断能力之后，也没有办法面对那些磨难。这种教育方式是十分失败的。合格的父母不应当对孩子采用这样的教育方法。事实上，每个人在生活当中都会遇到难以解决的问题，而且将与痛苦相伴终身。例如，父母在抚养子女时虽然会得到子女为父母带来的快乐，但是操劳和心烦同样会给父母带来痛苦。相比于成人而言，孩子们所遭受的痛苦多是身体上的痛苦，而很少有心理上的创伤。孩子所遭受的痛苦，与成人在社会当中遭受的痛苦相比是微不足道的。

我认为，只有悲观和抑郁的念头才会让人产生绝望的情绪，而诸如感冒、痛风等身体上的痛苦并不会让人产生轻生的念头。当一个人看到婴儿被病痛折磨时，他的内心一定会充满了对这个婴儿的同情。其实，最应该同情的人恰好是我们自己，因为我们在生活中所遭受的这些苦难，有哪一个不是我们自己造成的呢？

当婴儿降生到这个世界上时，哭声充满了整个产房，并且在整个婴儿时期，他们也都只能用哭声来表达自己的情绪。很多时候，我们为了制止婴儿的哭声，对他们采取了打骂的方式。有时候，我们又去逗婴儿笑，好以此让他们止住哭声。于是，我们不是打他们就是逗他们，不是让他们服从我们，就是我们服从他们。我们与婴儿之间只有命令与服从命令的关系，而没有任何可以折中的余地。这样，原本天性自由的孩子就会在头脑当中形成一种奴役和支配的观念。他们在话还说不清楚的时候，就已经会对别人发号施令了。他们在路还走不稳的时候，就已经会对他们的主人毕恭毕敬了。当他们还没有在头脑当中形成是非观念，还不知道什么是对什么错的时候，就已经因为害怕受到惩罚而殚精竭虑了。

人们通过自己的言行举止将这些原本违反孩子天性的观念灌输到孩子幼小的心灵当中，却在他们长大并因此犯下种种罪行之后向世人宣布，这些都是人的天性。如果孩子从出生开始就在这种环境当中成长，那么不出十年的光景，他们就将变成这种错误教育的牺牲品。如果父母在孩子还没有形成理性思维的时候，就向孩子的头脑当中灌输这些概念的话，那么孩子的一生都将笼罩在这样的阴影之下，他们不但不能够自由的成长，而且彻底丧失了自己的天性。

之后，长期在这种环境之下成长的孩子上学之后，老师会用像他的父母一样的方式对他们进行教育。学校当中的老师们在开学的第一课当中就会要求孩子们守规矩，并且对老师唯命是从。如果孩子们无法做到这些的话，那么他们就会受到最严苛的惩罚。在课堂上，老师们只是向学生灌输各种在实际生活当中用不上的知识，却从来不教导学生如何认知自己，如何选择良好的生活方式，以及如何发挥自己的长处，去追求属于自己的幸福。经过父母和学校的教育之后，孩子就变成了一个心理畸形的人。他们是比他们更加弱小的人的暴君，也是比他们强大的人的奴隶。他们似乎知道很多知识，但是对自己的生活束手无策，并没有办法解决实际问题。他们的心灵无比脆弱，身体也显得弱不禁风。这些人在家庭或者学校当中也许不能完全暴露他们的缺陷，但是只要他们进入社会，那么他们的弱点就会全部暴露出来。他们在处理事情上往往会显得愚昧无知又高傲自大，种种不良习惯使他们一事无成甚至危害社会。于是，人们看到这种人之后，就会抱怨社会风尚的倒退，以及人性的堕落。但是，这不正是我们自己的行为教育出来的吗？如果我们按照孩子们的天性对他们进行教育，并不会出现这么多不合格的公民。

想要孩子成为一个人格健全的人，我们就必须从孩子出生开始就努力保持孩子的天性。而且这种保持天性的努力应该贯穿始终不能放弃，直到孩子长大成人之后也必须坚持，如果稍有放松，那么努力就会前功尽弃。如果孩子的母亲在孩子的生活当中扮演的是保姆的角色的话，那么父亲的角色就应该是孩子的老师。如果孩子父亲的才能并不算出众，那么至少他应该有足够的热情来弥补他能力上的不足。而一个没有热情的父亲，即使他的能力再强，那么他也无法教育出优秀的孩子。

但是，在现实生活当中，我们经常看到父亲以种种理由推脱教育孩子的责任。他们有各种事情要去做，而这也导致他们将尽到父亲的义务放到了最后一位。对于这些父亲的做法，我们大可不必大惊小怪，因为当母亲们都不愿意抚养自己的孩子时，父亲们逃避教育子女的义务也就不足为奇了。在这样的家庭环境当中，孩子多半会被送到寄宿学校上学，这样他们会认为自己是父母的负担，从小就有了脱离家庭的想法。而离开家庭的孩子，他们失去了父母的爱，也不知道如何去爱别人。

在这样的家庭当中成长起来的孩子，即使回到家庭当中也会与父母和亲人显得十分生疏。他们在表面上彬彬有礼，但是与任何人都不亲密。在这种状态之下生活的孩子很容易沾染上许多不良的生活习惯，这样的孩子在成长当中就十分需要父亲的关爱和教育。一个做父亲的，当他生养了孩子的时候，还只不过是完成了他的任务的三分之一。

他对人类有生育人的义务，他对社会有培养合群的人的义务，他对国家有造就公民的义务。凡是能够偿付这三重义务而不偿付的人，就是有罪的，要是他只偿付一半的话，也许他的罪还要大一些。不能借口贫困、工作或忙碌而免除亲自教养孩子的责任。请你们相信我这一番话。"凡是有深情厚爱之心的人，如果他忽视了这些如此神圣的职责，我可以向他预言，他将因为他的错误而流许多辛酸的眼泪，而且永远也不能从哭泣中得到安慰。"①这个有钱的人，这个家庭中如此忙碌的父亲，据他说，他是不得已才放弃他的孩子不管的，他采取怎样的做法呢？他的做法是，拿钱去雇一个人来替他完成他所担负的责任。但是，满身铜臭的人，你以为用钱就可以给你的儿子找到一个父亲吗？你不要犯这样的错误了，你给你的孩子雇来的这个人，甚至不能说是教师，他是一个奴仆。他不久就将把你的儿子培养成第二个奴仆。

一个好教师应该具有哪些品质，人们对这个问题讨论了很多。我所要求的首要品质是：他绝不做一个可以出卖的人。有些职业是这样的高尚，以致一个人如果是为了金钱而从事这些职业的话，就不能不说他是不配这些职业的。军人所从事的，就是这样的职业。教师所从事的，就是这样的职业。那么，谁来教育我的孩子呢？这，我已经向你说过，要你自己。我不能教。你不能教，那就找一个朋友好了。我看不出还有其他的办

---

① （法）卢梭. 爱弥儿[M]. 武汉：武汉大学出版社，2014.

法。"一个教师啊，是多么高尚的人！事实上，为了造就一个人，他本人就应当是做父亲的或者是更有教养的人。像这样的职责，你竟放心交给一些为金钱而工作的人。"[①]我们愈是思考这方面的问题，就愈发现一些新的困难。教师必须受过教育，才能教育他的学生：仆人必须受过教育，才能为他的主人服务。只有受过教育的人才能最大限度地体会学生的心理活动，而教育程度也必须不断加深。把孩子交给一个连他本身都没有受过良好教育的人培养，又怎能培养得好呢？

这样一个难得的人，是不是找得到呢？这我是不知道的。在这堕落的时代，谁知道一个人的灵魂还能达到多么高尚的程度呢？不过，我们假定这样一个出类拔萃的人是找到了。那么，就先要考虑他应该做些什么，我们才能希望他是怎样的人。"我相信，我可以这样预先断定，即做父亲的人在认识到一个好教师的整体价值的时候，他将毅然决定不用任何教师。因为，他为了找到这样一个教师而花费的精力，将比他自己做教师花费的精力多得多。"[②]因此，他愿意做一个朋友，也愿意培养他的儿子做朋友。这样就省得到其他的地方去找教师了，而且，大自然已经把教育的工作做了一半了。

①② （法）卢梭. 爱弥儿[M]. 武汉：武汉大学出版社，2014.

三、爱弥儿的培养

当婴幼儿阶段结束的时候，爱弥儿就步入了童年阶段。进入童年的爱弥儿的哭声会越来越少，而他会说的话则会越来越多，直到他能够完全掌握自己的母语为止。在这一过程当中，爱弥儿逐渐用一种语言代替了另外一种语言。如果爱弥儿在感到痛苦时能够用语言去表达他在那一刻的感受，并且这种感受没有严重到用语言无法形容的话，那么他就不会再用哭泣的方式表达自己的心情了。正因此，如果一个孩子总是没日没夜地哭泣，这并不是孩子出现了问题，而是父母对待孩子的方式出现了问题，或者孩子出现了持续不断的痛苦，而家长没有及时发现和解决。

如果爱弥儿因为大喊疼痛而哭泣，那么我并不会立刻寻找到他的位置，并去抚慰他。正相反，当他不再哭泣时，我会上前查看他的情况。这样，爱弥儿就慢慢知道，用哭是无法命令大人的，如果他因为摔了跟头而哭泣的话，那么大人并不会立刻出现在他的面前把他扶起来。他必须首先依靠自己的力量挣扎着站起来，如果他的伤并没有那么严重的话。如此，爱弥儿便逐渐练就了刚强的性格，而且他也不会再哭泣了。

　　处于童年时期的孩子每次的哭声所表达的意思都是不一样的，他们会依据大人对于他们哭声的反应来决定自己在哭泣时的心情。通过长期的观察，我发现只要大人不在孩子身边，不论他们受到多么大的伤害，或者感到多么痛苦，他们也很少哭泣。他们哭泣的主要原因是他们想要引起大人的注意，并且让大人满足他们的欲望。如果孩子磕伤了膝盖，或者擦破了皮的话，我并不会因为他们的受伤而大惊小怪，我会静静站在他们身后，而不会立刻上去伸以援手。当他们的痛苦逐渐消失的时候，我才会去安慰他们。

　　长此以往，孩子就会自己在摔倒之后爬起来，并且承担自己应当承担的后果。事实上，他们因为受伤所产生的恐惧，远远比他们受伤本身所遭受的痛苦更多。孩子在童年时，他们的理性虽然有所发展，但是他们依然会受到外界很大的影响。他们在受伤时并不能够自己判断受伤的程度，而是通过别人对他们的反应来判断自己的感觉。如果我对他们的受伤表现得若无其事的话，他们也不会将自己的伤放在心上。如果我对他们的伤表现得非常淡定的话，那么他们的痛苦也会随之减轻很多。如果我对他们受伤表现得惊慌失措的话，那么他们多半会号啕大哭，并且感到非常痛苦。只有在他们还小的时候让孩子不去在意那些小伤小痛，他们在长大之后面对那些更大的苦难时，才会表现得游刃有余。

　　对于爱弥儿，我并不会像许多父母照顾子女那样，将他照顾得无微不至，让他感受不到任何痛苦。正相反，我会用他能在童年所遭受的小困难去历练爱弥儿的意志品质。如果爱弥儿在他成长的过程当中没有经历一丁点痛苦的话，那么这一定是我教育工作的失职。一个孩子之所以会非常柔弱，根本原因在于他们没有经受过伤痛的磨砺。但是，人生当中必然会经历各种各样的伤痛，这是他们在童年时应当学会的第一条人生经验。而面对这终生都要遭受的痛苦，爱弥儿必须在童年就学会应对，并且让自己的意志逐渐变得强大。

有些父母用尽所有办法保护孩子，但是当孩子长大的时候，他们会发现在孩子童年时给予他们过度的保护，对于孩子而言是彻头彻尾的伤害。他们的孩子长大之后身体就会比其他孩子弱小。如果碰到一点点不顺利的话，那么他们就会陷入崩溃。如果他们感到有一点点痛苦，那么他们就很有可能结束自己的生命。此外，对于那些比他们更为强大的人而言，这些从小娇生惯养的孩子喜欢轻易屈从于他们之下。而为了转嫁他们心中对强者的不满，他们不会向那些强者挑战，反而会将自己的黑手伸向那些比他们更为弱小的人。

所有的人都或多或少地有好为人师的习惯，我们将孩子当作自己的学生，对他们进行事无巨细的教育。很多时候，我们并不管孩子们是否天生就会做一些事情，而是不管不顾地教他们。然而，许多人还没有教育的智慧，他们无法分清什么是应当交给孩子的，而什么是不应当教给孩子的。于是，他们反复强调那些根本不需要教的东西，而对于需要对孩子给予引导的事情，他们反而置之不理了。

例如，每个人只要作为人类存在，那么他通过模仿和实践，将很容易学会走路。但是，我们每天都要不厌其烦地教孩子走路。那些保姆们恨不得将孩子拴在自己的腰带上，生怕孩子走路的姿势不正确。但是，看看那些每天被带着走路的孩子吧，他们走路的姿势反而歪歪扭扭。对于走路这个问题，我并不会像其他父母教他们的孩子那样，每天都让孩子不停地重复无聊的动作。我既不会给爱弥儿买学步车之类的工具，也不会让保姆每天教他走路。我会让爱弥儿自然地学会走路，让他自然而然地学会如何将一只脚放在另外一只脚的前面，以及如何更加有力地摆动自己的双腿。当路面坑坑洼洼的时候，我或许会扶爱弥儿一下，除此之外我不会对他进行任何干涉。

我同样不会每天都将爱弥儿关在屋子里面，而是让他在阳光之下尽情地玩耍。让他在树荫下尽情地奔跑和跳跃。如果爱弥儿摔倒了，我并不会去搀扶他。因为这正是我让他自由地在室外活动的原因。我要让他明白，摔倒是常有的事情，他必须凭借自己的力量站起来。当爱弥儿挣扎着站起来的时候，他也就明白了顽强的意义，而这种收获将比他摔倒的痛苦大千万倍。虽然这样的教育方式会让爱弥儿经常受点小伤，但是他的心灵是逐渐强大起来的。他逐渐学会了通过自己的努力去解决问题，只有在必要的时候才向外界求援。而且，相比于那些整天被束缚的孩子而言，爱弥儿的心中感受到的是自由和快乐。反观那些每天被管得死死的孩子，他们的心中充满了抑郁，他们除了每天按照大人的指令行事之外，甚至无法感受到什么是真正的快乐。

当爱弥儿的身体变得越来越强壮的时候，他逐渐发现哭泣并不能解决任何问题，而且是一件非常没有意义的事情。当他的身心都随着时间的推移不断成长的时候，他就已经不再轻易向外界求援了。此时，爱弥儿不仅身体变得更加强壮了，而且心智也变得更加健全，智慧随着年龄不断增长。他开始懂得如何更加合理地运用自己的身体，而不是胡乱使用他的精力。童年阶段的爱弥儿逐渐有了自我意识，他也开始寻求属于自己的生活空间。由于爱弥儿的记忆力不断增强，他在童年时的感觉已经具有了延展性，并对他今后的生活产生影响。

爱弥儿在此时已经逐渐成长为一个独立的人，作为一个具体的精神存在，有了快乐与痛苦的感觉。我们可以给每个人假设一个固定的年龄期限，所有人都有达到这个期限的可能性。但是，人的生命长度是最为不确定的，每一个人都不能保证在自己的生命当中会经历哪些事情。不过，有一点可以肯定的是，如果一个人经历的事情很少的话，那么他们所拥有的生活经验也会非常少。而经验少就很可能让他们在面临危险时不知所措，从而深陷困境当中。因此，人在童年阶段的生活也是十分危险的。婴儿在出生之后的存活率非常低，一个村子里所有的新生儿如果有一半能活下去就非常不错了。

如今，人们为了让孩子从小就比其他的孩子占据更多优势，就强加给孩子各种各样的束缚。他们并不管孩子生活得是否痛苦，只顾着让孩子按照自己的意愿发展。为了让孩子在未来达到那些所谓的期望，我们牺牲了孩子的现在，让他们的心情无比压抑。当看到那些大人这样对待孩子时，我的心中就会觉得非常愤怒。也许我们的目的是正确的，但是我们对孩子的所作所为让孩子们变得郁郁寡欢，甚至失去了继续在这个世界上活下去的勇气。许多人对待孩子比对待囚犯还要严酷，他们让孩子在自己的奴役之下从事着繁重的劳动，这无疑是对孩子的一种戕害。而很多孩子就是在这样糟糕的环境当中度过了自己的童年。他们的童年并没有任何快乐可言，而且他们本有的灵性也被消磨殆尽。我们不停地对这些孩子进行伤害，还认为自己是为了孩子的前途着想。

试想一下，如今有多少父母将自己错误的意志强加在孩子的身上，而有多少孩子每天都生活在这种意志之下，不断被他们的父母摧残着？或许，在这种环境之下成长起来的孩子，他们得到的唯一好处就是，当他们要离开人间的时候，不会对这样的人生产生任何的留恋。真正良好的教育不是将自己糟糕的脾气以爱的名义发泄在孩子的身上，而是培养他们健全的人格与良好的品行。让他们能够在自由和快乐当中度过自己的童年时光。请问，一个心智正常的人怎么会不留恋自己美好的童年时光呢？

孩子的童年时光如此短暂，我们为什么要打着爱的旗号将其仅存的美好剥夺呢？我们为什么非要让孩子的童年在痛苦当中度过呢？而且我们明明知道这段童年时光只要度过就会不再回来。那些负责任的父母，就让孩子们在童年享受他们的自由和快乐吧！因为没有一个人知道上苍会在什么时候将你们的孩子夺走。只要孩子们能够快乐地度过童年，那么就让他们尽情地玩耍吧！这么做的话，即使某一天孩子离开了这个世界，那么你们也不会因为自己没有让孩子享受到生活的快乐而追悔莫及。不过，我需要再次说明的是，让孩子享受童年的快乐并不是让孩子放任自流，更不是让父母逃避他们教育子女的义务。父母必须对孩子进行正确的教育，让他们成为一个有高尚品德的人，同时让他们在童年时就掌握必要的知识和生活技能。只有如此，他们在成人之后才可能成长为一名合格的公民。

童年对于孩子而言，就像原始社会对于人类一样重要。孩子在童年时期的进步或许不如成年人快速，但是只要孩子在这个阶段打下了坚实的基础，那么他们在成长中一定会表现得比别人更为出色。我们除了要帮助孩子在童年时期养成良好的习惯，并让他们改掉自身的坏习惯之外，还需要尊重孩子们的天性。只要孩子能够在生活当中严格遵守社会秩序，将国家利益和社会公共利益视作他们的生命，并学会尊重他人的话，那么孩子就可以按照自己的愿望去发展自己的天赋和才能。大人也绝不应该经常代替孩子决定自己的未来，更不能将他们变成一模一样的人。我们要用正确的方式引导孩子天性的发展，而不是将孩子的天性彻底抹杀。

没有一个人能够感觉到绝对的幸福或者痛苦，幸福与痛苦作为人的主观感受，不可能体现在同一件事上。而随着人身体的变化，人的感受也会产生相应的变化。不同的人在遭遇同一件事情时，他们所感受到的幸福与痛苦是不同的。那些经历过许多痛苦并成功将其克服的人，他们具有强大的意志，这些人能够从那些让人感到痛苦的事情当中看到幸福的影子。相反，那些软弱的人在遇到一丁点事情之后，就会觉得苦不堪言。不过，总体来说人生中的不幸总是多于幸福。因此，一个人的幸福程度是依据他所遭受的痛苦和他自己的意志来决定的。

实际上，不论幸福还是痛苦，它们都源于人的欲望。痛苦来自于他们想摆脱痛苦，而幸福则因为他们想要获得幸福。如果人们的欲望无法得到满足的话，那么他们就会感到痛苦。因此，一个人如果想要感到幸福的话，那么他就必须将自己的欲望满足，并且有满足自己欲望的能力。人如何掌握开启幸福大门的密钥呢？有些人认为只要人没有了欲望也就没有了痛苦和幸福。也许少数人能够做到无欲则刚，但是大多数人并不能做到这一点。还有些人认为，只要我们不断提高自己获取幸福的能力，那么我们就能够得到幸福。这种观点是更加错误的，因为人的欲望会随着人的能力的增长而增长，他们得到的越多反而想要的就越多。因此，只有让人的欲望与自己的能力达到平衡状态，人才有可能获得持续的幸福感。人在发挥自己的能力的同时，他们也满足了自己的欲望。这样，人才能够有序地生活，并且保持内心的平静。

起初，人的能力是极为有限的，他们的欲望也并不像现在这样大。只有人类越来越接近自然，人的能力和欲望才更加容易达到平衡状态，他们也就愈发容易得到幸福。当我们拥有的东西越来越少时，我们的苦恼也会随之减少。事实上，并不是因为我们缺乏了什么而感到痛苦，而是因为我们想要的太多。这个世界中的资源是有限的，但是人的欲望没有边界。如果我们总是妄想得到那些超出我们能力之外的东西的话，我们必然会因此产生种种痛苦。

当然，除了人类共同承认的种种幸福之外，每个人对于幸福也有着不同的理解。实际上，除了疾病给身体带来的痛苦，以及良心上受到的谴责之外，人的大多数痛苦来自于人的贪婪。很多人说，这些道理不用别人说他们也都明白，但是即使他们能够明白这些道理，还是会沉浸在痛苦当中无法自拔。因此，我认为我必须要说一说如何去践行这些道理。

我们经常将一个人说成是弱小的，并且认为弱小是这个人的特点。实际上，人在降生之后并不存在什么强大与弱小的区别，弱小是一种生存关系。只要一种生物可以满足他自己的生存需要，即使它是一只蚂蚁，那么它也是非常强大的。相反，如果欲望是无穷大的，那么即使是上帝也应被认为是弱小的。

与那些凭借自己的天性过着平淡日子的人相比，那些凭借自己贪婪的欲望一味蛮干的人是十分弱小的。如果一个人总是从事那些自己的能力无法做到的事情，那么这个人无疑是弱小的。而一个人如果能够审时度势地完成那些力所能及的事情的话，那么他一定是强大的。

人的体力与精力都是有限的，而且并不会随着这个人的野心的增长而增长。如果一个人的贪欲总是比他的体力和精力大的话，那么这个人一定会被他的贪婪吞噬掉。人应当向蜘蛛学习，它们从来不会离开自己的网的范围。同理，人也应当明白自己能力的极限，使自己处于一种满足的状态。所有的动物都要在自身的能力和生存欲望之间找到平衡点，但人经常成为例外，他们的能力有时候会无用武之地。正是由于人类是万物之灵长，他们会被置于如此尴尬的境地。

一个人如果足够明智的话，那么他就只需要用自己的双手生产他们自己需要的东西，而不会再付出更多的时间来生产更多的奢侈品。这样人也就不会再觉得痛苦了，因为他们始终处于一种满足的状态，在这种状态当中，没有一个人会感觉到痛苦。有位哲学家曾经说过："一个人如果获得了非常多的财富，那么他的贪婪并不会因为他现有的财富而受到限制。相反，他会想要更多的财富。因此，只有抛弃了自己所有的东西，才能够得到自己真正想要的东西。"

其实，人类降生到这个世界上并非来受苦的，因为人在降生之后并不能够感觉到痛苦与快乐的区别。人之所以痛苦，恰好来自于人类对幸福那无止境的追求。一个人如果能在自己现有的物质基础上安排自己的生活的话，那么我敢保证他一定是一个非常幸福的人。而且，这样的人也一定是一个正直善良的好公民，因为他并没有必要去做什么坏事，以获得他需要的东西，他已经对自己的生活十分满意了。不过，人类社会当中充满了诸多矛盾而荒谬的事情，人们对自己失去的东西往往比拥有的东西更为珍惜。当一个人正在失去生命的时候，他才真正体会到了生命的可贵。而当他把青春浪费的时候，并不懂得要去珍惜当下的时间。因此，老年人相比于青年而言，他们往往更为珍惜自己的时间。

人在年轻的时候，他们总是认为自己的所作所为是在为今后的幸福生活做准备。殊不知，当他们已经年老体衰的时候，他们依旧没有感受到人生的快乐。所有人对于自己生命的热爱是毋庸置疑的，但是并非所有人都知道，正是因为我们对生命热爱的程度，往往是我们的生命境遇所决定的。从人性角度来看，人类害怕死亡是因为人还有保留自己生命的能力。相反，当人已经没有了保护自己生命的能力的时候，他也就不会再惧怕死亡了。如果一个人的生命即将结束，那么他的表现往往是非常平静的。

人自从拥有了理智之后，他们就会不由自主地盘算自己的未来。但是，绝大多数人并没有从自己现有的能力出发，对自己的未来进行规划。于是，人们想要的很多，但是能够做到的少之又少。正是这些超出我们能力范围的欲望，使我们做了很多完全没有意义的事情，而我们也每天挣扎在痛苦的边缘。我们的生命如此短暂，却要将我们的生命寄托在那些虚无缥缈的希望上，这种做法是何其愚蠢啊！实际上，希望是不存在于这个世界之上的，但是人没有希望又无法活下去，所以人只能相互欺骗。在童年时，他们被告知自己只要长大就不会再有烦恼了；到了中年，又将希望寄托于自己在老年能够将所有的问题解决。然而，就在这一次又一次的希望当中，人一步步地走向了一事无成。

人们这种愚蠢的行为，会随着年龄的增长而增长，而这种愚蠢的危害也会越来越大。看看我们身边的那些老人吧，他们经常为了鸡毛蒜皮的事情斤斤计较。他们以为他们计较下来的东西能够永远被据为己有，但是在他们去世之后，这些东西对于他们来说还有什么意义呢？当人类步入文明社会之后，我们都在想尽一切办法赚取那些根本就不属于我们的东西。为了达到自己的目的，我们要不断地提升能力，以增加存在感。我们的心态受到外界的严重干扰，哪怕是因为一点点的赞扬或者贬损，都会让我们感到欣喜若狂或者痛苦万分。看看吧，多少王室贵胄每天都在担心失去那些他们根本没有见过的土地？又有多少富豪为他们无法赚到所有人的钱而抱恨终身呢？

人类本性的迷失并非是因为大自然对我们的干扰。大自然只是让人们去观察自己生命的轨迹，当他们行将就木的时候再将谜底揭晓。试想，如果一个人自出生开始就知道自己生命的结局，那么这种生活还有什么值得高兴的事情出现呢？因为一切早就已经在意料之中了。生活中总是有这样一种人出现，他们的身体十分健壮，而且每天的心情也非常愉快。这些人就像阳光一样，无论走到哪里都会给他人带去快乐的气息。只要别人看到他们，就会感到十分幸福。不过，一封信改变了他的生活。他被心中的噩耗吓呆了，他脸色苍白、呼吸困难，最终因为无法承受打击而昏倒。

当这个人醒来之后，他开始性情大变。每天神志恍惚大声哭泣，甚至乱摔东西、撕扯自己的头发，有时候像发了疯一样乱跑，有时候又浑身抽搐不省人事。这个人已经不再是个幸福的人了，他完全变成了一个蠢人。他收到的那封信并没有让他成为犯罪分子，也没有让他身患重病。但是，这个人所有发疯的举动都是由那封信引起的。试想一下，如果那封信寄错了地址，或者在写完之后就被人烧掉了，那么这个人的命运也许就完全不一样了。有人说，他原本的幸福就非常不真实，而他现在的痛苦倒是真实的。这个事实他只是以前没有察觉到，而现在察觉到了而已。

人们如果真的能把自己的欲望控制在他们的能力范围之内的话，那么这个世界上将减少多少的痛苦啊！大自然在每一个人降生到这个世界上之后，就已经赋予了他最为合适的位置。人只要坚守在那个最合适自己的位置上就好了，何必再有更多的期望呢？人作为大自然的儿子，一定不要试图与大自然相互抗争，这样只是在空耗生命而已。大自然赋予每一个人智慧和活力，并不是让人觉得自己是无所不能的神明，而是让每一个人在最适合自己的位置上施展自己的才华。人只有在那个适合自己的领域当中，才会得到最好的结果，并享受本应该属于自己的自由和权利，如果超出这个范围，那么人能够得到的只能是幻想和虚名。

很多人认为掌权者的日子过得就一定比普通人更舒坦，殊不知当权力可以被舆论左右的时候，掌权者的行动就必会被舆论左右，而那个掌权的人也就被戴上了镣铐。如果他想要别人按照他的想法行事的话，那么他就必须按照别人的意愿行动，否则就必须调整自己的行为方式。一个人想要控制一群人的话，那么他只需要控制住这些人的思想就可以了。只要这群人在思想上与掌权者保持一致，那么他们对于掌权者的命令就没有丝毫的抵抗能力。

当人的欲望超出了自己的能力范围时，这个人就会陷入无尽的痛苦。因此，爱弥儿如果想拥有一个快乐的童年，就必须学会只对他能力范围之内的东西产生欲望。爱弥儿所在的社会并没有因为它的发展而将每个人变得更加强大，而是让他们比以前更为软弱了。这个社会不仅剥夺了他们的权利和力量，更为严重的是让人们不能凭借自己的能力得到本来就应该属于他们的东西。这就是不论成人还是大人，都变得更为柔弱的原因。

经过童年时期的成长，爱弥儿已经12岁了。这个年龄的爱弥儿已经告别了感性为主的童年。经过了符合自然秩序的历练，爱弥儿的心智逐渐变得成熟，并步入了他一生中至关重要的阶段。在这个阶段当中，爱弥儿的理性将逐渐形成。不过在进入理性阶段之前，我们要先回忆爱弥儿已经走过的路。

人的一生是个不断变化的过程，因此我们不能用固定不变的标准来对人进行评定。对于处在童年至青少年阶段的孩子而言，评价标准应当被制订为健康活泼、身体强壮，各个方面的发育都非常完善。现在的爱弥儿已经不再是那个弱不禁风的孩子了，他聪明伶俐充满朝气。等爱弥儿再长大一点，他就可以运用他所具备的各种能力来完成自己的人生目标了。在这一阶段，无论将爱弥儿看成一个孩子，还是将爱弥儿当作一个成人，我的心中对于这个学生都是非常满意的。看到爱弥儿，我感到也回到了自己的青春时光，我每天都会被他的生命活力所感染，仿佛已经与爱弥儿融为一体。

忽然之间，一阵钟声响过，爱弥儿一切的童年情景都消失了。爱弥儿的眼睛中不再充满童真，他孩童般的笑容也逐渐收敛了起来。这时，一个满脸严肃的人抓住了爱弥儿的胳膊，他板着脸和爱弥儿说："跟我来。"这个人将爱弥儿带到了一个房间当中，书籍充斥着房间的每个角落。对于一个孩子来说，他的童年已经结束，12岁的爱弥儿已经到了通过书本增长他的智慧的时候了。

一开始，爱弥儿并不适应这突如其来的转变，他依然怀念那个只有嬉戏打闹的童年时光。想着那些曾令他感到无限快乐的玩具，爱弥儿不禁流出了眼泪。他的心中似乎有着满腔怨气，而他并不敢哭出声音来。看到满脸怨气的爱弥儿，我并不感到惊讶。当一个人由自由自在的状态进入需要付出自己的汗水承担起一定责任的状态时，但凡是一个正常的人，都会感到心中不畅。于是，我开始对爱弥儿进行开导，并告诉爱弥儿他的人生已经翻开了崭新的一页。

实际上，儿童时期是怎样消磨的，这个问题并不重要。其间乘隙而生的恶习并不是不可纠正的，而在这个时期养成的美德也许要晚一些时候才能产生效益。但是，就一个人真正开始生活的第一个年头来说，情况就不是这样了，这段时间并不很长，不够用来做我们应该做的事情，因此，这段时间很重要，要求我们时刻加以珍惜。我为什么要坚持想方设法延长这段时间，其原因就在这里。庄稼要长得好，最好的办法之一就是要尽可能延缓作物的生长，使其发育虽缓而可靠。

要防止一个少年在没有余力做成人的时候变为成人。当身体成长的时候，精神也日益充实，使血液有精华，使肌肉有力量。如果这时候，让他的精力转向其他的地方，把应该是用来使一个人发育健全的东西用去培养另一个人，结果两个人都是那样的孱弱，大自然的工作也不可完成。"精神的力量也要受到这种变化的影响，心灵和身体既然是同样的虚弱，所以也只能起到微弱的作用。"①四肢虽粗壮有力，并不因此就使一个人有勇气和天才。

我认为，当沟通心灵和肉体的器官失调的时候，心灵的力量是不能随身体的力量而产生的。即使心灵和肉体的发育很匀称，但如果作为它们的动力的血液干涸，缺少那种使整个机器的弹簧都富有弹力的物质，则它们也只能在那里有气无力地运动。"一般地说，凡是在年轻时候善于保养，因而没有未老先衰的人，其精神的活力总是比那些一有精力就开始放荡的人多，为什么有品德的人通常都是比没有品德的人善良和勇敢，其原因之一就在这里。"②没有品德的人之所以能显得英俊，不过是依靠他们有一些刁滑的小才能，这些才能，我不知道应该怎样叫法，虽然他们把它们叫作机智、伶俐和精明。只有在有品德的人的身上，我们才能看到睿智和理性发挥着伟大和高尚的作用，使他以他的良好行为，以及他的美德和确实有意义的事业而超凡出众，受到他人的尊敬。

做老师的人抱怨青年在这个年龄有一股火气，使他们变得不服管教，我看也的确是这样的。不过，这难道不是老师们自己造成的过错吗？当他们让青年的感官把这一股火燃起来的时候，他们岂不知道再也不能够叫它不燃吗？一位学究先生冷冰冰的说教，能够抹掉他的学生的心中所想象的那些快乐情景

---

①② （法）卢梭. 爱弥儿[M]. 武汉：武汉大学出版社，2014.

吗？就能够从他们心中消除那些折磨吗？就能够安定他们躁动的心吗？在通往他们所理解的唯一的幸福道路上遇到这些障碍，岂不使他们感到愤慨吗？如果在你还没有使他们懂得什么清规戒律的意义之前，就硬要他们服从，他们不把这种做法看成是一个存心折磨他们的人对他们的任意胡为和心怀仇恨，又看作什么呢？他们回过头来反抗和仇恨那个人，这又有什么奇怪呢？

我确实认为，一个人使自己平易近人的时候，就更能够得到别人的爱戴和保持表面的威信。不过，我还不太明白，你对你的学生保持这种威信有什么用处，因为保持这种威信的结果将促使他们产生种种恶习，而这些恶习，正是应该利用老师的威信去克服的。你这种做法，正如一个骑马的人为了制服一匹烈马，就使它去跳万丈悬崖。"青年时期的这一股火，不仅不是进行教育的障碍，反而正是靠了这一团火，才能使他所受的教育紧张地进行和圆满地完成。正是这一团火，使你在一个青年长得同你一般强壮的时候，仍然能够控制他的心。他最初的情感宛似缰绳，你可以利用它去指导他所有一切的活动。"[①]他原来是自由的，而现在我却看见他被缰绳束缚住了。只要他无所爱，他就只从属于他自己和大自然的需要。一旦他有所爱了，他就要从属于他所爱的人。这样就形成了使他同人类开始结合的联系。

当你把他日益增强的情感导向人类的时候，不要以为"人类"这个词指的是所有一切的人，不要以为他懂得这个词的意

---

① （法）卢梭. 爱弥儿[M]. 武汉：武汉大学出版社，2014.

思。不，这种情感起先只适于同他相似的人，而在他看来，同他相似的人并不是他不认识的人，而是那些同他有关系的人，是他一贯亲爱和不能不需要的人，是他清清楚楚地看出跟他有共同的想法和情感的人，是跟他同甘共苦的人，一句话，是那些在天性上同他显然一致因而使他倾心同他们相亲相爱的人。只有在用各种各样的方法对他的天性进行了培养之后，只有在他对他自己的情感和他所见到的别人的情感经过反复地研究之后，他才能把他"个人"的观念归纳为"人类"这个抽象的观念，他才能在个人的爱之外再产生使他和整个人类视同一体的爱。

当他能够爱人的时候，他也同时能够感觉到别人的爱了，从而也就能够时刻留意别人的这种爱的迹象了。你是否看出你对他又有了新的驾驭手段？他还没有发现以前，你就在他的心上系上了那么多的锁链啊！当他睁开眼睛看看自己，发现你对他已经采取了种种措施，当他把他自己同他那样年纪的青年加以比较之后，把你同其他的老师加以比较之后，他岂不会有所感觉？我说的是他发现这种情形，所以不能由你去告诉他，如果你告诉他的话，他就再也发现不了了。"如果你认为你照顾了他，就硬要他服从你的话，他就会认为你是采取了先下手为强的做法，他就会在心里想：你表面上是无偿地帮助他，实则是企图使他对你欠一笔债，用一个他根本不同意的契约去束缚他。"①尽管你说你要他做这做那完全为的是他自己，那也无济于事，因为，不管你怎样说，总而言之你是在强迫他，而且，是用你未经他的同意而做的那些事情去强迫他。当一个

---

① （法）卢梭. 爱弥儿[M]. 武汉：武汉大学出版社，2014.

穷苦的人接受了别人假装给他的金钱之后，发现不管他愿不愿意，他自己的名字就因此登上了新兵的花名册，这时候，你会替那个穷人鸣不平，然而现在，你也要你的学生对他根本不接受的关心照料付出代价，这岂不是更不公平吗？

如果大家都少做施小恩而望厚报的事，则忘恩负义的人也就会少一些的。我们爱那些对我们做了好事的人，这是一个极其自然的情感！忘恩负义的行为不符合人的良心，不过，有趣的是：忘恩负义的人没有施恩图报的人多。如果你把你的东西卖给我，我就要同你讲价钱。但是，如果你先假装把东西送给我，然后才按照你开的价钱卖给我的话，你就是存心欺诈了：无偿的东西变成了无价的东西。一个人的心是只服从他自己的。你想束缚它，结果却释放了它；如果让它自由自在的话，你反而把它束缚得紧紧的了。当钓鱼的人把香饵放进水中的时候，鱼就游来了，并且放心大胆地停留在它的周围。但是，一旦它上了隐藏在香饵下面的钓钩，它就发现有人在拉鱼线，它就想逃跑。能不能说渔翁是施恩的人呢？能不能说鱼儿是忘恩负义的呢？施恩的人虽然忘记了受恩的人，但哪一个受恩的人把施恩的人忘记过呢？恰恰相反，他往往喜欢谈到他的恩人，他无时不亲切地想念他。当他一有机会对他的恩人效劳，用以表示他记得他的帮助的时候，他内心是多么高兴他现在能报答他的恩！而在他的恩人对他表示感谢的时候，他内心又是多么欢喜！他怀着多么兴奋的心情对他说："现在，该我来为你尽我的力量了！"①这是出自天性的声音，真正的恩惠是绝不会被人遗忘的。

---

① （法）卢梭. 爱弥儿[M]. 武汉：武汉大学出版社，2014.

所以，如果说感人之恩是一种自然的情感，如果你不因你的错误而毁灭了这份情感的影响，那么，当你的学生一看出你对他的爱护照料的价值的时候，只要你自己不说有多大的价值，他是会感觉到它有多大的价值的，从而使你在他的心中拥有任何力量都无法摧毁的威信。但是，在你还没有牢牢地取得这种威信以前，万万不要向他自我吹嘘，因为这样做的话，反而使你得不到这种威信。夸你做了这样那样的事，等于是叫他不能容忍你所做的那些事。你不谈它们，反而使他能够记得它们。"一直到能够把他作为成人看待以前，根本不能把问题说成是他依靠你，而应当说成是他依靠他自己。"①

要使他乖乖地听你的话，你就要让他完全享受他的自由。你悄悄地躲开，使得他来寻找你。你采取始终只谈他的利益的办法，就可以在他的心灵中培养一种高贵的感人之恩的情操。在他还不能够理解以前，我不希望你告诉他说你所做的一切都是为他好。如果你这样告诉他的话，他只能够理解为是你依附于他，只能够把你当作他的仆人。现在，他已经开始懂得什么叫作爱了，也懂得亲密的关系可以使一个人同他所爱的人结合在一起了。"因此，他将把你毫无间断地为他工作的那种热诚不再理解为奴隶的依附，而要理解为朋友的爱护了。"②再没有什么东西比经过深刻认识的友谊的声音对人的良心有更重大的影响了，因为这种声音所传达的没有一样不是我们的利益。我们有时候也许认为某一个朋友的做法错了，然而我们不会认为他存心欺骗我们。我们有时候也许不采纳他的忠言，但是我

---

①② （法）卢梭. 爱弥儿[M]. 武汉：武汉大学出版社，2014.

们绝不会轻视他的忠言。

因此，我对爱弥儿的教育绝对不会像学院里的先生们那样，让他从一开始就对书本产生厌恶。我会让爱弥儿跟随在我的身边，将书本当中的知识在现实生活当中不断实践。当我们讲到地理学的时候，我不会让爱弥儿去背那些枯燥的地名。我会带他游历名山大川，让他感受大自然的鬼斧神工。当我们讲到物理学的时候，他不必困在那些毫无用处的推演当中。我会给他讲解哥白尼、伽利略的智慧，让他在宇宙中遨游。当我们讲解数学的时候，这个令无数人头疼的科目不会难倒爱弥儿。因为，我们已经在盖房子的时候温习了几何，而在为家中的仓库盘点时研究了代数。文学和历史是爱弥儿最为感兴趣的科目了。他喜欢用文字表达自己的心声，那是他在自然中的感悟。他喜欢聆听那些古代英豪的光辉事迹，那些人是他成长的标杆。当然，哲学是最令爱弥儿痴迷的，因为他在接触到哲学之后惊讶地发现，原来所有的学科都是在按照哲学的轨迹运转。

书本和游历只是我对爱弥儿教育的一小部分，让爱弥儿迅速成长起来的是生活中的劳动。劳动对于爱弥儿来说并不是一件苦差事，他热爱劳动，因为爱弥儿明白自己不仅能够从劳动当中获得智慧，同时也可以锻炼强健的体魄。别看此时的爱弥儿只有十几岁，但是他已经成了村里非常出色的劳动者。他所在的地方会经常举行劳动竞赛，爱弥儿总是能够遥遥领先。那些庄稼汉见到爱弥儿的时候，总是会笑呵呵地向他竖起大拇指。爱弥儿不仅身体十分强壮，而且心灵手巧。钟表是现在最为复杂的机械了，但是爱弥儿凭借一双巧手，几乎可以修好任何钟表。他还经常会用自己所掌握的小知识发明许多小工具，这些工具被乡亲们应用到生产当中，往往能够起到非常好的效果。

当爱弥儿长到15岁的时候，他就不能够经常待在家里了。爱弥儿会经常和我一起到工厂和田野当中调查，以此来感受真实的世界。他也和工人们在一起劳动过，并且与他们结下了深厚的友谊。当他看到那些没日没夜地在资本家的作坊当中劳动的工人时，当他看到那些离开父母被监工打骂的童工时，当他看到那些被机器切掉的手指时，爱弥儿的心灵被深深触动了，开始思考人类不平等的起源，开始质疑这个社会中存在的问题，他开始意识到他的使命是什么。

为了寻找这些问题的答案，爱弥儿再次回到了书本当中。经过实践之后的思考才是真知灼见，经过触动的头脑才会变得敏锐。他从前在读历史的时候是通过人的欲念去研究人的，而现在进入了社会，他就要通过人的风尚去研究他们了，他将时常对人们所喜悦或厌恶的风尚进行思考。现在，他要对人类审美的原理做哲学的研究，他在目前这个时期正是适合于做这种研究的。因为，爱弥儿心中已经形成了对事物的判断能力，他开始懂得正邪善恶，并具有了不同寻常的审美能力。

"我们愈是要深入探讨审美力的定义，我们便愈糊涂，审美力是对大多数人对喜欢或不喜欢的事物进行判断的能力。"[①]不然，你就无法明白审美是怎样一回事情。但不能因此就说有审美力的人占多数，因为，尽管多数人对每一件事物能做出明智的判断，但很少有人对所有的事物都是像多数人那样判断的。而且，尽管最大多数人的爱好综合起来就是良好的

---

① （法）卢梭. 爱弥儿[M]. 武汉：武汉大学出版社，2014.

风尚，但懂得风尚的人是很少的。正如，尽管最共同的特点综合起来就是美，但美丽的人毕竟还是很少的。

需要注意的是，这里的问题并不是说：我们爱什么东西是因为它对我们有用，我们恨什么东西是因为它对我们有害。我们的审美力是只用在一些无关紧要的东西上，或者，顶多也只是用在一些有趣味的东西上，而不用在生活必需的东西上。对于生活必需的东西，是用不着审美的，只要我们有胃口就行了。正是这个缘故，我们要在审美方面做出纯正的判断是很困难的，而且好像是十分任性的，因为，审美力是听命于本能的，除了本能以外，我们是找不到它那样判断的原因的。我们还要区别它在精神的领域中的规律和它在物质的领域中的规律。在物质的领域中，审美的原理好像是绝对无法解释的。但需注意的是，在一切模仿的行为中，是包含着精神的因素的，这样就可以解释为什么"美"在表面上好像是物质的，而实际上不是物质的。我还要补充一点，审美的标准是有地方性的，许多事物的美或不美，要以一个地方的风土人情和政治制度为转移，而且有时候还要随着人的年龄、性别和性格的不同而不同，在这方面，我们对审美的原理是无可争论的。

审美力是人天生就有的，然而并不是人人的审美力都是相等的，它的发展的程度也是不一样的，而且每一个人的审美力都将因为种种不同的原因而有所变化。"一个人可能具有的审美力的大小，是以他天赋的感受力为转移的，而审美力的培养和形式则取决于他所生活的社会环境。"[1]第一，我们必须在

---

① （法）卢梭. 爱弥儿[M]. 武汉：武汉大学出版社，2014.

好几种社会环境中生活过，才能做许多的比较。第二，还需要有娱乐和休闲的场所，因为在事业的往来中我们不是按兴趣而是按利害关系去做的。第三，还需要有这样的社交场合：在这种场合中，不平等的现象既不显著，偏见的压力也不太大，而且在这种场合中人们所追逐的是声色而不是虚荣。因为，在相反的情况下，一时的时髦将压倒人们的爱好，使他们在选择东西的时候，不问那个东西是不是他们所喜欢的，而只问它能不能使他们引人注目。

　　为了保持他健康和纯洁的审美力，我还要由浅入深、循序渐进。在这乱糟糟的放荡的人群中，我要找机会同他进行有益的谈话，而我所谈的，始终是他感到喜欢的事情，我要很留心地使我所讲的话既有趣味也有教育的意义。现在是阅读有趣的书籍的时候了，现在是教他分析语句、欣赏口才和措辞的美的时候了。"为说话而学说话，是没有什么意义的，说话的用处并不像人们想象的那样大，但是，对说话的方法进行研究，就必然会进而研究一般的文法。要学好法文，就必须学好拉丁文，必须研究这两种语言，并且把它们互相加以比较，才能很好地懂得说话的艺术的规律。"①

　　以上是我试图指出在愉快的闲暇时候如何选择真正的有趣的消遣，我们要玩就得按这种精神去玩，其他的一切玩法都不过是胡闹妄为和愚蠢且无聊的事情。任何一个人，只要他脱离了这些原则，不论他多么有钱，多么挥金如土，他也领悟不到生活的意义。毫无疑问，人们会反对我说，这样的娱乐法是谁

---

① （法）卢梭. 爱弥儿[M]. 武汉：武汉大学出版社，2014.

都会的，照着这些办法去玩，就不一定非要有钱不可了。这句话，正是我要得出的结论。只要你想得到快乐，你就可以得到快乐。只因习俗的偏见，才使人觉得一切都很困难，把摆在我们眼前的快乐也全都赶走了。要得到真正的快乐，比在表面上假装快乐还容易一百倍。一个善于欣赏和真正懂得逸乐的人，是不需要有金钱的，只要他有自由和自己做自己的主人就行了。任何一个身体健康、无冻饿之虞的人，只要他抛弃了他心目中臆想的财富，他就可以说是一个相当富有的人了，这就是贺拉斯所说的"以中庸为贵"。

"金银满库的人啊，另外想一个使用你们财产的办法吧，因为在寻求快乐的时候，金钱是没有用的。爱弥儿所知道的东西并不比我所知道的东西多，但是，因为他有一颗更纯洁和健康的心，所以他在这方面的见解比我的见解还好些，全世界的人都不能不说他的种种看法是对的。"①在这样消磨时间的过程中，我们一直在寻找苏菲，可是找不着她。正是因为不应该很快就把她找到，所以我们才到我明明知道没有她的地方去找她。时间已经很紧迫了，现在是应该马上把她找到的时候了，以免他把另外一个女人当成是她，等到发现认错了人便后悔莫及了。巴黎，你这驰名的城市，你这闹闹嚷嚷、充满了乌烟瘴气的城市，你这以妇女不爱体面、男子不爱美德而著称的城市，再见吧！巴黎，再见吧！我们现在要寻找爱情、幸福和天真，我们离你越远越好。

---

① （法）卢梭. 爱弥儿[M]. 武汉：武汉大学出版社，2014.

四、爱弥儿的婚恋

爱弥儿离开巴黎的年龄正好是20岁，这时的爱弥儿已经成人，并且到了谈恋爱的年龄。作为一个社会人，爱弥儿不可能永远过着单身生活。他必须找到他的另一半，并承担起家庭的责任。不过，在爱弥儿与另一个人生活在一起的时候，他必须对这个人所有了解。经过二十多年的教育，爱弥儿已经成为一名合格的公民。虽然他对人类的概念有了完整的认识，但是他对于恋爱并没有多少观念。如果将青春比作一场戏剧的话，那么爱弥儿还处于最后一幕的阶段。对于一名成年男子，长时间的单独生活对于他来说是不利的。爱弥儿已经成年了，因此我要为他找到一名合适的伴侣，这个女孩就是苏菲。苏菲和爱弥儿一样，已经是一名成年女孩了。苏菲具有所有女人应当具有的特征，不论是从精神上还是从身体上。而且，苏菲作为一名合格的女性，已经能够承担起女性需要履行的责任。

如果排除了男性与女性在性别上的差异，那么他们在其他生理方面的差异并不大。但是，男性与女性在心理和性格上存在着巨大的差别。有些人认为，如果男性和女性具有同等的体力和精力的话，那么男性和女性可以从事同样的工作，并且不会有任何差别。这种说法在实际生活当中是不存在的。如果去工厂中实际调查一番的话，那么我们就很容易发现，从事纺织行业的工厂主要以女工为主，而从事炼钢行业的工厂则基本上都是男性。试想一下，如果我们将男性与女性的工作颠倒一下，会产生什么后果。男性要用粗笨的手去绣花，而女性则要去抢起她们根本拿不动的炼钢锤。这种场景一定十分怪异而且可笑。

还有些人认为，即使男性与女性在工作方面必然存在着不同，但是他们在家庭当中的职责应当是相同的。不过，我认为这种方法显然也是错误的。女性相比于男性而言，她们的心思更为细腻，性情也普遍比男性要温顺，所以，女性更加适合在家庭当中从事照顾父母和孩子的工作。如果这种工作由男性去完成的话，那么他们很难将这些工作做得尽善尽美。而男性相比于女性而言，他们更加刚健，在遇到问题时更加有决断力，因此，男性应当在家庭当中更多承担领导角色。不过，男性和女性在家庭当中分工的不同，并不意味着男性与女性在家庭中的地位不平等。

在契约社会当中，只要是加入了社会共同体的人，就天然地具有平等地位，不论男性或者女性都具有公民权利。既然在国家当中，男性与女性的权利都是平等的，那么为什么在家庭当中男性和女性之间的地位会出现差异呢？如果男性与女性在家庭当中的地位出现了差异的话，那么就意味着他们遭受了歧视和不平等。这种歧视和不平等不仅在契约社会当中不应该出现，在契约社会的家庭当中同样不应该出现。

因此，苏菲和爱弥儿虽然都是已经成年的合格公民，但是他们两个人之间有着本质的差别。苏菲不像爱弥儿一样是个孤儿，她出生在一个美好的家庭当中。这使得她的性格非常善良，不过也让她很敏感。相比于爱弥儿，苏菲的观察力更加敏锐。在有些时候，苏菲对事物的认知甚至比爱弥儿还要深刻。虽然苏菲的性格比较温和，但是也容易出现波动。她的相貌并非有多么惊艳，但是能够给人以温暖干净的感觉。她为人十分诚实，绝对不会说出什么浮夸的话。当爱弥儿第一次见到苏菲的时候，他并不觉得苏菲相比于其他女孩有什么特别的地方，但是当爱弥儿与苏菲接触了一段时间之后，他发现他已经离不开苏菲了。

爱弥儿与苏菲经过三年的恋爱，已经迎来了他人生当中最为幸福的时光。当我看到爱弥儿走入婚姻殿堂的那一刻，我知道自己多年以来的心血没有白费，此时的我内心感受到了前所未有的快乐。爱弥儿与苏菲手牵手走进了教堂，在牧师的引导之下，他们将共同迎接这意义非凡的时刻。爱弥儿和苏菲沉浸在这甜蜜的幸福当中，他们的世界里仿佛只有对方，而完全注意不到周围的人或事。

我走到了爱弥儿和苏菲的身前，对两位新人郑重地说："我的孩子们，你们经过了三年的磨合与历练终于走到了一起。今天你们的爱情火焰燃烧得最为旺盛，请将这爱情之火继续燃烧下去吧，直到你们都已经衰老，甚至再也记不起对方的名字。但是，你们一定记得有这样的一天，向对方发誓将自己的一切奉献给对方，而且相互之间都不可替代。"爱弥儿在听到了我对他们说的话之后，眼含热泪地发誓说自己绝对不会辜负苏菲。而苏菲也满面含笑地看着爱弥儿的眼睛，仿佛要记住他说的每一个字似的。虽然两个人都不一定能够将我的话听进去，但是我还是要对两个人做最后的提醒，以履行完我作为爱弥儿养父的责任。

我认真地对两位新人说道："爱情与婚姻是两件不同的事情，虽然婚姻以爱情为基础，但是并非有爱情的婚姻都是美满的。爱情作为神圣的东西，并非每一个人都能够得到。如今，没有一个人能够对爱情做出定义，人们也许不愿意承认，但是每个人对于爱情都有着非常不同的理解。不过可以肯定的是，爱情是一种稀缺资源，并非每个人都可以得到。有些婚姻是没有爱情的，但是这些婚姻之下的生活同样可以过得很好，而爱情也并不一定能够得到最完美的结果。"爱弥儿与苏菲认真地听着我的话语，他们若有所思地点了点头。

我看到他们似懂非懂的表情，又继续对他们说："有些人认为，爱情实际上是不存在的，如果每个人对于爱情的理解都是不一样的，那么这种东西怎么可能会存在呢？我并不认为这种想法是正确的。因为如果每一个人对于一件东西的定义不同，就认定这个东西不存在的话，那么这个世界上大部分事物就会消失。虽然我们无法说清楚爱情是什么，但是有一种东西却是存在的，那就是怜惜。相互怜惜是一切感情的基础，同时也是两个人最终能走到一起的关键因素。"爱弥儿握着苏菲的手问道："那么怜惜到底是什么呢？"

我笑着指了指他们握在一起的手说："你们两个人的这个举动正是怜惜的表现。所谓怜惜，就是最高层次的感同身受，你快乐我也快乐，你痛苦我也痛苦。只有两个人相互怜惜，爱情才能够从中产生。而在婚姻当中，两人的怜惜则变成了相互扶持、相互理解、相互关怀。爱情在婚姻当中或许并不会时常显现，因为琐碎的生活在别人看来并没有任何爱情的征兆。但是，当一个家庭遭遇到困难时，如果两人的爱情还牢固的话，那么爱情就会在这一刻完全显现出来。夫妻会共同努力，直到将难关渡过。即使夫妻当中的一个人已经失忆了，如果他们的爱情足够牢固的话，那么对于双方而言也不是问题。如果真的有这么一天，苏菲再也想不起来爱弥儿是谁了，而爱弥儿依然深深爱着另外一方的话，那么他会永远陪伴在她身边，她哭时为她拭去眼泪，她笑时同她一起忘却烦恼。为她遮风挡雨，一起走遍每一个美好的角落，死生契阔不离不弃。当她忧郁时他去照亮她，然后把所有的悲伤留给自己。或许苏菲再也想不起对方了，没关系，就当她是位健忘的小朋友。也许有一天，在你们第一次见面的地方，苏菲会对爱弥儿说原来你也在这里。"苏菲和爱弥儿听到我的这番话之后，都表现得非常感动，他们拭去了脸上的泪痕。我欣慰地望着爱弥儿和苏菲，看着我最为得意的作品走出了教堂。

我深知，我对爱弥儿的教育已经完成了，爱弥儿已经成为一名合格的公民，并且他的下一代只要遵循正确的教育方式，也一定能够成长为合格的公民。但是，当我望着滚滚流逝的塞纳河水，我不禁发出了这样的感叹：爱弥儿只是千万个人当中的一个，即使他成为契约社会合格的公民，他又能够起到多大的作用呢？一个民众权利得到充分保障，没有任何不平等现象存在的社会，需要千万个爱弥儿来建成。若要培养出千万个爱弥儿，那么就必须要有适合这些新人们成长的沃土。如果没有一个适合千万新人生长的环境的话，那么他们也迟早会被人性的罪恶吞噬掉。理想社会的构建是多么的重要啊！但是，理性社会并非是一朝一夕能够完成的，它需要数辈人持续不断的努力。

人作为组成社会的个体，没有谁能够跳出潮流生活。历史不仅是国家与民族的兴衰，更是每一个人的命运。作为构成这个社会的个体，我们不要仅仅去抱怨社会中存在的那些不公，因为这是典型的弱者思维，不会对现实有任何改变，反而会使事情变得更加糟糕。作为一个合格的公民，我们更应当时刻躬身自省，用合格公民的标准考量我们的生活与良知。只有当越来越多的人将消除人类的不平等，以及保护人民的权利当作自己毕生的使命时，那个理想中的社会才会真正实现，那理想中的明天才会变成今天。

参 考 文 献

[1]（法）卢梭. 论科学与艺术[M]. 何兆武，译. 上海：上海人民出版社，2007.

[2]（法）卢梭. 论人类不平等的起源和基础[M]. 陈伟功，吴金生，译. 北京：北京出版社，2010.

[3]（法）卢梭. 社会契约论[M]. 陈阳，译. 杭州：浙江文艺出版社，2016.

[4]（法）卢梭. 爱弥儿[M]. 武汉：武汉大学出版社，2014.

[5]（法）卢梭. 卢梭忏悔录[M]. 焦文逸，译. 北京：北京燕山出版社，1999.

后记

　　让-雅克·卢梭，这位毕生为底层民众奔走呼号的传奇人物永远定格在了1778年7月2日，他的笔尖虽然再也不能书写传奇，但他的名字永远刻在史册之上永不磨灭。纵观卢梭的一生，早年失去父母，中年战天斗地，晚年孤苦伶仃。如果用一个凡人的幸福标准来衡量的话，那么他的人生无疑是凄苦的。似乎除了他的挚爱华伦夫人之外，他并没有从这个世界上感受过太多人与人之间的温暖。但是，个人悲惨的遭遇并没有让卢梭自暴自弃，也没有让他对欧洲、对人性失去信心。面对饥寒交迫的欧洲底层民众，面对奢华萎靡的欧洲权贵们，面对凶残至极的殖民者，面对夸夸其谈的欧洲思想界，卢梭以笔做枪，毫不犹豫地维护者民众的利益，揭露"肉食者"们的龌龊和腌臜。

　　民众爱戴卢梭，因为他是欧洲知识分子中少有的良知，权贵、富豪、学阀们痛恨卢梭，因为那一个个极富战斗力的文字，就像是一颗颗子弹打穿了他们的胸膛。于是，卢梭在成名之后几乎一直过着颠沛流离的生活，他每到一个地方就会被当地的统治者驱逐，以至于年过半百的他还要背井离乡远渡英伦，只是为了找到一个容身之所。不过，即使卢梭的人生如此不幸，他也从未向现实与命运屈服过，除了民众之外，不会向任何邪恶势力低下他高贵的头颅。

卢梭最大的可贵之处，甚至不在于他写就了多少传世经典，而是在于他的一生都没有丢失那炽热而纯粹的赤子之心。卢梭并非是一个容易相处的人，他思想锐利并且个性张扬，如果没有一点包容精神的话，或许很难与这位天才相处。然而，那些易于打交道的老好人虽然更有人缘，似乎距离成功更近一些，但实际上这是完全错误的。因为性格温和的人天生就存在着另一种缺陷，那就是缺少锐度和爆发力。而在真正解决困难时，在真正需要开拓出一条前无古人的路径时，最为需要的是决绝的意志力。所以，性格鲜明的人实在没有必要将过多的精力放在磨平自己的棱角来适应他人上，关键还是要将眼光放到大目标上来。

卢梭一生专注于民众的平等与权利，为了寻求真理他几乎得罪了自己身边所有的朋友。狄德罗、休谟等挚友最终也因为卢梭的固执离他而去，以至于在他晚年时身边竟然已经没有一个能倾吐心声的人。然而，历史是公正的，这公正也许会来得晚一些，却从来不会缺席。卢梭去世后仅仅一年，法国大革命爆发，统治法国多个世纪的波旁王朝在三年内土崩瓦解。民众几乎按照卢梭生前设计好的蓝图建立了人类历史上第一个共和国。而他为之奋斗了毕生的民众也没有忘记这位传奇人物，当法国大革命成功之后，民众给予了卢梭最高礼遇，他们将这位天才安葬在了巴黎先贤祠，供后人们永世瞻仰。

一个没有英雄的民族是可悲的奴隶之邦，一个有英雄而不知尊重英雄的民族则是不可救药的生物之群。卢梭作为法兰西的文化英雄，被绣在"自由、民主、博爱"的大旗上，激励着欧洲千秋万代的青年。而卢梭就像一颗流星，他燃烧自己，划破冷清的世纪，点亮灰暗的苍穹，让泪水洒满天际。卢梭的肉体早已化为了尘土，但是他的思想则永远回荡在宇宙当中。物质不灭而宇宙不灭，唯一能与苍穹比廓的是精神。卢梭的精神更像是一把开启人类智慧之门的钥匙，他像盗火的普罗米修斯一般，为民众打开了一扇通向新世界的大门。

卢梭是令人赞叹的，他一介布衣，历经磨难而胸怀远大抱负，面临急难屹立不倒，跋涉于坎坷而崛起于沉沦。逆境欲奋，末路强存而绝地逢生者，终成大器。卢梭是让人敬仰的，虽然没有像其他文化名流那样过上安逸舒适的生活，甚至连最基本的家庭温暖都没有享受过，但是他得到了千万底层民众的爱戴。为私利奔命只能享受一时欢乐，为民众谋福才能得到千古美名。卢梭作为底层民众的同情者、奋斗者，他的精神彪炳千秋！

张淏勋

2017年2月19日于北京